# Jennifer Louden

## *Tu dir gut!*

### Das Wohlfühlbuch für Frauen

Jennifer Louden

# *Tu dir gut!*

## Das Wohlfühlbuch für Frauen

Verlag Hermann Bauer
Freiburg im Breisgau

Die Deutsche Bibliothek − CIP-Einheitsaufnahme

*Louden, Jennifer:*
Tu dir gut! : Das Wohlfühlbuch für Frauen /
Jennifer Louden. [Dt. von Martina Penz-Koch]. −
18. Aufl. − Freiburg im Breisgau : Bauer 1999
    Einheitssacht.: The woman's comfort book ⟨dt.⟩
    ISBN 3-7626-0497-5


Die amerikanische Originalausgabe erschien 1992 bei
HarperSanFrancisco unter dem Titel
*The Woman's Comfort Book. A Self-Nurturing Guide
for Restoring Balance in Your Life*
© 1992 by Jennifer Louden

Deutsch von Martina Penz-Koch

18. Auflage 1999
ISBN 3-7626-0497-5
© für die deutsche Ausgabe 1995 by
Verlag Hermann Bauer KG, Freiburg im Breisgau
Umschlag: Schiller & Partner GmbH, Merzhausen
Satz: CSF · ComputerSatz GmbH, Freiburg im Breisgau
Druck und Bindung: Kösel GmbH, Kempten
Printed in Germany

Gedruckt auf chlorfrei gebleichtem Papier

*Für Betty Marie Louden,*
*meine Mutter*

# INHALT

# Warum du dieses Buch lesen solltest und warum ich es geschrieben habe

Es ist mal wieder so ein Tag: Es regnet in Strömen. Bei der Arbeit sind dir alle auf die Nerven gegangen. Schon wieder dieser Stau auf dem Heimweg. Und die einzige Nachricht, die du auf deinem Anrufbeantworter findest: »Falsch verbunden!«

Oder: Du holst die Kinder vom Kindergarten ab. Du bist spät dran und hast rasende Kopfschmerzen, aber du schaffst es gerade noch. Kurz vor deiner Haustür reißt die Papiertüte vom Supermarkt. – Und du kannst dich nicht erinnern, wann du zum letzten Mal Zeit und Ruhe hattest, etwas für dich zu tun.

Oder: Du bist hoffnungslos überarbeitet und völlig erschöpft, aber du nimmst dir keinen Urlaub, weil du weißt, daß man dich braucht. Das Telefon läutet. Du erklärst dich bereit, für eine gute Sache sammeln zu gehen, obwohl dein Terminkalender eigentlich schon übervoll ist. Als du den Telefonhörer auflegst, bekommst du wieder diesen Hexenschuß und bist zu einer Woche Bettruhe verurteilt.

Oder: Alle deine Freunde sind im Urlaub. Du bist schon seit Wochen nicht mehr richtig ausgegangen. Deine Mitbewohnerin hat den Kühlschrank leer gegessen. Im Fernsehen gibt es nichts, was dich interessiert, und zum Lesen hast du auch keine Lust . . .

Was tust du?

A: Du kaufst dir eine Riesenportion Eis und schlingst sie herunter.

B: Du rufst deine Mutter an. Sie sagt, du sollst aufhören zu jammern, und du fühlst dich noch mieser.

C: Du gehst ins Bett und ziehst die Decke über den Kopf.

D: Du nimmst dieses Buch zur Hand.

## Sich selbst Zuwendung schenken

Zuwendung ist lebenswichtig. Frauen sind es gewohnt, für andere zu sorgen. Frauen kümmern sich darum, daß es ihren Kindern, ihrem Partner, ihrem Chef, ihrem Hund oder ihrem Kanarienvogel gutgeht.

Wann lernen wir endlich, uns um unsere eigenen Bedürfnisse zu kümmern? Wann begreifen wir, daß das die Voraussetzung für ein lebenswertes Leben ist, für gesunde Beziehungen und dafür, anderen echte Zuwendung schenken zu können?

Sich um die eigenen Bedürfnisse zu kümmern ist weder egoistisch noch selbstgefällig: Es ist lebenswichtig! Wir können nicht geben, wenn es uns selbst am Notwendigsten mangelt. Wir können nicht gut zu anderen sein, wenn wir uns unbefriedigt oder ausgebeutet fühlen. Wir müssen uns zuerst um die Befriedigung unserer Bedürfnisse kümmern, dann können wir wirklich etwas geben – und wir fühlen uns dadurch bereichert, statt betrogen. Das spüren auch die anderen und können das, was wir für sie tun, leichter annehmen, ohne sich dafür schuldig zu fühlen. Wir können anderen Kostbares geben, wenn wir gelernt haben, für uns selbst da zu sein.

## WARUM UNS DAS OFT SO SCHWERFÄLLT

Uns wurde beigebracht, daß die Bedürfnisse der anderen wichtiger sind als unsere eigenen. Wir sind dazu erzogen worden, für andere zu sorgen, und wir glauben, daß die Menschen, denen wir unsere Zuwendung schenken, uns eines Tages geben, was wir brauchen. Wenn das nicht geschieht, schließen wir daraus nur allzu leicht, daß unsere Wünsche und Bedürfnisse unberechtigt sind. Die wenigsten Frauen lernen, ein gesundes Selbstwertgefühl zu entwickeln, die wenigsten lernen, sich selbst als unabhängige und wertvolle Menschen anzusehen. Die meisten Frauen haben sich also notgedrungen darauf verlegt, sich für andere aufzuopfern. Und wir tun das so lange, bis es uns zuviel wird, bis wir vor Erschöpfung zusammenbrechen, bis wir krank werden oder uns in den Alkohol flüchten, in übermäßigen Konsum oder uns nur noch sinnlos vollstopfen. Uns wurde beigebracht, daß es sich nicht schickt, unseren Wünschen und Bedürfnissen nachzugehen, und wir glauben schließlich selbst daran. Oder wir vergessen einfach, was wir brauchen, weil es doch viel, viel wichtigere Dinge zu erledigen gibt.

## GUT ZU SICH SEIN – WAS HEISST DAS EIGENTLICH?

Stell dir vor, es regnet und du liegst im Bett, hörst dem Regen zu und weißt, daß du den ganzen Tag liegenbleiben kannst, wenn du möchtest. Das tut gut! Kennst du dieses Gefühl? Oder wie es ist, mit deinem Partner oder einer guten Freundin ganz offen sprechen zu können – dieses Gefühl der Verbundenheit, dieses Gefühl, lebendig zu sein? Das sind sehr wichtige Erfahrungen. Sie machen dich stark. Sie helfen dir, deinen Problemen mit Gelassenheit zu begegnen. Und sie helfen dir auch, dir selbst zu begegnen und an dir zu arbeiten.

Gut zu dir sein heißt, zu dir zu stehen und dich selbst um die Befriedigung deiner Bedürfnisse zu kümmern. Gut zu dir sein heißt, daß du dir deiner Kraft bewußt wirst: Du nimmst dein Leben selbst in die Hand, du verwirklichst deine Ziele.

Gut zu sich sein heißt, aus *eigener* Kraft zu leben und das Leben bewußt zu genießen. Wenn du wirklich begriffen hast, daß niemand so gut für dich sorgen kann wie du selbst, dann wartest du nicht länger darauf, daß andere dich glücklich machen. Wenn du gelernt hast, dich zu akzeptieren und deine Bedürfnisse ernst zu nehmen, dann machst du eine wichtige Entdeckung: Es liegt an *dir*, was du aus deinem Leben machst, *du* hast die Wahl, *du* hast die Möglichkeit, dein Leben in die Hand zu nehmen.

## WARUM ICH DIESES BUCH GESCHRIEBEN HABE

Vor vier Jahren glaubte ich, mein Leben sei gescheitert. Es begann mit einem Skiunfall. In den zwei Jahren, die darauf folgten, hatte ich existentielle Kämpfe auszufechten: Ich versank in eine tiefe Depression, ich wurde unfähig zu arbeiten, und mein Körper versagte mir den Dienst. Alles ging schief: Ich trennte mich von meinem langjährigen Partner; ich verkaufte mein Haus und zog in ein weit kleineres, dessen Vermieter mich schon nach kurzer Zeit zum Wahnsinn trieben; ich verlor das Geld, das mir der Verkauf meines Hauses eingebracht hatte, an der Börse; ich hatte einen Autounfall mit Totalschaden; mein Onkel starb; und schließlich biß mich sogar mein eigener Hund. Aber das Schlimmste von allem war: Ich konnte nicht mehr schreiben. Meine Karriere als Drehbuchautorin war gescheitert, bevor sie richtig begonnen hatte.

Mein Leben kam plötzlich zum Stillstand. Ich »funktionierte« nicht mehr. Und ich haßte mich dafür. In meinem Kopf spulte sich ständig dieselbe Litanei an Selbstvorwürfen und Selbstzweifeln ab, während ich verbissen versuchte, irgend etwas zu Papier zu bringen. Ich hielt mich für tapfer und glaubte, mich so am eigenen Schopf aus der Misere ziehen zu können. Schließlich wandte ich mich an eine Therapeutin, und sie riet mir, mit dem Schreiben aufzuhören. Die bloße Vorstellung erschien mir absurd, aber ein paar Tage später — mein Bein war immer noch in der Schiene, ich fühlte mich völlig niedergeschlagen und weiterhin unfähig zu schreiben — entschloß ich mich, ihrem Rat zu folgen. Und plötzlich hatte ich das Gefühl, von einer schweren Last befreit worden zu sein. Ich fühlte mich ungemein erleichtert, und ein Titel kam mir in den Sinn: *Tu dir gut!*

Mittlerweile ist mir vieles klargeworden, auch daß es für mich damals wirklich das Beste war, mit dem Drehbuchschreiben aufzuhören. Ein Großteil meiner Probleme, die darin kulminierten, daß ich plötzlich nicht mehr schreiben konnte, hing damit zusammen, daß ich meine ganze Kraft und Energie auf äußere Erfolge richtete, dabei aber ganz vergaß, auf meine persönlichen Bedürfnisse zu achten. Meine innere Stimme sagte mir zwar, ich solle langsam machen und mir mehr Zeit für mich nehmen, aber ich schaffte es nicht. Mein Ehrgeiz duldete es nicht. Und so sah ich mich in einem Teufelskreis gefangen: Ich brachte es nicht fertig, etwas für mich zu tun, weil ich das für pure Zeitverschwendung hielt, aber ich konnte nicht schreiben, weil ich mir zuwenig Zuwendung schenkte. Das mußte ja schiefgehen!

Schließlich begann ich langsam – sehr langsam – einzusehen, wie wichtig es ist, etwas für sich selbst zu tun. Ich las alles, was ich zu diesem Thema finden konnte, und ich probierte die verschiedensten Therapien aus: Schreibtherapie, Maltherapie, Körperarbeit, indianische Rituale und Hypnotherapie. Ich interviewte Frauen, die gelernt hatten, gut für sich zu sorgen. Ich verschickte Hunderte von Fragebögen rund um die Welt, um herauszufinden, was Frauen tun, um ihren Bedürfnissen gerecht zu werden. Ich setzte meine Therapie fort, und das hat mir sehr, sehr gutgetan. Mir wurde klar, daß es vielen Frauen so ging wie mir. Wir müssen endlich lernen, uns aus der emotionalen Abhängigkeit zu befreien und uns selbst um die Befriedigung unserer Bedürfnisse zu kümmern, aber wir bekommen dabei wenig Unterstützung und haben meist nur eine sehr vage Vorstellung, wie wir das bewerkstelligen sollen.

Es dauerte fünf Jahre, bis ich gelernt hatte, mein Leben entsprechend zu gestalten. Das soll jedoch nicht heißen, daß ich jetzt nichts mehr dazuzulernen brauche. Das Leben stellt uns ständig vor neue Aufgaben, und wir müssen uns immer wieder bewähren. Ich habe dieses Buch geschrieben, um andere Frauen an dem teilhaben zu lassen, was ich bisher gelernt habe. Ich gebe auch Seminare für Frauen, die lernen wollen, liebevoller mit sich umzugehen.

## WIE DU DIESES BUCH BENUTZEN KANNST

Dieses Buch ist ein Nachschlagewerk. Es enthält viele praktische Vorschläge und Anregungen und die verschiedensten Übungen, Meditationen und Rituale – und es verzichtet auf umständliche Erklärungen, warum du dieses oder jenes tun sollst. Zwischen vielen Kapiteln besteht ein Zusammenhang. Entsprechende Hinweise findest du am Textrand. Laß mich das an einem Beispiel erläutern: Die Kapitel »Süße Düfte« und »Die Heilkraft der Kräuter« enthalten Baderezepte, auf die im Kapitel »Badefreuden« verwiesen wird. Oder: Im Kapitel »Fühl dich wohl in deiner Wohnung« findest du Ideen, wie du dein Heim verschönern kannst, indem du »aufräumst«, und in »Vereinfache dein Leben« geht es darum, wie du andere Lebensbereiche von unnötigem Ballast befreien kannst.

Blättere in diesem Buch, und lies, was dich anspricht. Ich hoffe, daß dieses Buch dir in den verschiedensten Stimmungen und Situationen helfen kann. Es kann sein, daß dir die eine oder andere Übung zunächst komisch vorkommt, aber vielleicht gefällt sie dir zu einem späteren Zeitpunkt besser. Sichwohlfühlen bedeutet für jede Frau etwas anderes, und nur du kannst herausfinden, was *dir* entspricht. Ich hoffe, daß dieses Buch dich dabei unterstützt. Ich hoffe, daß es dir einige Anregungen bietet.

# ENTSPANN DICH

Du findest im ganzen Buch immer wieder die Aufforderung:

## Entspann dich.

Ich verwende sie als Kürzel, und du findest sie vor jeder Meditation, die ich in diesem Buch vorstelle. Du mußt also nicht jedesmal dieselbe Anleitung lesen. Wenn du dieses **Entspann dich** siehst, weißt du, was gemeint ist – oder du liest dir dieses Kapitel noch einmal durch. Du kannst natürlich auch eine andere Entspannungstechnik anwenden.

Die meisten Meditationen, die du in diesem Buch findest, sind relativ kurz, und du kannst sie dir leicht merken. Aber es gibt auch ein paar längere, geführte Visualisierungsübungen. Am besten sprichst du sie auf Band. Laß genügend Pausen – dort, wo du das Gefühl hast, daß ein Innehalten angebracht ist. Wenn du willst, kannst du auch eine Hintergrundmusik aufnehmen.

## Entspann dich

Such dir ein stilles Plätzchen, und leg dich hin. Schließ deine Augen, nimm einen tiefen Atemzug, und halte ihn einen Moment lang an. Atme langsam aus. Atme wieder ein, und stell dir vor, daß mit dem Atem Entspannung in dich fließt. Halte wieder kurz den Atem an, und stell dir beim Ausatmen vor, daß du alle Anspannung aus dir herausfließen läßt, die sich heute in dir angesammelt hat, in der letzten Woche, ja in deinem ganzen bisherigen Leben.

Wende dich jetzt deinem Körper zu. Wo fühlst du dich verspannt? Atme tief ein, und sende die wunderbare Entspannung, die du mit diesem Atemzug aufgenommen hast, zu dieser Körperstelle. Stell dir vor, wie dein Atem den angespannten Muskel einhüllt und mit ihm den ganzen Streß, der sich hier angesammelt hat. Atme kräftig aus, und laß die ganze Anspannung, die sich hier abgelagert hat, mit dem Atem los. Laß alles los, was dich belastet. Wende dich dann der nächsten angespannten Körperstelle zu, so lange, bis du dich völlig entspannt fühlst. Nimm dir genügend Zeit. Stell dir dann vor, jemand würde dich sanft massieren. Die Hände, die dich berühren, sind voller Liebe. Gib dich ganz dieser wohltuenden Berührung hin. Du fühlst dich jetzt im tiefsten Inneren entspannt und von einer wunderbaren Ruhe durchstrahlt. Du bist jetzt bereit, dich voll und ganz auf die folgende Meditation – oder was immer du jetzt tun möchtest – einzulassen.

# WIE GEHST DU MIT DIR UM?

## WORUM GEHT'S?

Unsere Bedürfnisse erinnern uns daran, was wir brauchen. Wir brauchen zum Beispiel Nahrung, Sonne und Kontakt zu anderen Menschen. Unsere Bedürfnisse sollten unantastbar sein, wir sollten zu ihnen stehen und ihnen nachgehen – aber viel zu oft lassen wir uns ablenken und vergessen, was wir brauchen: weil wir uns von unseren alltäglichen Aufgaben zu sehr in Beschlag nehmen lassen, weil wir es nicht leicht haben, weil wir vorankommen wollen, weil wir uns um andere kümmern müssen etc. Laß nicht zu, daß das geschieht! Gut zu dir sein heißt, dir über deine persönlichen Bedürfnisse klarzuwerden und sie zu befriedigen.

## WAS DU DAZU BRAUCHST:

Einen Bleistift.

## TU DAS:

- Wenn du unzufrieden, niedergeschlagen oder angespannt bist und eigentlich nicht weißt, wieso.

- Wenn es schon ewig her ist, daß du dich einmal so richtig ausgeschlafen, so richtig entspannt oder eine gesunde Mahlzeit zu dir genommen hast.

## WAS DU FÜR DICH TUN KANNST:

*Checkliste*

Die folgenden Fragen sollen dir helfen, dir über deine Lebensgewohnheiten klarzuwerden. Kreuze an, was du regelmäßig für dich tust.

- ☒ Schläfst du in der Regel sechs bis acht Stunden?

- ☐ Ißt du jeden Tag etwas Gesundes, Naturbelassenes – Obst, Gemüse etc.?

- ☒ Kommst du mindestens einmal pro Woche mit der Natur in Berührung? (Auch wenn es nur kurz sein mag.)

- ☐ Bekommst du genug Sonne, auch im Winter?

---

*Checkliste  •  Eine gute Frage*

**Wie gehst du mit dir um?**

__ Trinkst du genügend Wasser? ✗

__ Gehst du mindestens einmal im Jahr zu einem Gynäkologen? ✗

✗ Gehst du jedes halbe Jahr zum Zahnarzt?

__ Weißt du Bescheid über deinen Körper und darüber, was er braucht, um gesund zu sein?

__ Genießt du deine Sexualität? ✗

✗ Tust du regelmäßig Dinge, die dir Spaß machen? ✗

✗ Bekommst du genügend körperliche Zuwendung? ✗

__ Pflegst du deine Freundschaften? Nimmst du dir genügend Zeit, dich mit anderen zu treffen?

✗ Weißt du, wen du anrufen kannst, wenn es dir schlechtgeht? Kennst du Menschen, die dir wirklich zuhören?

✗ Fällt es dir leicht, andere um Hilfe zu bitten? ✗

✗ Fällt es dir leicht, negative Gefühle auszudrücken? ✗

✗ Verzeihst du dir, wenn du Fehler machst?

__ Findest du Erfüllung, Freude und Sinn in deinem Leben?

✗ Hast du einen Blick für das Schöne? Fällt es dir leicht, dein Leben, dein Heim und deinen Arbeitsplatz zu verschönern? ✗

__ Genießt du es, mit dir allein zu sein? Nimmst du dir Zeit für dich? ✗

✗ Kümmerst du dich regelmäßig um deine spirituellen Bedürfnisse, das heißt täglich oder zumindest einmal in der Woche?

✗ Wann hast du dich zum letzten Mal »kaputtgelacht«? _(0 2 woel)✗_

__ Kannst du dich so annehmen, wie du bist?

Bitte fang jetzt nicht an, dir Vorwürfe zu machen. Laß dich von diesen Fragen nicht verunsichern, sondern nutz sie als Hilfe, um dir darüber klarzuwerden, wie du mit dir umgehst.

*Eine gute Frage*

Gewöhn dir an, dir so oft wie möglich folgende Frage zu stellen:

*Was kann ich in diesem Augenblick für mich tun?*

Halt inne, wann immer du dich angespannt, komisch oder »daneben« fühlst, und nimm dir ein paar Minuten Zeit, dich mit dieser Frage zu beschäftigen. Das hilft dir, ein besseres Gespür für dich und deine Bedürfnisse zu entwickeln, und neue Möglichkeiten zu entdecken, wie du sie befriedigen kannst.

Siehe: *Gut zu mir sein heißt essen: Was du wirklich brauchst; Das liebe Geld: Laß dich von deiner Intuition leiten; Mach es dir nicht zu bequem: Was ist wirklich gut für dich?; Vereinfache dein Leben: Drei gute Fragen.* Hier findest du weitere Anregungen, wie du deine innere Stimme aktivieren kannst.

# LITERATUR UND TIPS:

Bepko, Claudia/Krestan, Jo-Ann: *Das Superfrauen-Syndrom. Vom weiblichen Zwang, es allen recht zu machen.* Fischer, 1994. Dieses Buch geht der Frage nach, wie wir uns von diesem Zwang befreien und lernen können, uns selbst genügend Zuwendung zu schenken.

The Boston Women's Health Book Collective: *Unser Körper — Unser Leben. The New Our Bodies, Ourselves. Ein Handbuch von Frauen für Frauen.* Rowohlt, 1988. Dieses Buch hilft dir, deinen Körper besser kennenzulernen.

Hancock, Emily: *Tief unter unserer Haut. Das kindliche Selbst als Schlüssel zur Identität der Frau.* Kabel, 1991. Warum bist du die, die du bist? Das Mädchen, das du mit acht oder neun Jahren warst, kann dir einiges darüber sagen.

Fields, Rick: *Chop Wood, Carry Water.* J. P. Tarcher, 1984. Ein Buch, das dir hilft, die spirituelle Dimension im alltäglichen Leben sehen zu lernen.

# DEIN KREATIVES TAGEBUCH

## WORUM GEHT'S?

Draußen regnet es, und du bist in Mutters Küche. Der Tisch ist voller Malbücher oder bunter Bilder, die du mit Wasserfarben gemalt hast. Weißt du noch, wie das war? Oder hast du dir an solchen Tagen lieber Geschichten ausgedacht? Was immer du getan haben magst, eines konntest du mit Sicherheit: unzählige Stunden mit Spielen verbringen, ganz versunken in die Welt deiner Vorstellungen, während draußen der Regen rhythmisch gegen die Fensterscheiben trommelte.

In deinem Tagebuch kannst du Ähnliches tun: Du kannst darin herumkritzeln, malen, zeichnen, Dinge einkleben oder aufschreiben und dich so mit dem Thema »Tu dir gut!« auseinandersetzen. Diesem Tagebuch kannst du alles anvertrauen, hier kannst du deine ganz persönlichen Vorstellungen zum Ausdruck bringen. Das tut gut. Und es tut auch gut, später in diesem Buch zu blättern.

Es geht hier nicht um Kunst, Perfektion oder Schreibtalent, es geht darum herauszufinden, was gut für *dich* ist, was *dir* hilft, dich lebendig und frei zu fühlen. Mach dich auf die Suche!

## WAS DU DAZU BRAUCHST:

Deine Vorstellungskraft – dieses wunderbare und unerschöpfliche Werkzeug.

Was immer dich von den Dingen anspricht, die du im Abschnitt »Was dir hilft, kreativ zu sein« findest.

## TU DAS:

- Wenn du Lust hast, kreativ zu sein, einfach, weil dir das Spaß macht.

- Wenn der Teil deiner selbst, der immer noch ein Kind ist, spielen möchte.

- Wenn du herausfinden möchtest, was dir guttut.

- Wenn du gereizt bist oder von innerer Unruhe geplagt wirst.

---

*Was dir hilft, kreativ zu sein* • *Was du heute alles erledigt hast*
*Gut zu mir sein – Was heißt das?* • *Was du an dir magst*
*Bilder, die dir guttun* • *Kritzeln, statt traurig sein*
*Was dir Freude macht* • *Mal dir etwas aus*
*Was fällt dir dazu ein?* • *Was dich anspricht*

---

# WAS DU FÜR DICH TUN KANNST:

*Was dir hilft, kreativ zu sein*

Im folgenden findest du eine Liste verschiedener Utensilien, die dir helfen können, deine Kreativität zu entfalten. Du brauchst dafür nicht einmal viel Geld. Sieh dich zu Hause um, durchforste deine Schubladen. Und wenn du Mal- oder Bastelsachen für deine Kinder kaufst, kannst du auch dir selbst etwas besorgen. Hier also die Liste:

- Einen Din-A4-Malblock und mehrere kleine Mappen, in denen du alles sammeln kannst, was dich anspricht.

- Farbiges Cellophanpapier, Ton, Buntstifte, Wachsmalkreide, Pastellkreide, Leuchtstifte etc.

- Stoffstückchen, Filz, Federn, Blumen.

- Kleber oder Klebestifte.

- Blätter, Briefe: Wenn du Briefe aufgehoben hast, über die du dich einmal sehr gefreut hast, kannst du Fotokopien von ihnen machen.

- Zeitschriften: Schneide Bilder aus, die dich besonders ansprechen. Sammle sie in einem Korb oder in einer Mappe. Auch alte Grußkarten oder Fotografien kannst du hier sammeln.

- Textmarker aller Farben, alles Metallische: Glitzerndes, Konfetti, Kugelschreiber, Folien.

- Farben aller Art, zum Beispiel Metallic-, Finger- oder Wasserfarben. Zum Auftragen kannst du auch Pinsel oder Zahnbürsten verwenden, Q-Tips oder Schwämme.

- Papier, Papierstückchen, Packpapier, Tapeten, Schrankpapier, Reißbrettpapier, Fotokarton, Bleistifte, farbige Stifte, Knete, Bänder, Gummistempel und alles, was dir sonst noch einfällt.

- Bindfaden, Muscheln und eine Schere.

- Garn.

Überleg dir, wo du dein Tagebuch aufbewahren willst. Du solltest ihm alles anvertrauen können, ohne Angst zu haben, daß irgend jemand darin liest.

## Gut zu mir sein — Was heißt das?

Leg dein Tagebuch und einen Stift zurecht. Schließ deine Augen, richte deine Aufmerksamkeit auf deinen Atem, und laß dir einen Augenblick Zeit. Konzentriere dich dann auf die Worte: »gut zu mir sein«. Laß sie auf dich wirken. Nimm dein Tagebuch zur Hand, und schreib alles auf, was dir jetzt zu diesem Thema einfällt — wirklich alles, was kommt. Kümmere dich nicht darum, ob es dir sinnvoll erscheint oder ob du weißt, was damit gemeint ist. Schreib es einfach auf.

Leg deine Liste dann zur Seite, um Abstand zu gewinnen. Nimm sie erst nach ein paar Tagen wieder zur Hand, und lies sie nochmals durch. Was fällt dir auf?

*Siehe: Ohne Planung geht es nicht: Finde heraus, was dir Freude macht*

Nimm dir zehn Minuten Zeit, das aufzuschreiben. Versuche, nichts zu bewerten, und überleg dir fünf Dinge, die du für dich tun kannst. Tu sie in der nächsten Woche.

## Bilder, die dir guttun

*Siehe: Dein persönlicher Rückzugsort: Eine Kiste voll tröstlicher Dinge*

Schneide Bilder aus Zeitschriften aus, die dich besonders ansprechen, fotokopiere Fotos aus schönen Tagen, die dich im Kreise lieber Freunde oder deiner Familie zeigen, und füg auch kleine Andenken hinzu, die dich an gute Zeiten erinnern. Spiel mit diesen Bildern wie mit einem Puzzle, und versuch mit deinem Selbst Kontakt aufzunehmen. Finde heraus, was dir guttut und was dir Freude macht.

Schreib hundert Dinge auf, die dir Freude machen und die dein Leben bereichern. Deine Liste sollte sowohl materielle Dinge enthalten wie: »Zehn Mark, die ich in meiner Manteltasche finde« als auch immaterielle wie: »Ein Lachen, das mir ein Fremder schenkt«. Schreib auch ganz persönliche und intime Dinge auf, zum Beispiel: »Liebemachen, bis ich schweißgebadet bin«, oder ganz banale wie: »Schokoladenkekse essen«. Füg dieser Liste jede Woche etwas Neues hinzu, und nimm sie zur Hand, wenn du traurig bist.

## Was fällt dir dazu ein?

Wähl ein Thema aus, und laß es auf dich wirken. Was fällt dir dazu ein? Versuch es einmal mit: *mich um meine Bedürfnisse kümmern, gut zu mir sein, mich wohl fühlen, ganz entspannt sein, mich unterstützt fühlen* oder *Wünsche verwirklichen.* Schreib alles auf: Worte, Zitate, Gedanken und Ideen – egal, was kommt. Du kannst auch eine Skulptur anfertigen oder ein Bild malen.

## Was du heute alles erledigt hast

Liste alles auf, was du heute erledigt hast. Das ist eine gute Übung, um den Tag bewußt zu beenden. Statt dich – wie sonst – mit den unerledigten Dingen zu beschäftigen, schenkst du hier einmal dem Beachtung, was du geleistet hast. Schreib alles auf, auch scheinbar nebensächliche Dinge:

Siehe: *Rituale: Ein Gutenacht-Ritual*

Mit dem Hund spazierengegangen.

Den Installateur bestellt.

Habe einen anstrengenden Arbeitstag gut hinter mich gebracht.

War turnen.

Habe viel Wasser getrunken.

Habe es geschafft, die Kinder nicht anzuschreien, nur weil sie vergessen hatten, den Rasensprenger einzuschalten.

Sei stolz auf das, was du heute alles getan hast. Sei dir deiner Leistungen bewußt!

## Was du an dir magst

Schreib alles auf, was du an dir magst. Geh ins Detail, zum Beispiel die Form deiner Schultern oder die Art, wie du niest, wie du deine Arbeit organisiertst oder wie du mit deinen Kindern umgehst, dein tänzerisches Talent oder deine Leselust. Lies diese Liste durch, wenn du mit dir unzufrieden bist.

## Kritzeln, statt traurig sein

Wenn du dich schlecht fühlst und nicht weißt, was du dagegen tun sollst, dann probier einmal, auf einem Stück Papier herumzukritzeln. Schließ deine Augen, und laß deine Gefühle den Arm hinunter und durch den Stift auf das Papier fließen. Laß deine Emotionen raus, bis du ganz leer geworden bist.

## Mal dir etwas aus

Male, zeichne oder skizziere etwas, das dir guttut – was immer das auch sein mag. Gestalte dieses Bild so persönlich wie möglich. Vielleicht möchtest du die Außenansicht deines Hauses zeichnen, im Winter, wenn alle Fenster hell erleuchtet sind. Vielleicht hast du Lust, ein Familienfoto anzumalen und mit Symbolen zu versehen. Oder wie wär's mit einem tropischen Strand, an dem sich dein Liebster in der Sonne aalt? – Mal, was immer dir ein Gefühl der Behaglichkeit und der Sicherheit vermittelt.

## Was dich anspricht

Blättere Zeitschriften durch, und schneide Bilder, Zitate oder Artikel aus, die dich ansprechen. Kleb sie in dein Tagebuch, und versuche zu beschreiben, was diese Bilder, Zitate oder Artikel in dir auslösen.

Capacchione, Lucia: *Die Kraft der anderen Hand. Ein Schlüssel zu Intuition und Kreativität.* Knaur, 1990. Dies.: *The Well-Being Journal.* NewCastle, 1989. Dieses Buch zeigt, wieviel du für dich tun kannst, wenn du Tagebuch schreibst.

Goldberg, Natalie: *Der Weg des Schreibens. Durch Schreiben zu sich selbst finden.* Knaur, 1991. Dies.: *Wild Mind.* Bantam Books, 1990. Zwei wunderbare Bücher, die zeigen, wie wir durch Schreiben in tiefere Schichten unserer Persönlichkeit vordringen können.

Hagan, Kay Leigh: *Internal Affairs.* Harper & Row, 1990. Dies.: *Prayers to the Moon.* HarperSanFrancisco, 1991. Mit zahlreichen Übungen und Anregungen, wie du dein Tagebuch zu deiner persönlichen Entwicklung nutzen kannst.

# OHNE PLANUNG GEHT ES NICHT

## WORUM GEHT'S?

Gut zu dir sein heißt vor allem eines: dir Zeit für dich zu nehmen. (»Ich? Mir Zeit nehmen? Ich hab' viel zuviel zu tun. Wie soll ich da Zeit für mich herausschlagen?«) Der Teufelskreis beginnt: Du hast viel zu tun und glaubst, du hättest keine Zeit für dich. Aber wenn du dich ständig vernachlässigst, wird dein Leben zu einem anstrengenden täglichen Einerlei: Du kommst am Morgen kaum noch aus dem Bett; du fährst deinen Partner, deine Kinder oder deine Kollegen an; du haßt plötzlich deinen Job, der dir doch früher wirklich einmal Spaß gemacht hat – oder dir fehlt die Kraft, dir einen neuen zu suchen; Sex und Sinnlichkeit gehören der Vergangenheit an und, und, und.

Das hört sich schlimm an, nicht wahr? – Oder geht es dir etwa wirklich so? Was immer in deinem Leben schiefläuft: Es *muß* nicht so sein.

Wenn du dir Zeit für dich nimmst, wirst du feststellen, daß du deine täglichen Aufgaben mit viel mehr Schwung und weit schneller erledigst, als das sonst der Fall ist. Entspannt zu sein ist kein Luxus, es ist die Voraussetzung für dein physisches und emotionales Wohlbefinden. Wenn dir deine Zeit kostbar ist und du anderen Grenzen setzt, dann werden sie die Zeit, die du ihnen schenkst, erst richtig zu schätzen lernen, und sie werden anfangen, deine Bedürfnisse zu respektieren.

Bist du noch nicht ganz überzeugt? Dann halte einen Moment inne, und schau dir mal dein Leben an. Was machst du daraus? Kannst du es so gestalten, wie du möchtest? Bekommst du das, was du brauchst? Sorgst du gut für dich? Liebst du dich? Und wenn nicht – warum? – Bevor du dich von ganzem Herzen anderen Menschen zuwenden kannst, mußt du zuerst lernen, dich um dich selbst zu kümmern.

*Zeit ist Leben* • *Finde heraus, was dir Freude macht*
*Energiespitzen* • *Mach dir ein Programm*
*Wie du Zeit für dich gewinnen kannst* • *Denk daran*

## WAS DU DAZU BRAUCHST:

Deinen Terminkalender.

Dein Tagebuch und einen Stift.

Einen Wecker.

## TU DAS:

- Wenn dieses Buch dir angst macht, weil du nicht weißt, wo du die Zeit hernehmen sollst, um all die schönen Dinge zu tun, die du gerne tun würdest.

- Wenn dieses Buch dich traurig macht, weil du glaubst, keine Zeit zu haben, um etwas für dich zu tun — auch wenn dir das wirklich ein Bedürfnis wäre.

- Wenn du dich sagen hörst: »Schon wieder Dezember? Wieder ein Jahr um?«

- Wenn du es nur dann schaffst, etwas für dich zu tun, wenn du dir einen Termin dafür freihältst.

## WAS DU FÜR DICH TUN KANNST:

*Zeit ist Leben*

Zeit ist das Rohmaterial, aus dem wir unser Leben formen. Macht dieser Satz für dich einen Sinn? Oder hast du das Gefühl, daß andere dir vorschreiben, was du zu tun hast?

Nimm ein Blatt Papier, und leg drei Spalten an:

*Tue ich gerne*          *Tue ich nicht gerne*          *Tue ich mit gemischten Gefühlen*

---

Vergegenwärtige dir eine ganz normale Woche, und schreib alle Dinge, die du während einer solchen Woche normalerweise tust, in die entsprechende Spalte, zum Beispiel:

| Tue ich gerne | Tue ich nicht gerne | Tue ich mit gemischten Gefühlen |
| --- | --- | --- |
| Liebe machen | Badewanne putzen | fernsehen |
| zur Gymnastik gehen | zur Gymnastik gehen | zur Gymnastik gehen |
| ein gutes Buch lesen | die Miete zahlen | mit Mutter telefonieren |

Geh die einzelnen Punkte, die du unter *Tue ich nicht gerne* aufgelistet hast, durch, und frag dich: »Muß ich das tun?« Und wenn ja: »Kann ich etwas ändern, so daß es für mich befriedigender oder annehmbarer wird?« Natürlich ist es unmöglich, alle Dinge, die du hier notiert hast, ersatzlos zu streichen, aber du solltest versuchen, soviel wie möglich loszuwerden oder angenehmer zu gestalten. Laß dir was einfallen, sei kreativ! Du kannst ein Brainstorming machen, um Ideen zu sammeln, was du ändern könntest: Gib dir zehn Minuten Zeit, und schreib alles auf, was dir einfällt. Hör nicht auf zu schreiben, auch wenn du Dinge wiederholen mußt. Wähl eine Möglichkeit aus, und setz sie in die Tat um: Du könntest zum Beispiel eine Freundin bitten, für dich zur Bank zu gehen und deine Miete zu überweisen; du könntest die Überweisung schreiben, während du dich massieren läßt oder nackt Hummer ißt; du könntest alle Überweisungen für ein Jahr im voraus ausfüllen und deine Sekretärin oder eine zuverlässige Freundin bitten, sie jeden Monat zur Bank zu bringen etc. Verstehst du, was ich meine? Einige dieser Ideen sind ziemlich verrückt, andere jedoch sind es durchaus wert, daß du einmal genauer darüber nachdenkst.

Und wie steht es mit den Dingen, die du unter *Tue ich mit gemischten Gefühlen* aufgelistet hast? Möglicherweise sind sie es, die dich die meiste Zeit und Energie kosten − einfach weil du dir nicht sicher bist, was du von ihnen halten sollst. Vielleicht kannst du einige dieser Dinge durch andere ersetzen, die dir besser gefallen. Die folgenden Überlegungen sollen dir dabei helfen:

## Energiespitzen

Achte darauf, zu welchen Tageszeiten du voller Energie bist, und lerne, diese Zeiten für dich zu nutzen. Fühlst du dich ausgelaugt, wenn du nach der Arbeit nach Hause kommst? Dann ist das die beste Zeit, um Dinge zu erledigen, die du nicht besonders magst, die aber getan werden müssen: Hausarbeit, Rechnungen bezahlen, Telefonate erledigen. Kommst du nach dem Abendessen wieder in Schwung? Dann nutz diese Zeit! Erleb dieses Gefühl ganz bewußt! Sorg dafür, daß du ungestört bist: Schalt den Anrufbeantworter ein, und sag deinen Kindern, daß du jetzt ein oder zwei Stunden für dich haben möchtest. Laß dich durch nichts und niemanden stören. Das bedarf einiger Übung, und es gelingt nicht immer, aber es lohnt sich. Die Zeiten, in denen du voller Energie bist, helfen dir, dein Leben bewußter zu gestalten. Wenn du lernst, sie für dich zu nutzen, kannst du eine Menge für dich tun.

## Wie du Zeit für dich gewinnen kannst

Leg dir einen Anrufbeantworter zu.

Lerne Telefongespräche zu beenden, vor allem bei Anrufern, die kein Ende finden: »Schön, daß du angerufen hast, aber ich muß jetzt Schluß machen.« Versuch, dich nicht dafür zu entschuldigen, daß du das Gespräch beenden willst.

Leg den Telefonhörer neben den Apparat.

Führ Telefonzeiten ein, und sag deinen Freunden, daß du nur zu diesen Zeiten angerufen werden möchtest.

Wähl bewußt aus, was du dir im Fernsehen ansehen möchtest. Schalt am Ende der Sendung sofort ab.

Verkauf deinen Fernseher.

Siehe: *Steh zu dir und deinen Bedürfnissen*. Dort findest du mehr zum Thema »*Nein* sagen«.

Ohne Planung geht es nicht

Fahr mit öffentlichen Verkehrsmitteln zur Arbeit, oder schließ dich einer Fahrgemeinschaft an, und nutz die Zeit, die du sonst mit Autofahren verbracht hast, um etwas für dich zu tun. Eine Bekannte macht zum Beispiel folgendes: Immer wenn sie nicht selbst mit Fahren an der Reihe ist, streift sie eine Schlafmaske über, nimmt ihren Walkman und meditiert. Zunächst fanden die anderen das komisch, aber sie gewöhnten sich daran.

Laß dich nicht länger von dem Überangebot an Information tyrannisieren, mit dem wir täglich überschwemmt werden. Du mußt nicht jede Zeitung, jede Zeitschrift oder jedes neue Buch lesen. Du mußt dir nicht jeden Abend die Nachrichten anhören.

Laß die Hausarbeit liegen. Verwende Putzen und Aufräumen nicht länger als Ausrede, keine Zeit für dich zu haben. – Oder ist dir das wirklich wichtiger?

Sorge für Hilfe. Wenn du verheiratet bist oder mit einem Mann zusammenwohnst, solltest du darauf achten, daß er nicht Hausarbeit, Kinder etc. auf dich abwälzt. Das führt zu nichts – nur dazu, daß du ihm böse bist. Teilt die Arbeit auf! Bei uns zu Hause bin ich für Putzen, Waschen, den Hund und den Garten zuständig; mein Mann kocht, kauft ein, entsorgt den Abfall und kümmert sich um seinen Gemüsegarten. – Es gibt natürlich auch viele andere Möglichkeiten, wie ihr euch die Arbeit aufteilen könnt.

Leiste dir eine Putzfrau, wenn du kannst, auch wenn du dafür auf etwas anderes verzichten mußt.

Mach weder Hausarbeit noch irgendeine andere lästige Arbeit, wenn du voller Energie bist.

Siehe: *Mach es dir nicht zu bequem*

Überleg dir, wo du Zeit verlierst, weil du Dinge ständig aufschiebst.

Kauf auf Vorrat, wenn du dir das leisten kannst. Nimm 20 Glückwunschkarten, statt drei, zwei Paar Turnschuhe oder Hosen, statt einem.

Kauf auch Geschenke auf Vorrat, und verwahr sie für den entsprechenden Anlaß.

Ohne Planung geht es nicht

Mach nicht mehr Besorgungen als unbedingt nötig. Erledige möglichst viele Dinge telefonisch.

Wähl ein Motto für deine Geschenke, und kauf alles in zwei oder drei Geschäften: Bücher, Schallplatten, Pflanzen, Kalender.

Kauf bei Versandhäusern, und laß dir die Dinge zuschicken.

Bitte um Hilfe.

Bitte um Hilfe.

Bitte um Hilfe.

Und frag dich immer wieder: »Verbringe ich meine Zeit so, wie ich es möchte?«

## Finde heraus, was dir Freude macht

Dir freie Zeit zu schaffen und diese Zeit auch wirklich für *dich* zu nutzen sind zwei verschiedene Paar Schuhe. Unsere Arbeit neigt dazu, sich in die Länge zu ziehen, so lange, bis wir keine Zeit mehr haben. Wenn du es schaffst, dir freie Zeit zu erübrigen, mußt du also darauf achten, daß du während dieser Zeit auch wirklich das tust, was dir Freude macht. Das ist besonders wichtig, wenn du versuchst, Dinge zu ersetzen, denen du bisher mit gemischten Gefühlen gegenübergestanden bist.

Nimm dein Tagebuch, und schreib auf, was du gerne tun würdest. Laß deiner Phantasie freien Lauf! Denk daran, daß du sowohl leibliche und emotionale als auch geistige und spirituelle Bedürfnisse hast, die befriedigt werden wollen.

Siehe: *Dein kreatives Tagebuch: Gut zu mir sein – Was heißt das?; Was Ziele bewirken: Wünsche verwirklichen; Ein Tag für dich: Was dir Freude macht*

Werde dir klar darüber, was in deinem Leben fehlt. Was würdest du gerne tun? Das kann ein paar Minuten, eine Stunde, einen halben Tag, einen oder sogar zwei Tage dauern.

Siehe: *Ein Tag für dich*. Dort findest du Beispiele, wie du einen Tag, den du mit dir allein verbringst, gestalten kannst.

Wenn du möchtest, kannst du das eine oder andere mit Freunden unternehmen, aber einiges solltest du auf jeden Fall allein tun,

---

schon um sicherzustellen, daß du nicht auf andere angewiesen bist. Versuche mindestens 20 Dinge aufzuschreiben, damit für Abwechslung gesorgt ist.

## Mach dir ein Programm

Nimm deinen Terminkalender zur Hand, und schlag das morgige Datum auf. Nimm die soeben erstellte Liste, und trag für jeden der kommenden Tage zwei Dinge ein, die du gerne unternehmen möchtest. Achte auf Ausgewogenheit. Hier ein Beispiel:

*Montag*

meine beste Freundin treffen
einen Spaziergang machen

*Dienstag*

15 Minuten meditieren
mit Freundinnen ins Kino gehen

*Mittwoch*

einen Tanzkurs beginnen
in der Bibliothek nach Büchern
   über Schmetterlinge sehen

*Donnerstag*

malen
zur Massage gehen

*Freitag*

während der Mittagspause ins
   Museum gehen
Musik auflegen und dazu spontan
   irgendwelche Körperübungen
   machen
romantisches Abendessen mit
   meinem Freund

(Du kannst dir auch mehr als zwei Dinge für einen Tag vornehmen.)

Ziel ist, dich den verschiedenen Aspekten deiner selbst zuzuwenden, sie zu fördern und deine Bedürfnisse wirklich ernst zu nehmen.

## Denk daran

*Du selbst bist für dein Leben verantwortlich.* Vielleicht ist dir das nicht immer bewußt, aber *du* entscheidest. Auch wenn du zuviel zu tun hast oder gelangweilt bist: *Du* hast es so gewählt. Das mag keine besonders angenehme Vorstellung sein, aber es ist eine äußerst befreiende − wenn du anfängst zu begreifen, was das heißt. Versuch es: Nimm dir

Zeit, tu etwas für dich. Laß das zu deiner vorrangigsten Aufgabe werden. Es wird dein Leben ungemein bereichern.

## LITERATUR UND TIPS:

Hochschild, Arlie/Machung, Anne: *Der 48-Stunden-Tag. Wege aus dem Dilemma berufstätiger Eltern.* Knaur, 1993. Eine Studie zweier Familien, in denen beide Elternteile arbeiten. Dieses Buch sollte einiges ins Rollen bringen.

Schröder-Naef, Regula: *Keine Zeit? Zeit-Erleben und Zeitplanung.* Beltz 1993.

Cardozo, Arlene Rossen: *Sequencing: A New Solution for Women Who Want Marriage, Career, and Family.* Macmillan, 1986. Wie man Beruf, Familie und Partnerschaft unter einen Hut bringt.

Grudin, Robert: *Time and the Art of Living.* Harper & Row, 1982. Dieses Buch hilft dir, dein Leben neu zu gestalten.

Servan-Schreiber, Jean-Louis: *The Art of Time.* Addison-Wesley, 1988. Ein anregendes Buch zum Thema »Wie wir mit unserer Zeit umgehen«.

# WENN DIR DER ANFANG SCHWERFÄLLT

## WORUM GEHT'S?

Fällt es dir schwer, dir vorzustellen, wie du das, was ich hier sage, in die Tat umsetzen kannst? Findest du es übertrieben oder vielleicht sogar unanständig, deine Bedürfnisse wirklich ernst zu nehmen? Stehst du plötzlich unter Streß, weil du glaubst, du müßtest ab sofort perfekt auf diesem Gebiet sein? Tu dir das nicht an!

Ich habe dieses Buch geschrieben, weil ich dir helfen möchte, liebevoller mit dir umzugehen. In diesem Kapitel findest du einige Anregungen, die dir den Einstieg erleichtern können. Das Wichtigste von allem ist, daß du lernst, dich anzunehmen und dich wohl in deiner Haut zu fühlen.

## WAS DU DAZU BRAUCHST:

Einfache Dinge, die dir Freude machen: eine Rose, die in der Morgensonne leuchtet; eine Tasse heißen Tee; deinen kuscheligen Bademantel.

## TU DAS:

- Wenn du dich mit der Vorstellung, etwas für dich zu tun, nur schwer anfreunden kannst.

- Wenn es dir schwerfällt, abzuschalten oder dir zu überlegen, was dir guttut.

- Wenn dir die Vorstellung, dir Zeit für dich zu nehmen, absurd erscheint.

## WAS DU FÜR DICH TUN KANNST:

*Fang an, dich zu verwöhnen*

Gönn dir nach dem Aufwachen einen Kaffee oder einen heißen Tee in einer besonders schönen Tasse. Bleib noch eine Zeitlang im Bett, oder such dir ein nettes, sonnenbeschienenes Plätzchen, und genieß diesen Moment ganz bewußt.

*Fang an, dich zu verwöhnen* • *Kontakte knüpfen*
*Ein positives Selbstbild entwickeln* • *Was dein inneres Kind anspricht*
*Natur erleben* • *Was du für deinen Körper tun kannst*

Leg dich in die Sonne, und laß dich von ihrer Wärme durchströmen.

Leg deine Lieblingsmusik auf. Du kannst dir auch eine ganze Kassette anhören. − Die Welt geht nicht unter, wenn du dir 20 Minuten Zeit für dich nimmst.

Tauch für eine Viertelstunde ab. Dämmere dahin wie eine Amöbe: reglos und ohne bestimmte Absicht. Laß deine Gedanken driften, laß sie einfach kommen und gehen.

Mach einen kurzen Morgenspaziergang.


*Ein positives Selbstbild entwickeln*

Lerne, dich zu bejahen. Eine gute Hilfe zur Entwicklung eines positiven Selbstbildes sind Affirmationen. Das sind kurze positive Aussagen in der Gegenwartsform. Sie haben die Funktion, deine unterbewußten Vorstellungen umzugestalten. Versuch dir vorzustellen, daß die von dir gewählten Affirmationen bereits Wirklichkeit geworden sind. Hier einige Beispiele:

*Ich liebe mich, und ich stehe zu mir.*
*Ich verdiene es, gut zu mir zu sein.*
*Ich bin es wert, geliebt zu werden.*
*Ich bin ein wertvoller Mensch.*
*Ich nehme mich an, so wie ich bin.*

Siehe: *Rituale, die dir Mut verleihen: Affirmationen; Fühl dich wohl in deiner Haut; Musik für Körper und Seele: Eine Kassette zum Wohlfühlen; Spirituelle Bedürfnisse: Spirituelle Bedürfnisse befriedigen.* Dort findest du mehr zum Thema »Affirmationen«.

Schreib deine Affirmationen auf verschiedene Zettel, und befestige sie dort, wo du ihnen immer wieder begegnest: an der Innentür deines Badezimmerschrankes, an der Sonnenblende deines Autos, oder steck sie einfach in dein Portemonnaie.

Lies oder hör ein paar Tage lang keine Nachrichten, auch nicht im Radio.

Tu Dinge, die du gut kannst: kochen, Trivial Pursuit spielen, gärtnern etc. Freu dich darüber, was du alles kannst.

Wenn dir der Anfang schwerfällt

Siehe: *Schmökern wie ein Kind*. Dort findest du weitere Anregungen.

Geh in die Bibliothek, und leih dir Bücher aus, die du dir normalerweise nicht erlaubst zu lesen, zum Beispiel Astrologiebücher oder Liebesromane. Laß dich einfach mal unterhalten.

## Natur erleben

Schau dir einen Sonnenuntergang an, bis es dunkel geworden ist.

Lausch einem Wasserfall oder einem Springbrunnen, seinem Plätschern und Rauschen.

Iß etwas Naturbelassenes, Rohes: einen reifen Apfel oder eine frische, fruchtige Erdbeere. Nimm den Geschmack wahr, die Konsistenz und die Lebendigkeit dessen, was du ißt, und laß diese Energie durch deinen ganzen Körper fließen.

Siehe: *Freude durch Pflanzen*

Kauf dir eine Zimmerpflanze.

Leg dich auf eine Wiese, und schau in den Himmel.

## Kontakte knüpfen

Rede mit einem Fremden. Knüpf mit jemandem Kontakt, den du nicht kennst.

Ruf jemanden an, den du sehr gern hast, und sag ihr/ihm das.

Miste deinen Schrank aus, und gib die Sachen, die du nicht mehr brauchst, an ein Frauenhaus.

## Was dein inneres Kind anspricht

Entzünde eine Wunderkerze, und schreib damit deinen Namen in die Luft.

Kuschle dich unter eine Decke, und lausche dem Regen.

Spiel mit einem kleinen Kind.

Hör dir einen Kinderchor an.

Wenn dir der Anfang schwerfällt

*Was du für deinen Körper tun kannst*

Fahr zu einem See oder ans Meer, und atme tief ein und aus.

Geh im Mondlicht spazieren.

Gibt es etwas, das du schon seit langem für deine Schönheit oder deinen Körper tun willst? Vielleicht deine Haare färben oder zur Kosmetikerin gehen, dir eine Schminkberatung geben lassen oder farbige Wimperntusche auflegen? – Tu es!

Laß dich massieren.

Siehe: *Tu was für deinen Körper: Alles auskosten*

## LITERATUR UND TIPS:

Cornell, Joseph: *Auf die Natur hören. Wege zur Naturerfahrung.* Verlag an der Ruhr, 1991. Ders.: *Mit Freude die Natur erleben.* Verlag an der Ruhr, 1991. Diese Bücher zeigen, wie die Natur dir helfen kann, dich auf dich selbst zu besinnen.

Fulghum, Robert: *Alles, was du wirklich wissen mußt, hast du schon als Kind gelernt.* Goldmann, 1992. Dieses Buch hilft dir, innezuhalten und dein Leben bewußter zu gestalten.

Ray, Veronica: *Neuer Mut zum Glücklichsein. Sich von inneren und äußeren Zwängen befreien.* Heyne, 1993. Ein Buch, das zum Nachdenken anregt.

Krayette, Steve: *Complete Relaxation.* Whitford Press, 1979. Mit sehr schönen Entspannungsübungen.

Levine, Stephen: *Guided Meditations, Explorations, and Healings.* Doubleday, 1991. Geführte Meditationen zu den verschiedensten Themen.

# DIE STIMME, DIE DICH UNTERSTÜTZT

## WORUM GEHT'S?

Gut zu dir sein heißt vor allem eines: dir deine volle Aufmerksamkeit und Anteilnahme zu schenken und liebevoll mit dir umzugehen. Das bedeutet nicht, daß du dich von nun an für unfehlbar halten oder deine Schwächen einfach ignorieren sollst. Es heißt vielmehr, daß du dich bemühst, das Positive an dir zu sehen, dich ermutigst und dich so annimmst, wie du bist – so wie liebende Eltern oder deine beste Freundin das tun.

In unserem Inneren sprechen verschiedene Stimmen zu uns. Leider neigen wir dazu, meist auf die Stimme zu achten, die mit nichts zufrieden ist, und dabei überhören wir, daß es da auch noch eine andere Stimme gibt, eine Stimme, die uns unterstützt und uns bejaht und die uns vollstes Verständnis entgegenbringt.

Wir müssen lernen, diese positive innere Stimme zu hören und sie zu nutzen. Wenn wir nicht in der Lage sind, uns selbst Anerkennung zu schenken, bleibt uns nichts anderes übrig, als andere darum zu bitten. Wenn wir nicht lernen, uns selbst anzunehmen und liebevoll mit uns umzugehen, bleiben wir stets darauf angewiesen, uns Bestätigung von außen zu holen. Und das kostet eine Menge Zeit und Energie! Wenn du lernen willst, dich aus der emotionalen Abhängigkeit zu befreien, mußt du also zunächst einmal lernen, auf die positive Stimme in deinem Inneren zu hören.

Diese Stimme ist eine unglaubliche Stütze, und sie ist immer für dich da. Sie hilft dir, wenn du traurig bist, wenn du schwere Zeiten durchzustehen oder eine große Bewährungsprobe zu bewältigen hast. Sie hilft dir, Ziele anzustreben und zu verwirklichen, von denen du zuvor nicht einmal zu träumen wagtest. Und die Anerkennung, die sie dir schenkt – die *du* dir schenkst –, fühlt sich wunderbar an.

## WAS DU DAZU BRAUCHST:

Dein Tagebuch und einen Stift.

## TU DAS:

- Wenn jemand dich runtermacht oder verunsichert.

*Was denkst du über dich?* • *Widerstand gegen die Stimme, die dich*
*Mit der positiven inneren Stimme antworten* • *unterstützt*
• *Die tägliche Zuwendung*

- Wenn es dir schlechtgeht.

- Immer wenn du ein paar Streicheleinheiten brauchst, dich nach Zuwendung sehnst oder neue Energie tanken willst.

- Wenn dein innerer Kritiker ständig an dir herummeckert.

## WAS DU FÜR DICH TUN KANNST:

### *Was denkst du über dich?*

Nimm mehrere Blatt Papier, und zieh eine Linie in der Mitte. Schreib auf der linken Seite alle negativen Dinge auf, die du heute über dich gesagt oder gedacht hast.

Hör dir genau zu!

Achte auf Gedanken wie: »Ich habe die Präsentation vermasselt. Typisch!«, »Gott, schau ich heute wieder unmöglich aus« oder »Wenn ich noch fetter werde . . . !«

Achte auch darauf, welche Komplimente du zurückweist: »Dieses Kleid? Das ist doch schon uralt« oder: »Nein bestimmt nicht, ich habe kein Gramm abgenommen. Ich sehe doch aus wie ein Pferd!«

Achte auf alle selbstabwertenden Aussagen oder Gedanken, und schreib sie auf.

### *Mit der positiven inneren Stimme antworten*

Zieh dich mit deinen Blättern an einen Ort zurück, an dem du ungestört bist, und **entspann dich**. Stell dir eine Hand vor, die sich auf deine rechte Hand legt. Diese Hand fühlt sich sehr vertraut und liebevoll an. Es ist eine heilende Hand. Sie gehört zu dem Teil deiner selbst, der dich so annimmt, wie du bist.

Fühl die Wärme und die Anerkennung, die von dieser Hand ausgehen, die so angenehm auf deiner ruht. Spür, wie diese Wärme langsam deinen Arm hinauf- und durch deinen ganzen Körper hindurchfließt. Du spürst, wie dein ganzer Körper durchströmt wird von der Anerkennung und der Liebe, die von dieser heilenden Hand ausgehen.

Öffne nun langsam deine Augen, nimm deinen Stift, und fang an, den negativen Dingen, die du auf der linken Seite aufgeschrieben hast, etwas Positives entgegenzusetzen. Laß die heilende Energie, die jetzt in dir ist, zu Wort kommen. Das ist die Stimme, die dich unterstützt.

Laß diese neue innere Stimme auf all die negativen, selbstkritischen Aussagen, die auf der linken Seite stehen, antworten. Laß dich ganz von dieser liebevollen Stimme erfüllen. Hier ein Beispiel aus meinem Tagebuch:

Ich sehe heute wieder beschissen aus!

*Aber nein, du bist nur etwas müde. Warum ziehst du nicht dein Lieblingskleid an?*

Ich habe bei der Arbeit mal wieder komplett versagt!

*Du hast einen Fehler gemacht. Niemand ist vollkommen. Du bist nicht daran gewöhnt, daß dich jemand kritisiert. Vergib dir!*

Stell allen negativen Aussagen positive, dich selbst bejahende entgegen. Das mag dir vielleicht zunächst ziemlich affig vorkommen, aber das ist es nicht. Was du hier tust, ist etwas sehr Wichtiges: Du versuchst, die Dinge, für die du dich zuvor verurteilt hast, aus einem neuen, liebevollen Blickwinkel zu betrachten.

## Widerstand gegen die Stimme, die dich unterstützt

Vielleicht fühlst du dich nicht wohl, wenn diese Stimme zu dir spricht, vielleicht fällt es dir schwer, ihr Glauben zu schenken — vor allem wenn sie dir von sich aus Hilfe anbietet, ohne daß du sie darum gebeten hast.

Wenn das der Fall ist, kannst du folgendes tun: Nimm ein neues Blatt Papier, und schreib eine besonders tiefsitzende negative Überzeugung auf, eine, die dir ständig im Kopf herumspukt.

Laß deine positive innere Stimme antworten, laß dann wieder deinen inneren Kritiker zu Wort kommen etc. Auf diese Weise entsteht ein richtiger Dialog. Hier wieder ein Beispiel aus meinem Tagebuch:

Ich hasse meinen Körper. Ich fühle mich dick, aufgedunsen und häßlich.

*Ich liebe deinen Körper. Er ist stark und geschmeidig. Ich mag deinen schwung-vollen Gang.*

Und was hältst du von meinen Oberschenkeln? Die sehen ja aus wie Baumstämme!

*Du bist eine gute Bergsteigerin, du bist eine großartige Kanufahrerin, und du kannst auf eigenen Füßen stehen! Ich finde es toll, daß du so stark bist!*

Aber meine Falten!

*Falten sind nichts Schlimmes! Ich bin sehr stolz auf dich. Du hast eine starke Persönlichkeit, und du hast schon viel Lebenserfahrung gesammelt.*

Manchmal frage ich mich, ob ich überhaupt irgend etwas gelernt habe!

*Hör auf damit! Du hast eine Menge auf dem Kasten. Und du bist unterhalt-sam und attraktiv.*

Ist das dein Ernst?

Mach das so lange, bis dein innerer Kritiker sich von der Zuneigung, die von deiner positiven inneren Stimme ausgeht, beruhigen läßt. Arbeite mit deinen Widerständen. Nutz sie! Mit der Zeit wird die Stimme, die dich unterstützt, immer stärker hervortreten, und dem inneren Kritiker wird nichts anderes übrigbleiben, als sie anzunehmen. Das dauert natürlich seine Zeit, und zunächst hast du vielleicht das Gefühl, dir nur etwas vorzumachen. Aber laß dich nicht verunsichern. Du bist auf dem richtigen Weg.

Siehe: *Rituale, die dir Mut verleihen: Ich bin es wert.* Diese Meditation hilft dir mit Sicherheit weiter.

Die Stimme, die dich
unterstützt

*Die tägliche Zuwendung*

Mach es dir zur Gewohnheit, jeden Tag mit deiner positiven inneren Stimme zu sprechen. Wende dich an sie, wenn dein innerer Kritiker an dir herumnörgelt, und du wirst sehen: Mit der Zeit denkst du immer positiver, und es fällt dir immer leichter, liebevoll mit dir umzugehen.

Siehe: *Vergiß nicht*

Sei nicht entmutigt, wenn du des öfteren »vergißt«, diese Stimme zu hören. Es fällt uns in der Regel leichter, achtlos mit uns umzugehen als liebevoll. Denk daran: Dein innerer Kritiker hat bereits seit vielen Jahren das Sagen. Mach dir keine Vorwürfe! Sei einfach wieder gut zu dir.

## LITERATUR UND TIPS:

Briggs, Dorothy Corkille: *Selbstvertrauen wirkt Wunder. Wege zu neuem Lebensmut.* Herder, 1992. Hier findest du wunderbare Übungen zum Thema »Sich gut zureden«.

Butler, Pamela: *Talking to Yourself.* HarperSanFrancisco, 1991. Wie du lernen kannst, einen positiven inneren Dialog zu entwickeln.

Pollard III, John K.: *Self-Parenting.* Dieses Buch kannst du bei folgender Adresse bestellen: Generic Human Studies 28128, Suite 161, Pacific Coast Highway, P.O. Box 6466, Malibu, CA 90265, USA. Wie du dir selbst eine gute Mutter/ein guter Vater sein kannst.

# Steh zu dir und deinen Bedürfnissen

## Worum geht's?

Du kannst lernen, zu dir und deinen Bedürfnissen zu stehen, ohne dich dafür schuldig zu fühlen. Du kannst lernen, dir Zeit für dich zu nehmen und dich mit Respekt zu behandeln.

Man hat uns Frauen beigebracht, selbstlos zu sein. Klingt es da nicht unerhört, wenn ich hier dafür plädiere, wir sollten uns ganz offen zu unseren Bedürfnissen bekennen? Wie steht es aber mit jenen Frauen, die Selbstlosigkeit predigen? Haben sie sich nicht in die *Märtyrerrolle* geflüchtet und versuchen, auf diese Weise Liebe und Anerkennung zu bekommen? Was heißt es überhaupt, *selbstlos* und *uneigennützig* zu sein? Heißt es nicht, die eigenen Bedürfnisse und damit sich selbst aufzugeben?

Sollten wir uns also weniger um andere kümmern? Ist für andere zu sorgen nicht ein wesentlicher Bestandteil unseres Lebens? Natürlich ist es das, aber nur, wenn es *von Herzen* kommt, wenn du es mit Freude tust und nicht, weil du glaubst, nur dann ein guter Mensch zu sein, wenn du dich für die anderen aufopferst. Das zeugt von einem mangelnden Selbstwertgefühl – und wenn du jahrelang so lebst, grenzt das an Selbstzerstörung.

Wenn du zu dir und deinen Bedürfnissen stehst, sendest du ein klares Signal, das jeder versteht: »Ich liebe (schätze oder achte) dich, aber ich bin ein eigenständiger Mensch und habe meine eigenen Bedürfnisse.« Dadurch gewinnst du nicht nur Raum für dich, sondern auch die Anerkennung jener Menschen, die dir wichtig sind.

Wenn du gelernt hast, gut zu dir zu sein und dich um deine Bedürfnisse zu kümmern, entsteht in dir ein Gefühl des inneren Reichtums, und aus diesem Gefühl heraus kannst du anderen wirklich etwas geben.

## Was du dazu brauchst:

Mut.

---

*Hör auf, dich schuldig zu fühlen* • *Nein sagen*
*Laß dich nicht verunsichern* • *Ein klares Nein*
*Grenzen setzen* • *Sei geduldig*

# TU DAS:

- Wenn dir die Vorstellung, dir Zeit für dich zu nehmen, so fremd ist, daß dir jemand erst erklären muß, was damit gemeint ist.

- Wenn dir schon die bloße Vorstellung, jemandem eine Bitte abzuschlagen, Bauchweh bereitet.

- Wenn du dir unter »persönliche Grenzen« nichts vorstellen kannst.

# WAS DU FÜR DICH TUN KANNST:

*Hör auf, dich schuldig zu fühlen*

Lerne, deine Bedürfnisse zum Ausdruck zu bringen, und stell nicht ständig die Bedürfnisse anderer deinen eigenen voran. *Du allein bist für dein Selbstwertgefühl verantwortlich!* Wenn *du* nicht sagst, was du brauchst, wenn *du* nicht deine Interessen vertrittst — wer dann?

Mach dir immer wieder bewußt, daß du für dich selbst, nicht aber für die Gefühle deiner Mitmenschen verantwortlich bist. Das heißt nicht, daß die anderen dir egal sind! Mitgefühl ist etwas sehr Schönes, es hat aber nichts mit Schuldgefühlen zu tun oder damit, die Verantwortung für die Gefühle der anderen zu übernehmen.

Wenn es dir schwerfällt, anders als bisher zu reagieren, dann probier einmal folgendes:

Gewöhn dir ab, dich für Dinge zu entschuldigen, für die du gar nichts kannst. Sag nicht ständig: »Es tut mir leid«, sondern überleg dir, ob du überhaupt einen Einfluß auf das hattest, was geschehen ist. Ich weiß nicht, wie oft ich schon »Es tut mir leid« gesagt habe, wenn ein Freund krank war. Anteilnahme ist gut und schön, aber wir sollten uns darüber im klaren sein, daß es nicht unsere Schuld ist, wenn ein Freund Grippe hat.

Setz dich mit dem Thema »Schuld« auseinander. Schreib in dein Tagebuch, was dir zu *Schuld, Verantwortung* und *An sich selbst denken*

---

einfällt. Sieh dir das Ganze ein paar Tage später noch einmal an. Wie geht es dir dann mit dem, was du aufgeschrieben hast? Was sagt deine positive innere Stimme dazu, was sagt der gestrenge Kritiker? Laß die beiden miteinander reden.

Steh zu dir und deinen Bedürfnissen

Siehe: *Die Stimme, die dich unterstützt: Widerstand gegen die Stimme, die dich unterstützt.* Dort findest du ein Beispiel eines solchen Dialogs.

Nimm dein Tagebuch, und versuch folgende Frage zu beantworten: »Was bringt es mir, mich schuldig zu fühlen?«

Wenn du dich schuldig fühlst, dann mach es dir bewußt, aber laß dich nicht davon abhalten, das zu tun, was du tun möchtest.

Du bist nicht allein. Die meisten Frauen fühlen sich schuldig, wenn sie ihre Bedürfnisse denen anderer voranstellen. Setz dich mit Freundinnen zusammen, und sprich mit ihnen darüber.

Siehe: *Lerne zu vergeben* und *Frauen, die dich unterstützen: Gründe eine Frauengruppe*

## Laß dich nicht verunsichern

Hier ein typischer Fall: Du hast dich entschlossen, mal ein Wochenende allein zu verbringen. Du willst in einer schönen Pension auf dem Land ein Zimmer nehmen, lesen und Spaziergänge machen. Allein! Du hast deinen Partner rechtzeitig von deinen Plänen unterrichtet. Am Donnerstag abend erzählt er dir, daß er am Samstag abend Freunde zum Essen einladen will:

Siehe: *Allein sein*

Du: Das ist eine gute Idee.

Dein Partner: Aber du weißt, ich kann nicht kochen. Ich brauche deine Hilfe!

Du: Ich habe dir schon vor drei Wochen gesagt, daß ich dieses Wochenende allein verbringen möchte.

Dein Partner: Das habe ich vergessen. Kannst du das nicht ein anderes Mal machen?

Du: Nein. Ich brauche dieses Wochenende, und ich möchte meine Pläne nicht ändern.

Steh zu dir und deinen
Bedürfnissen

Siehe: *Um Zuwendung
bitten.* Dort findest du
Anregungen, wie du
deine Bedürfnisse direkt
zum Ausdruck bringen
kannst.

Keine Vorwürfe, keine Kritik, aber auch kein »Es tut mir leid« und keine Entschuldigungen. Du bist freundlich, zeigst aber gleichzeitig, daß du dich nicht von deinem Vorhaben abbringen läßt. (Das ist natürlich der Idealfall. Es kann sehr schwer sein, sich so klar und selbstsicher auszudrücken. Aber den Versuch ist es wert!)

## Grenzen setzen

Lerne, Grenzen zu setzen. Werde dir klar darüber, wo deine Grenzen liegen, und teil es den anderen mit. Schreib dir auf, was für dich akzeptabel ist und was nicht. Verletzt es deine Grenzen, wenn dein Sohn deinen Wagen nimmt, ohne zu fragen? Stört es dich, wenn jemand dir zu nahe kommt? Solche Grenzen sind ganz natürlich. Wenn sich niemand mehr darum schert, wie es dir geht, dann ist es höchste Zeit, etwas zu unternehmen. Wenn du den anderen nicht unmißverständlich klarmachst, was dich stört oder ärgert, hinterläßt das in dir auf Dauer nur negative Gefühle. Du wirst irgendwann depressiv, oder du fühlst dich ausgebeutet oder wütend und weißt nicht, wieso. Fang also an, den Menschen, mit denen du zusammenlebst oder -arbeitest, sanft, aber bestimmt zu sagen, was dir auf die Nerven geht. Natürlich können sich deine Grenzen mit der Zeit auch verschieben.

## Nein sagen

Wie oft sagst du *ja*, wenn du lieber ganz entschieden *nein* sagen würdest? Sagst du *ja*, weil du dich sonst schuldig fühlen würdest oder weil du Angst vor dem hast, was *die anderen* sagen könnten? Wir machen uns viel zu viele Gedanken über »die anderen«, so als ob sie alles hören und sehen könnten, was wir tun oder denken.

Es ist nicht leicht, auf eine nichtaggressive Weise, aber ganz klar und bestimmt *nein* zu sagen. Derjenige, der dich um etwas bittet, möchte natürlich, daß du *ja* sagst, aber die anderen können dir nicht helfen, deine Entscheidungen zu treffen.

Das mußt du selbst tun! Du mußt dich fragen, ob es für dich in Ordnung ist, ihrer Bitte nachzukommen, oder nicht. Achte auch darauf, welche Signale dir dein Körper sendet. Hältst du plötzlich die Luft an? Brichst du in Schweiß aus? Fühlst du dich in die Enge getrieben? – Niemand wird dich plötzlich ablehnen, nur weil du einmal *nein* sagst. Du wirst deshalb nicht gleich zum eigensüchtigen Monster. Ganz im Gegenteil: Man wird dir mit Respekt begegnen.

## Ein klares Nein

Mal dir verschiedene Szenen aus, in denen du *nein* sagst. Sag immer wieder laut »nein«, auch vor dem Spiegel. Üb das, bevor du mit jemandem sprichst, der wahrscheinlich versuchen wird, dich zu einem *Ja* zu überreden.

Gewöhn dir ab, dich zu entschuldigen, wenn du *nein* sagst: kein »Es tut mir leid!«, keine umständlichen Erklärungen! Eine klares *Nein* genügt. Ein Schuhverkäufer braucht nicht zu wissen, warum du die Schuhe nicht kaufst, die du anprobiert hast, aber deiner besten Freundin solltest du schon erklären, warum du keine Zeit hast, auf ihr Baby aufzupassen.

Einige Leute werden versuchen, dich in die Enge zu treiben, wenn du ihnen eine Bitte abschlägst. Laß dich nicht verunsichern. Bleib bei deinem *Nein*. Wenn du dich über ihr Verhalten ärgerst, dann nutz diese Energie, um ihnen standzuhalten. Du hast das Recht zu entscheiden, was du tun willst und was nicht. Tust du das, was du wirklich möchtest, oder das, was andere von dir erwarten?

Probiere nächste Woche einmal folgendes: Sag in vier Situationen *nein*, in denen du normalerweise *ja* sagen würdest. Geh zum Beispiel nicht ans Telefon, wenn es während der Zeit läutet, die du für dich reserviert hast. Sag umgekehrt viermal *ja* zu Dingen, die du dir sonst nicht erlauben würdest. Führ zum Beispiel ein Ferngespräch mit einer guten Freundin, ohne auf die Uhr zu sehen – und ohne dir nachher Vorwürfe zu machen! Sei ehrlich zu dir. Dinge, die du sowieso tun beziehungsweise nicht tun würdest, zählen nicht! Achte darauf, wie es sich anfühlt, dich anders zu verhalten als sonst.

*Sei geduldig*

Vielleicht schaffst du es nicht sofort, *nein* zu sagen. Vielleicht gelingt es
dir nicht gleich, dir Zeit für dich zu nehmen. Steh zu dir! Laß nicht zu,
daß dein innerer Kritiker dich deshalb niedermacht. Vertraue darauf,
daß deine ureigensten Bedürfnisse und deine Lebenslust – und vielleicht auch einige der Anregungen, die du in diesem Buch findest – dir
helfen werden, all das zu lernen.

## LITERATUR UND TIPS:

Fassel, Diane: *Wir arbeiten uns noch zu Tode. Die vielen Gesichter der
Arbeitssucht.* Knaur, 1994. Wege aus der Arbeitssucht.

Phelps, Stanlee/Austin, Nancy: *Nicht mit mir! Wie Frauen sich im Beruf
und in der Partnschaft erfolgreich behaupten – Ein Arbeitsbuch.* Goldmann,
1996. Dieses Buch bietet viele Anregungen, wie du lernen kannst,
deine Interessen zu vertreten.

Schaef, Anne Wilson: *Nimm dir Zeit für dich selbst. Tägliche Meditationen
für Frauen, die zuviel arbeiten.* Heyne, 1994. Ein Meditationsbuch, das
einmal mehr zeigt, wie wichtig es ist, gut für sich zu sorgen.

Bower, Sharon/Bower, Gordon: *Asserting Yourself – A Practical Guide
for Positive Change.* Addison-Wesley, 1991. Noch ein Buch zum
Thema »Die eigenen Interessen klar zum Ausdruck bringen«.

Houston, Victoria: *Making It Work.* Simon and Schuster, 1990. Wie
frau Ehe und Kinder leichter managen kann.

# RITUALE

## WORUM GEHT'S?

Menschen brauchen Rituale. Rituale ermöglichen uns einen Zugang zu der Welt der Wunder, Mythen und Symbole, und sie helfen uns, uns selbst neu zu entdecken und Verantwortung für unser Leben zu übernehmen. Rituale geben uns ein neues Gleichgewicht, einen neuen Zugang zu uns selbst und unserer Lebenskraft, und sie tun uns einfach gut. Rituale helfen uns, bewußter zu leben, und, was besonders wichtig ist: Rituale helfen uns, unsere spirituellen Bedürfnisse zu befriedigen.

Rituale können dir auch helfen, dich ganz bewußt dir selbst zuzuwenden. Das Ritual schenkt dir einen Rahmen, es gibt dir die Möglichkeit, dich bewußt mit dir und deinen Bedürfnissen zu beschäftigen und Verbindung mit deinem Selbst aufzunehmen. Wenn du ein Ritual daraus machst, bekommen auch sehr einfache Übungen eine besondere, lebensbejahende Wirkung.

Die Rituale, die ich hier vorstelle, sind Vorschläge. Du mußt dich also nicht streng an das halten, was vorgegeben ist, und kannst jederzeit Veränderungen vornehmen. Gestalte deine Rituale so, daß sie *dir* entsprechen, dann wirken sie besonders intensiv. Vertrau deiner Intuition: Tu das, was sich richtig anfühlt.

## WAS DU DAZU BRAUCHST:

Eine Kerze.

Ein Buch, das dich inspiriert.

Getrockneten Salbei.

Ein feuerfestes Gefäß, das außen kühl bleibt, damit du dir nicht die Finger verbrennst.

## TU DAS:

- Nach einer längeren Krankheit.

- Nach einem anstrengenden oder unangenehmen Arbeitstag.

- In einer Zeit, in der sich vieles in deinem Leben verändert, zum Beispiel wenn du geschieden wirst, heiratest oder umziehst.

---

Ein Gutenacht-Ritual • Segnen
Ein Morgen-Ritual • Rebirthing-Ritual
Schreib dir einen Brief • Wie eine Mutter
Alte Gewohnheiten • Das Abschiedsbuch

---

• Wenn du oft erschöpft oder »fertig« bist und etwas brauchst, was dir rasch neue Kraft gibt.

# WAS DU FÜR DICH TUN KANNST:

### Ein Gutenacht-Ritual

Je öfter du ein Ritual wiederholst, desto wirkungsvoller wird es: Leg immer dieselbe Musik auf, zünde jedesmal eine Kerze an, wähl dafür immer denselben Ort. Das hilft dir, dich geistig und seelisch einzustimmen.

Siehe: *Die Heilkraft der Kräuter* und *Badefreuden*. Dort findest du Tee- und Baderezepte und ein wohltuendes Bade- ritual, das dir hilft, dich zu entspannen.

Trag immer besondere Kleidung. Vielleicht hast du auch Lust, verschiedene Dinge in dieses Ritual einzubeziehen, zum Beispiel einen Kräutertee oder ein entspannendes Vollbad.

Siehe: *Vergiß nicht: Literatur und Tips*. Dort findest du ein paar sehr gute Bücher.

Entzünde ein oder zwei Kerzen neben deinem Bett, schalte das Licht aus, leg dich hin, und streck dich wohlig. Fühl, wie das kühle Bett- tuch deine Haut berührt. Nimm dann langsam das Buch zur Hand, das du dir zurechtgelegt hast (einen Gedichtband oder ein anderes Buch, das dich anspricht), und lies eine Seite. Nimm die Weisheit und Schönheit wahr, die in diesen Zeilen liegt. Leg das Buch dann wieder zur Seite, wirf noch einen Blick in den Schein der Kerzen, bevor du sie ausbläst, und kuschle dich in dein Kissen. Du wirst wunderbar schlafen.

### Ein Morgen-Ritual

Nimm dir zehn Minuten nur für deinen Partner oder einen anderen Menschen, mit dem du zusammenlebst. Umarme ihn, sprich mit ihm, oder werde dir einfach seiner Gegenwart bewußt. Laß das zu einem festen Bestandteil deines täglichen Lebens werden, egal, wieviel du zu tun hast.

Siehe: *Freude durch Tiere*

Wenn du allein lebst, kannst du folgendes tun: Nimm dir ein paar Minuten Zeit, und stell dir vor, daß du einen wunderbaren Tag vor dir hast. Kuschle dich in deine warme Decke, und umarm dich. Reck und streck dich wie eine Katze. Wiederhole ein paarmal: »Heute ist ein wunderschöner Tag.«

## Schreib dir einen Brief

Schreib dir während einer Woche oder länger jeden zweiten Tag einen Brief. Schreib über die Dinge, auf die du stolz bist, über deine Ziele, deine Ängste und deine Enttäuschungen. Adressiere diese Briefe an dich selbst, und gib sie auf.

Wenig später wirst du sie in deinem Briefkasten finden. Zieh dich an einen ruhigen Ort zurück, und tu so, als ob du sie nie zuvor gelesen hättest. Laß dein Selbst in diesen Briefen zu Wort kommen, laß diese Briefe Botschaften sein, die du erst entschlüsseln mußt.

## Alte Gewohnheiten

Viele Dinge sind uns zur Gewohnheit geworden: jeden Morgen die Zeitung zu lesen, jeden Abend die Nachrichten zu hören, der Sonntagsbraten.

Alte, überkommene Gewohnheiten hindern uns daran, uns lebendig und frei zu fühlen. Setz dich hin, und überleg dir, wie du solche alten, starren Gewohnheiten verändern kannst. Versuch es einmal mit Brainstorming, und mach dir Notizen in deinem Tagebuch.

Hier ein Beispiel: Du ißt jeden Tag mit deinem Partner bei laufendem Fernseher zu Abend. Du fühlst dich nicht besonders wohl bei diesen Mahlzeiten, und du spürst, daß sie euch eher trennen als verbinden. Versucht, eure Abendessen ein- oder zweimal die Woche anders zu gestalten als bisher: Versucht es mal mit Kerzenlicht und einem besonders nett gedeckten Tisch, und erzählt einander fünf Dinge, die ihr während des Tages erlebt habt. Vielleicht habt ihr ein anderes Mal Lust, nackt zu essen und euch gegenseitig zu füttern oder euer Essen zu segnen und während des Essens über spirituelle Dinge zu sprechen. Probiert die verschiedensten Dinge aus.

*Segnen*

Mit Hilfe dieses Rituals kannst du deinen persönlichen Rückzugsort oder dein Zuhause segnen.

Gib etwas Salbei in ein feuerfestes Gefäß, und leg Streichhölzer zurecht. (Salbei zu verbrennen ist ein alter indianischer Brauch. Dem Salbei wird eine reinigende Wirkung zugeschrieben.)

Denk dir einen Segensspruch aus. Überleg dir, welche Worte du verwenden möchtest. Sie sollten von Herzen kommen, zum Beispiel:

*Ich rufe die Kraft der Erde hier an diesem Ort.*

*Diese Kraft, die so alt ist wie die Erde, wird unser Haus immer beschützen, was auch geschieht.*

*Unser Haus ist sicher und behütet. Kein Verbrechen, kein Feuer, keine Flut und kein Sturm werden es jemals heimsuchen.*

*Unser Garten blüht und gedeiht. Er ist ein heiliger Ort, heilig wie die Erde, die ihn hervorbringt.*

*Unser Haus wird für alle, die es je betreten, ein Ort des Friedens und der Behaglichkeit sein und ein Ort der Liebe.*

*Gesegnet sei es.*

Entzünde den Salbei, wenn du soweit bist, geh durch die Räume, die du segnen möchtest, fächle den Rauch in alle Ecken, und wiederhol dabei deine Segenssprüche. Du kannst sie auch singen oder chanten. Stell dir vor, daß alles, was du jetzt sagst, in Erfüllung geht. Laß wunderschöne Bilder in dir aufsteigen und dich von einem Gefühl der Sicherheit und des Wohlbehagens durchfluten.

Siehe: *Sorge für Unterstützung von außen* und *Spirituelle Bedürfnisse: Gemeinsam auf der Suche*

*Rebirthing-Ritual*

Dieses Ritual ist in Anlehnung an das in Barbara Walkers' Buch *Women's Rituals* dargestellte Rebirthing-Ritual entstanden.

Du kannst dieses Ritual allein oder mit guten Freundinnen durchführen. Es ist besonders wirkungsvoll nach einer längeren Krankheit oder wenn größere Veränderungen in deinem Leben bevorstehen: eine Scheidung etwa oder eine Hochzeit.

Nimm einen Berg Kissen, und leg sie spiralförmig auf den Boden. Stell dir vor, du baust das Innere einer Muschel nach. Das Innere der Spirale ist die »Gebärmutter«. Mach dir dort ein warmes, weiches Nest mit Kissen und Decken.

Wenn du möchtest, kannst du Musik auflegen, am besten Stücke mit einem langsamen, gleichmäßigen Rhythmus. Wenn du dieses Ritual mit Freundinnen zelebrierst, kann vielleicht jemand einen langsamen, getragenen Takt auf einer Trommel schlagen.

Stell dich an den Eingang der Spirale. Schließ die Augen, und laß in dir ein Gefühl der Sicherheit entstehen. Alle Ängste, alle Sorgen weichen von dir. Du spürst, daß du heiligen Boden betrittst. Geh nun langsam, Schritt für Schritt, in die Spirale hinein. Halte immer wieder inne, und spür deinen Atem. Spür, wie alles, was dich belastet, von dir abfällt, Schicht um Schicht. Du läßt jetzt alles los.

Leg dich auf den Boden, wenn du das Innerste der Spirale erreicht hast, und roll dich zusammen wie ein Kind im Mutterleib. Leg deine Hand auf dein Herz, und spür deinen Herzschlag. Sei einfach nur da, so gelöst und zufrieden wie ein Fötus. Bleib liegen, solange du willst.

Laß dich ganz in diese ursprüngliche Seinsweise hineingleiten. Stell dir dann vor, du würdest tatsächlich geboren: Laß es geschehen. Wenn du möchtest, kannst du aber auch aufstehen und mit ruhigen, langsamen Schritten aus der Spirale hinausgehen. Stell dir vor, daß du als neues Wesen aus ihr heraustrittst, bereit, dem Leben neu zu begegnen. Vertrau diesem Moment, gib dich ihm ganz hin.

Vielleicht möchtest du im Anschluß an dieses Ritual ein Bad nehmen. Laß das, was du soeben erlebt und gespürt hast, in dir nachwirken. Wenn du dieses Ritual mit Freundinnen zelebriert hast, möchtest du sie jetzt vielleicht umarmen. Folge ganz deinem Bedürfnis.

Wenn du möchtest, kannst du dieses Ritual zu einem späteren Zeitpunkt in vereinfachter Form wiederholen, und zwar indem du nur das Innere der Spirale, die Gebärmutter, in deinem Bett nachbaust. Leg dich hin, und konzentriere dich zunächst auf deinen Atem. Atme langsam, tief und regelmäßig, und roll dich in der »Gebärmutter« zusammen. Bleib so liegen, bis du dich ganz gereinigt und erneuert fühlst, und sag zum Abschluß etwas wie:

*Ich fühle mich wie neu geboren.*

*Ich bin bereit, ein neues Leben zu beginnen.*

### Wie eine Mutter

Entwirf ein Ritual, das dem kleinen Mädchen in dir das Gefühl gibt, von einer liebenden Mutter umsorgt zu werden. Kannst du dich daran erinnern, was deine Eltern, deine Großeltern oder andere liebe Menschen damals getan haben, um dich zu verwöhnen? Vielleicht hat deine Mutter dir jeden Abend die Kleidung für den nächsten Tag zurechtgelegt, vielleicht hat deine Tante dir in den Ferien ein besonders gutes Mittagessen gekocht. Knüpf an solche Rituale an, und verwöhn das große Mädchen, zu dem du mittlerweile herangewachsen bist.

### Das Abschiedsbuch

Abschiednehmen fällt uns oft nicht leicht – egal, ob es sich um einen Abschied für länger oder »nur« für ein paar Wochen handelt.

Wenn es dir auch so geht, kannst du ein Abschiedsbuch anlegen, das dir helfen soll, leichter auf Wiedersehen zu sagen. Ähnlich wie in deinem persönlichen Tagebuch kannst du hier Fotos einkleben, Erinnerungen aufschreiben und Andenken sammeln, die dich mit dem geliebten Menschen verbinden.

Wenn ihr möchtet, könnt ihr dieses Buch gemeinsam durchblättern und Erinnerungen austauschen. Macht aus, auf welche Art und Weise ihr in Kontakt bleiben wollt: ein sonntäglicher Anruf, eine Postkarte in der Woche oder ähnliches.

Vielleicht möchtest du die Existenz dieses Buches aber lieber für dich behalten. Dann schau es allein durch, kurz nachdem du von dem geliebten Menschen Abschied genommen hast. Schreib auch auf, wie es dir jetzt nach eurer Trennung geht. Wenn du Angst hast, daß das zuviel Schmerz in dir auslösen könnte, kannst du dir helfen, indem du einen zeitlichen Rahmen festlegst. Wenn die Zeit um ist, legst du das Buch zur Seite und mit ihm deinen Schmerz.

## LITERATUR UND TIPS:

Budapest, Zsuzsanna E.: *Mond-Magie. Kreative Begegnung mit der dunklen Seite der Weiblichkeit*. Goldmann, 1993. Ein Buch über Mond-Rituale.

Lörler, Marielu: *Der erleuchtete Alltag*. Falk, 1988.

Beck, Renee/Metrick, Sydney Barbara: *The Art of Ritual*. Celestial Arts, 1991. Ein Buch, das dir hilft, deine eigenen Rituale zu entwerfen.

Cahill, Sedonia/Halpern, Joshua: *The Ceremonial Circle*. HarperSanFrancisco, 1992. Wie du rituelle Feiern allein und in der Gruppe gestalten kannst.

Walker, Barbara G.: *Women's Rituals*. Harper & Row, 1990. Dieses Buch stellt eine Reihe von Ritualen vor und gibt dir die Möglichkeit, deine Spiritualität zu entdecken, auch wenn du nicht an solche Dinge glaubst.

# DEIN PERSÖNLICHER RÜCKZUGSORT

## WORUM GEHT'S?

Wir alle brauchen einen Ort, der *uns* gehört, einen Ort, an dem wir mit uns allein sein können, ohne irgend jemandem Rechenschaft darüber ablegen zu müssen, was wir dort tun, einen Ort, an dem wir ungestört lesen, meditieren oder Tagebuch schreiben und Dinge aufhängen oder aufstellen können, die uns ansprechen: Bilder, Affirmationen oder ähnliches. Vielleicht hat dieser Raum auch eine schöne Aussicht, einen offenen Kamin, sanfte, angenehme Farben oder eine besonders gemütliche Einrichtung, die Geborgenheit ausstrahlt.

Das hört sich wunderbar an, nicht wahr? Aber leider sieht die Realität oft ganz anders aus: quengelnde Kinder, beengte Verhältnisse, wenig Geld. Wie können wir uns da einen Ort schaffen, der unserem Bedürfnis nach Rückzug entspricht?

## WAS DU DAZU BRAUCHST:

Dein Tagebuch und deinen Korb mit Mal-, Zeichen- und Bastelsachen.

Zeitschriften für schönes Wohnen und ein paar Einrichtungsbücher.

Was du sonst noch brauchst, hängt davon ab, was du dir leisten kannst und wie du deinen Rückzugsort gestalten möchtest.

## TU DAS:

- Wenn du keinen Ort hast, an den du dich zurückziehen kannst.

- Wenn du gerne etwas für dich tun würdest, zum Beispiel meditieren, aber kein Plätzchen hast, an dem du ungestört bist.

- Wenn du dich danach sehnst, endlich mal mit dir allein zu sein.

## WAS DU FÜR DICH TUN KANNST:

*Visualisiere deinen Rückzugsort*

Laß dich nicht von finanziellen oder räumlichen Gegebenheiten einschränken, sondern

*Visualisiere deinen Rückzugsort* • *Bau dir einen Rückzugsort*
*Traum und Wirklichkeit* • *Rückzug auf Knopfdruck*
*Kein Platz?* • *Ein Rückzugsort außer Haus*
*Eine Ecke für dich* • *Eine Kiste voll tröstlicher Dinge*
*Mach es dir gemütlich* •

laß deiner Phantasie freien Lauf. Öffne dein Tagebuch, und leg deine Malsachen zurecht. Denk daran: Es geht hier nicht um deine künstlerischen Fähigkeiten!

**Entspann dich.** Stell dir vor, du hast alles, was du brauchst, um deinen Rückzugsort so zu gestalten, wie und wo du möchtest. Es kann sich auch um einen Anbau handeln, den du extra zu diesem Zweck vor deinem geistigen Auge entstehen läßt, um eine Pagode im tropischen Regenwald oder um ein ganzes Haus für dich allein.

Stell dir vor, du bist jetzt an diesem Ort und schaust dir alles ganz genau an: Wo bist du? Wie ist das Wetter? Wie ist der Raum eingerichtet? Nimmst du irgendeinen bestimmten Geruch wahr? Was willst du hier tun?

Stell dir diesen Ort so lange vor, bis er deinen Bedürfnissen wirklich entspricht. Öffne deine Augen, wenn du soweit bist, und versuche das, was du soeben visualisiert hast, zu malen oder zu beschreiben. Versuch die Atmosphäre wiederzugeben, die Farben und alle Details, die dir besonders gefallen haben.

## Traum und Wirklichkeit

Überleg dir, was du unbedingt brauchst, um dich an deinem Rückzugsort wohl zu fühlen, und worauf du eventuell verzichten könntest. Es kann sein, daß du in deiner Vorstellung einen Wasserfall und einen Wald gesehen hast, obwohl du mitten in der Stadt wohnst. Was dann? Schau noch einmal genau hin. Deine Vorstellung beinhaltete vielleicht auch andere Dinge: zum Beispiel fliederfarbene Wände, Musik von Beethoven, die leise im Hintergrund zu hören war, Goldfische.

Ordne all diese Einzelheiten nach ihrer Wichtigkeit. Worauf kannst oder willst du nicht verzichten? Wofür bist du bereit, Geld auszugeben?

## Kein Platz?

Wenn du in einer großen Wohnung oder in einem Haus lebst, fällt es dir wahrscheinlich leicht, einen Rückzugsort zu finden. Wenn es bei dir zu Hause jedoch an Raum mangelt, glaubst du vielleicht, daß es da kein Plätzchen gibt, das du für dich reservieren kannst. Aber sieh dich einmal genau um, laß dir etwas einfallen: Gibt es ein Zimmer, das eine Doppelfunktion erfüllen könnte? Einen Abstellraum, ein Arbeitszimmer, ein Gästezimmer, eine Eßecke, einen Flur, einen Erker, eine Ecke im Speise- oder Schlafzimmer oder vielleicht sogar einen Wandschrank?

Das, was einen Ort, an dem du allein sein kannst, zu deinem persönlichen Rückzugsort macht, ist die Bedeutung, die du diesem Ort verleihst: Gestalte ihn so, daß du dich wohl fühlst und daß du automatisch daran erinnert wirst, daß du dir die Zeit, die du hier verbringst, für dich nimmst und dich ausschließlich dir und deinen Bedürfnissen zuwendest.

## Eine Ecke für dich

Siehe: *Fühl dich wohl in deiner Wohnung: So einfach wie möglich*. Dort findest du eine Beschreibung, wie du einen Raumteiler basteln kannst.

Mit Hilfe eines Raumteilers kannst du dir in einer Zimmerecke deinen Rückzugsort schaffen. Es gibt verschiedene Raumteiler zu kaufen, du kannst aber auch leicht selbst einen basteln. Sei erfinderisch!

Du kannst eine Stellwand nehmen, wie sie in Büros verwendet wird, oder eine spanische Wand, du kannst dir aber auch etwas anderes einfallen lassen: Wie wär's mit Vorhängen, Bambus-, Papier- oder Stoffrollos, die du von der Zimmerdecke herabhängen läßt? Sie sind preiswert, sie bringen Farbe und Pfiff in den Raum, und man fühlt sich recht geborgen dahinter.

Auch Regale eignen sich dazu, einen Raum optisch abzuteilen. Vielleicht gibt es sogar irgendwo ein freistehendes Regal, das du nutzen kannst. Du kannst die Rückwand anmalen oder mit Stoff bespannen, wenn du möchtest.

Oder versuch es einmal mit Pflanzen. Das kann sehr nett aussehen, und vielleicht vermitteln sie dir sogar das Gefühl, in einem Dschungel oder im Wald zu sein. Wenn du Pflanzen nimmst, mußt du allerdings darauf achten, daß sie dem Fußboden nicht schaden und daß sie genügend Licht bekommen. Hinter verwelkten Pflanzen fühlst du dich sicher nicht wohl.

Wenn du willst, kannst du auch große gerahmte Poster oder Spiegel von der Decke herabhängen lassen.

## Mach es dir gemütlich

Du kannst deinen Rückzugsort auch mit einem Teppich oder einer Strohmatte ausstatten, besonders dann, wenn du regelmäßig Yoga machen oder meditieren willst.

## Bau dir einen Rückzugsort

Wenn du handwerkliches Geschick besitzt, kannst du dir auch eine Art Schrank bauen, der aussieht wie ein Miniaturzimmer. Er sollte eine Falttür haben, die dich von der Außenwelt abschirmt. In deinem Schrankzimmer sollte Platz für Bücher, einen herunterklappbaren Tisch, auf dem du schreiben kannst, und eine Leselampe sein.

## Rückzug auf Knopfdruck

Mit Hilfe eines Walkmans kannst du dich schnell und leicht von der Außenwelt abschirmen und dich in deine eigene Welt zurückziehen – egal, wo du dich gerade befindest: zu Hause, im Flugzeug oder im Büro. Nimm deine Lieblingsmusik auf Kassette auf, und trag sie immer bei dir.

Siehe: *Musik für Körper und Seele: Eine Kassette zum Wohlfühlen*

## Ein Rückzugsort außer Haus

Du kannst dir auch einen Rückzugsort in deinem Garten, in der Garage oder sogar in deinem Auto einrichten. Vielleicht findest du auch in einer Bibliothek ein Plätzchen, an dem du dich geborgen fühlst. Es ist nicht schlecht, einen Rückzugsort zu Hause und einen außer Haus zu haben. Dies sollte jedoch ein Ort sein, den du jederzeit leicht erreichen kannst.

Dein persönlicher Rückzugsort

Siehe: *Dein kreatives Tagebuch: Bilder, die dir guttun; Fühl dich wohl in deiner Wohnung: Schönes zum Mitnehmen*

## *Eine Kiste voll tröstlicher Dinge*

Als Alternative oder Ergänzung zu deinem persönlichen Rückzugsort kannst du dir eine Kiste besorgen, in der du Dinge sammelst, die du besonders magst: zum Beispiel Kinderbücher, Stofftiere, Malzeug oder was immer du brauchst, um dich wohl zu fühlen. Dann hast du stets die Dinge parat, die dir gefallen und dich inspirieren. Wenn du Lust hast, kannst du diese Kiste außen anmalen oder mit einer Collage aus Bildern, Texten und kleinen Gegenständen, die dich besonders ansprechen, versehen.

## LITERATUR UND TIPS:

Woolf, Virginia: *Ein Zimmer für sich allein.* Fischer, 1994. Virginia Woolf unterstreicht in diesem berühmten Essay, wie wichtig es ist, einen Ort zu haben, an dem wir ungestört denken, kreativ sein oder einfach »nur« sein können – und wie wichtig ein eigenes Einkommen ist.

Mack, Lorrie: *Conran's Living in Small Spaces.* Little, Brown, 1988. Ein Buch mit vielen guten Anregungen.

# SORGE FÜR UNTERSTÜTZUNG VON AUSSEN

## WORUM GEHT'S?

Als ich die ersten Entwürfe zu diesem Buch machte, dachte ich vorwiegend an Übungen, die du allein machen kannst. Eines Tages wurde mir aber klar, daß gut zu sich sein nicht heißt, daß du alles allein tun mußt und sonst niemanden brauchst. Wir alle sehnen uns danach, gehört und anerkannt zu werden. Wir brauchen Menschen, denen wir uns anvertrauen können.

Wenn wir begreifen, daß wir nicht allein auf dieser Welt sind, daß wir ein Teil der Menschheit mit all ihren Erfahrungen und Schicksalen sind, dann hilft uns das, unser Leben und unsere Probleme aus einer neuen Perspektive zu sehen.

Wir sind nicht dazu geboren, uns allein durchs Leben zu schlagen. Warum sollten wir es also versuchen? Von jedem, den du kennst, geht etwas Besonderes aus – auch von all den Menschen, die mit deinen Freunden und Bekannten in Beziehung stehen. Mit diesem Netzwerk trittst du in Beziehung, wenn du mit einem Menschen sprichst. Das Wunderbare, das von anderen Menschen ausgeht, wartet nur darauf, von dir entdeckt zu werden, dein Leben zu bereichern und dir bei der Verwirklichung deiner Träume behilflich zu sein.

## WAS DU DAZU BRAUCHST:

Dein Tagebuch und Malutensilien.

Dein Adreßbuch.

Menschen, die dir ehrlich zugetan sind. (Es gibt sie!)

## TU DAS:

- Wenn du eine Menge Freunde hast, aber nicht weißt, an wen du dich wenden sollst, wenn du Hilfe brauchst oder jemanden, der dich aufmuntert.

- Wenn du dich nach einem Gespräch, von dem du dir eigentlich Hilfe erwartet hast, noch schlechter fühlst.

---

| | |
|---|---|
| *Wer tut dir gut?* | • *Die richtigen Leute finden* |
| *Die richtigen Leute zur richtigen Zeit* | • *Um Hilfe bitten* |
| *Wem vertraust du?* | • *Adressen austauschen* |
| *Hör auf deinen Körper* | • *Menschen, die dir helfen, weil das ihr Job ist* |
| *Niemand hört mir zu* | • *Sei selbst eine gute Freundin* |

- Wenn du das Gefühl hast, nicht genug Leute zu kennen, die dich unterstützen.

- Wenn du dich einsam fühlst.

## WAS DU FÜR DICH TUN KANNST:

*Wer tut dir gut?*

Die folgenden Fragen sollen dir helfen, dir Klarheit darüber zu verschaffen, wie es um deine derzeitigen Beziehungen bestellt ist:

Nenne drei Leute, an die du dich wenden kannst, wenn es dir schlechtgeht.

Geht es dir in der Regel besser, wenn du mit ihnen gesprochen hast?

Wer vermittelt dir neue Kraft?

Mit wem kannst du lustig und übermütig sein?

Nenne zwei Menschen, an die du dich jederzeit wenden kannst, wenn du Hilfe brauchst. Hast du das Gefühl, daß du dich auf sie verlassen kannst, egal, was auch geschehen mag, und daß sie weder versuchen würden, dir die Schuld zuzuschieben, noch dich von sich abhängig zu machen? Würden sie für dich einkaufen gehen, wenn du krank bist? Würdest du ihnen ohne Bedenken deinen Wohnungs- oder Haustürschlüssel anvertrauen?

An welche deiner Kollegen wendest du dich, wenn du ein ehrliches Feedback über deine Arbeit haben willst? Sind sie bereit, dir offen und ehrlich ihre Meinung zu sagen? Vertraust du ihnen?

Mit wem würdest du gerne Neues entdecken? Mit wem würdest du gerne auf Reisen gehen?

Kennst du Menschen, mit denen du über spirituelle Dinge reden kannst?

Tu jetzt nichts weiter, als deine Antworten einfach auf dich wirken zu lassen.

Sorge für Unterstützung von außen

## Die richtigen Leute zur richtigen Zeit

Wenn du dir überlegst, in wessen Gesellschaft du dich wohl fühlst und in wessen nicht, mußt du eines beachten: Es kommt darauf an, mit den richtigen Leuten zum richtigen Zeitpunkt zusammenzusein. Mit verschiedenen Menschen verbinden dich verschiedene Dinge. Es ist durchaus möglich, daß du eine gute Freundin hast, die dir nicht helfen kann, wenn du traurig bist. Sie ist vielleicht die Richtige zum Feiern, nicht aber zum Trösten. Denke daran, wenn du über deine Beziehungen nachdenkst.

## Wem vertraust du?

Überleg dir, wem du wirklich vertraust. Was bedeutet es für dich überhaupt, jemandem zu vertrauen? Heißt es, daß dieser Mensch dich nicht bestehlen würde oder daß sie/er nichts von dem weitererzählt, worüber ihr gesprochen habt — auch nicht der besten Freundin oder dem Partner? Oder hast du vielleicht verschiedene Kriterien für verschiedene Menschen? Nimm dein Tagebuch zur Hand, und gib dir eine Viertelstunde, um über dieses Thema nachzudenken. Versuche, ohne Unterbrechung zu schreiben, auch wenn du dich wiederholen oder Dinge aufschreiben mußt, die dir unsinnig vorkommen. Diese Technik hilft dir, in tiefere Schichten, jenseits der Logik, vorzudringen und neue Erfahrungen über dich zu sammeln.

## Hör auf deinen Körper

Machen dich manche Leute müde? Verkrampft sich während eines Telefongesprächs plötzlich dein Kiefergelenk, oder spürst du ein flaues Gefühl in der Magengrube? Gibt es Menschen, in deren Nähe du die Luft anhältst?

Achte auf diese Dinge. Es sind Signale, die dein Körper aussendet, um dich auf unterschwellige Konflikte aufmerksam zu machen. Wenn du lernst, solche Signale wahrzunehmen, dann wirst du mit der Zeit

Siehe: *Steh zu dir und deinen Bedürfnissen: Grenzen setzen* und *Nein sagen* intuitiv wissen, wann du wen brauchst, und dich von Leuten fernhalten, in deren Nähe du dich nicht wohl fühlst. Es bringt nichts, wenn du von Menschen, die sich gefühlsmäßig nicht auf dich einstellen können, Zuwendung oder Verständnis erwartest. Es kann durchaus sein, daß du mit ihnen auf anderen Gebieten gut auskommst, nicht aber, wenn du Hilfe und Unterstützung brauchst.

## Niemand hört mir zu

Wenn du dich von den Menschen, die du kennst, permanent alleingelassen oder zurückgewiesen fühlst, dann solltest du einmal darüber nachdenken, was du eigentlich von ihnen erwartest. Erwartest du, daß sie die Welt mit deinen Augen sehen oder daß sie deine Probleme für dich lösen? Mach dir bitte keine Vorwürfe, wenn du genau das tust – aber werde dir klar darüber, was du erwartest.

## Die richtigen Leute finden

Sieh dir noch einmal die Antworten an, die du zu den oben angeführten Fragen gegeben hast. Wo liegen die Schwachstellen in deinen Beziehungen? Hast du jemanden, mit dem du Squash spielen, im Regen tanzen oder dich mal wie ein Kind austoben kannst? Kennst du jemanden, mit dem du über das Thema »Schwangerschaft« sprechen kannst? – Du kannst immer und überall Menschen finden, die dein Leben bereichern: in Weiterbildungs- oder Gymnastikkursen, beim Einkaufen oder ganz einfach in deiner Nachbarschaft. Nimm dir für morgen vor, jede Lebenslage als Möglichkeit zu sehen, eine neue Freundschaft zu schließen oder einfach nur Kontakte zu knüpfen. Sei offen und erfinderisch, und gib nicht vorschnell auf. Es dauert manchmal eine Zeitlang, bis man einander näherkommt. Laß dich nicht verunsichern!

Siehe: *Frauen, die dich unterstützen* und *Für andere dasein*. Dort findest du weitere Beispiele.

Wie vieles andere auch, kannst du üben, Menschen näherzukommen. Wähle zunächst drei Leute aus, die du gerne besser kennenlernen möchtest, und überleg dir, was du tun kannst, um eure Beziehung zu vertiefen: zum Beispiel einen gemeinsamen Spaziergang oder ein Essen vorschlagen, über geschäftliche Dinge sprechen und wertvolle Tips austauschen. Tu eines dieser Dinge gleich jetzt.

## Um Hilfe bitten

Sorge für Unterstützung
von außen

Siehe: *Rituale, die dir
Mut verleihen*

Lern, andere um Hilfe oder Zuwendung zu bitten, auch wenn dir das nicht leichtfällt. Wir fürchten uns vor nichts so sehr, wie davor, abgelehnt oder zurückgewiesen zu werden. Vielleicht fürchtest du auch, du könntest dir etwas »vergeben«, wenn du dich offen um die Freundschaft eines Menschen bemühst. Laß dich von solchen Gefühlen nicht abhalten! Nimm das Risiko auf dich, und probiere einfach aus, was geschieht.

## Adressen austauschen

Wenn du Menschen kennenlernst, die du nett findest oder die dir hilfreich sein können, dann frag sie nach ihrer Adresse. Bleib mit ihnen in Kontakt. Du kannst ihnen zum Beispiel von Zeit zu Zeit eine Postkarte schicken und schreiben, wie es dir geht und was du gerade machst. Es tut gut, neue Freundschaften zu schließen.

## Menschen, die dir helfen, weil das ihr Job ist

Bist du zufrieden mit deinem Arzt, deinem Anwalt oder deinem Steuerberater? Such so lange, bis du einen Arzt, Anwalt oder Steuerberater gefunden hast, dem du vertraust. Du bezahlst sie schließlich für ihre Hilfe, und du solltest dein Geld nur den Menschen geben, deren Dienste dich wirklich zufriedenstellen.

Dasselbe gilt auch für Geschäfte: Geh nicht in Geschäfte, in denen du dich nicht wohl fühlst, nur weil sie bequem zu erreichen oder »in« sind. Kauf dort ein, wo du gerne hingehst.

Tu dich mit deinen Nachbarn zusammen. Es ist sehr beruhigend zu wissen, daß es Menschen in deiner Nähe gibt, an die du dich wenden kannst, wenn du mal Hilfe brauchst.

Sorge für Unterstützung
von außen

Siehe: *Um Zuwendung
bitten: Sei direkt*

## *Sei selbst eine gute Freundin*

Freunde, auf die du wirklich zählen kannst, gewinnst du vor allem dann, wenn du selbst eine gute Freundin bist. Sag anderen, daß sie gute Arbeit leisten oder ein gemütliches Zuhause haben. Sag lieben Menschen, die du noch nicht lange kennst: »Ich mag dich. Ich würde dich gerne öfter sehen.« Biete anderen deine Hilfe an, besonders auf jenen Gebieten, auf denen du dich gut auskennst. Wenn du glaubst, daß dich sowieso niemand brauchen kann, dann irrst du dich!

Schütte dein Herz nicht immer bei derselben Freundin aus. Wenn es dir schon seit längerer Zeit schlechtgeht, dann könntest du ihr mal eine Erholungspause gönnen. Sei ihr nicht böse, wenn sie genug von deinen Problemen hat. Das ist verständlich, und du solltest dir Mühe geben, das zu respektieren. Jeder ist einmal erschöpft. Vielleicht kann sie dir momentan nicht weiterhelfen, aber das heißt noch lange nicht, daß du ihr plötzlich egal bist. Niemand ist in der Lage, ständig auf dich einzugehen oder sich dauernd mit deinen Problemen zu beschäftigen. Auch die anderen haben einmal einen schlechten Tag oder zuviel zu tun, und jeder hat seine eigenen Probleme.

## LITERATUR UND TIPS:

James, Jennifer: *Trübe Tage. Wege aus dem weiblichen Stimmungstief.* Rowohlt, 1991. Bietet Hilfe bei den verschiedensten Problemen, zum Beispiel auch, wenn du dich einsam fühlst.

Satir, Virginia: *Mein Weg zu dir. Kontakt finden und Vertrauen gewinnen,* Kösel, 1994. Dies.: *Und wer liebt mich? Die Kunst, sich selbst zu akzeptieren.* Integral, 1992. Hier findest du viele gute Übungen zum Thema »Auf andere zugehen«.

# Rituale, die dir Mut verleihen

## Worum geht's?

Ist es mutig, sich um die eigenen Bedürfnisse zu kümmern? Die Antwort heißt *ja!* Man könnte meinen, es sei einfach, liebevoll mit sich umzugehen, und es würde Spaß machen, aber oft ist das gar nicht so leicht. Es ist mutig, wenn du zu dir und deinen Bedürfnissen stehst.

Es ist mutig, wenn du dich selbst um die Befriedigung deiner Bedürfnisse kümmerst. Es ist mutig, wenn du deiner Intuition vertraust und dich von ihr führen läßt. Es ist mutig, sich aus alten, überholten Mustern zu befreien. Es ist mutig, das Leben zu bejahen und es zu genießen. Es ist mutig, sich mit sich selbst auseinanderzusetzen. Und es ist mutig, so zu leben, wie es dir gefällt − besonders dann, wenn dir die Unterstützung von außen fehlt.

Du fragst dich vielleicht, ob du es überhaupt verdient hast, glücklich zu sein, aber das steht außer Frage! Du mußt nicht zuerst hundert andere Dinge erledigen, bevor du etwas für dich tun darfst. Wir dürfen unsere Bedürfnisse befriedigen! Wir verdienen es, wir brauchen es, es ist ein Aspekt unseres Menschseins! Wir brauchen Zuwendung, und wir müssen lernen, sie uns selbst zu schenken. Du hast ein Recht darauf − auch wenn du weder gertenschlank, noch erfolgreich oder wohlhabend bist!

## Was du dazu brauchst:

Zeit, Geduld und Durchhaltevermögen.

Papier und einen Stift.

Gute Freundinnen/Freunde, die Lust haben, mit dir ein Ritual zu machen.

## Tu das:

- Wenn du glaubst, daß andere Frauen es viel besser verstehen, sich um ihre Bedürfnisse zu kümmern.

- Wenn es dir schwerfällt, etwas für dich zu tun, oder wenn du das Gefühl hast, es sei reine Zeitverschwendung.

- Wenn du einen zusätzlichen Ansporn brauchst, um ein Ziel, das du dir gesetzt hast, zu verwirklichen.

---

*Nenne deine Angst beim Namen* • *Affirmationen*
*Ich bin es wert* • *Ein Mutritual*

---

# WAS DU FÜR DICH TUN KANNST:

## Nenne deine Angst beim Namen

Werde dir bewußt, wenn du Angst davor hast, etwas für dich zu tun, und sprich es aus! Erzähl jemandem, dem du vertraust, von deiner Angst. Wenn du deine Ängste aussprichst und dich zu ihnen bekennst, hast du einen wichtigen Schritt getan. Es heißt, daß du das Thema »*Tu dir gut*« ernst nimmst.

Eine gute Möglichkeit, dich mit deinen Ängsten und Blockaden auseinanderzusetzen, ist aufzuschreiben, welche Dinge du dir vorenthältst. Schreib auch auf, warum du dir diese Dinge nicht oder nur schwer genehmigst. Sei ehrlich! Vielleicht »vergißt« du immer wieder, Körperlotion zu benutzen oder zu kaufen. Dann kannst du zum Beispiel aufschreiben: Ich muß mich regelrecht überlisten, Körperlotion zu kaufen oder zu verwenden. Ich muß mir ständig vor Augen halten, daß ich es verdiene, meinem Körper etwas Gutes zu tun. Der Grund dafür ist, daß ich mich nicht wohl in meinem Körper fühle. — Was versagst du dir? Warum tust du das? Du kannst dieser Liste alles anvertrauen. Niemand wird sie je lesen.

## Ich bin es wert

Mutig sein und an sich glauben, das hängt untrennbar zusammen. Wenn du an dich glaubst, können viele wunderbare Dinge in deinem Leben geschehen. Du bringst es plötzlich fertig, *nein* zu sagen, ohne dich schuldig zu fühlen; du traust dich, deinen Job aufzugeben und etwas Neues zu versuchen.

Siehe: *Dein persönlicher Rückzugsort*

Du solltest die folgende Meditation eine Woche lang jeden Tag zur gleichen Zeit wiederholen. Mach ein Ritual daraus. Durch Wiederholung wird ein Ritual erst richtig wirkungsvoll. Vollziehe es immer am selben Ort, leg jedesmal dieselbe Musik auf, zünde eine Kerze an und, wenn du magst, auch ein Räucherstäbchen. Das hilft dir, dich geistig und seelisch einzustimmen. Natürlich kannst du diese Meditation auch einfach so durchführen, ohne ein spezielles Ritual daraus zu machen.

Wenn du möchtest, kannst du Massageöl oder Körperlotion verwenden.

Schließ deine Augen, und **entspann dich**. Achte auf deinen Atem. Werde dir bewußt, daß jeder Atemzug einzigartig ist, etwas, was du nicht wiederholen und durch nichts ersetzen kannst. Atme ein paarmal ein und aus, und laß diese Tatsache auf dich wirken. Leg deine Hände ineinander, und fang langsam an, sie zu erkunden und zu liebkosen. Deine Augen sind immer noch geschlossen. Mach dir klar, daß diese Hände einzigartig sind, daß es im ganzen Universum nicht ein Paar Hände gibt, das genauso ist wie deine. Berühre mit einer Hand das Handgelenk und den Unterarm des anderen Arms. Spür deine Haut und die Muskeln darunter. Laß deine Hände weiterwandern: deine Oberarme hinauf bis zu den Schultern. Atme tief, und liebkose deinen Körper. Achte wieder auf deinen Atem. So wie dein Atem, so ist auch jeder Augenblick deines Lebens einzigartig und kostbar. Sag in Gedanken oder laut den folgenden Satz: »Ich erlaube mir, zu leben und mich voll zu entfalten. Ich bin es wert!«

Nimm nochmals einen tiefen Atemzug, und spür dieses wunderbare Gefühl in deinem ganzen Körper. Öffne dann die Augen.

Siehe: *Die Stimme, die dich unterstützt.* Sie hilft dir, dich anzunehmen und liebevoll mit dir umzugehen.

## *Affirmationen*

Wenn du täglich mit Affirmationen arbeitest, kannst du in dir die Überzeugung nähren, daß du Zuwendung verdienst. Etwa:

Siehe: *Wenn dir der Anfang schwerfällt; Beruhigende Klänge: Chanten.* Dort findest du mehr zum Thema »Affirmationen«.

*Ich bin ein wunderbarer Mensch und verdiene es, Zeit für mich zu haben.*

*Ich habe jetzt genügend Mut, so zu leben, wie es mir entspricht.*

*Ich verdiene es, gut zu mir zu sein.*

Denk dir eigene Affirmationen aus. Du kannst sie auch chanten, zum Beispiel im Auto oder wenn du unter der Dusche stehst. Achte darauf, ob sich in deinem Inneren eine Stimme meldet, die behauptet, daß du diese Dinge nicht verdienst. Formuliere Affirmationen, die diese Stimme zum Schweigen bringen.

Rituale, die dir Mut
verleihen

Siehe: *Frauen, die dich
unterstützen: Gründe eine
Frauengruppe*

## Ein Mutritual

Überleg dir, wem du deine Ängste anvertrauen möchtest. Es sollten Frauen sein, denen du dich nahe fühlst, die dir wirklich zuhören und die selbst bereit sind, offen über ihre Ängste zu sprechen.

Trefft euch bei Vollmond. Der Vollmond gilt seit jeher als die Zeit, zu der Frauen ihre Kräfte voll entfalten. Bedienen wir uns dieser Kraft.

Trefft euch an einem Ort, an dem ihr ungestört ein Feuer machen dürft oder eine Kerze anzünden könnt, um Papier zu verbrennen.

Bitte die Frauen, ein Musikinstrument mitzubringen: eine kleine Trommel, ein Klangspiel, ein Kindertamburin oder ähnliches. Ihr braucht auch Papier und Schreibzeug.

Setzt oder stellt euch im Kreis um das Feuer.

Faßt euch bei den Händen, und schließt die Augen. Richtet eure Aufmerksamkeit auf euren Atem. Vereinbart, daß ihr mit niemandem über das sprechen werdet, was in dieser Nacht geschieht.

Sprecht über Frauen, die ihr besonders bewundert, und spürt, wie diese Geschichten euch in Kontakt mit der Stärke dieser Frauen bringen.

Siehe: *Beruhigende Klänge* Nehmt dann eure Instrumente, und beginnt zu spielen. Wenn ihr euch entspannt und darauf vertraut, daß sich ein harmonisches Zusammenspiel ergeben wird, wird das wie von selbst geschehen. Und ihr werdet sehr viel Kraft daraus schöpfen. Spielt, bis euer Lied von selbst endet.

Nehmt dann Papier und Bleistift zur Hand, und beantwortet folgende Frage:

*Welche Angst hindert mich daran, meine Interessen zu verfolgen?*

Erzählt einander, was ihr aufgeschrieben habt. Vereinbart vorher, euch gegenseitig ausreden zu lassen und nicht zu unterbrechen.

Wenn du fertig erzählt beziehungsweise vorgelesen hast, dann halte deinen Zettel über das Feuer oder über die Kerze, und verbrenn ihn. Sprecht dazu einen Segensspruch, zum Beispiel:

*Wir erkennen deine Ängste an.*

*Du bist nicht deine Angst.*

*Du bist jetzt gereinigt und erneuert.*

*Du gehst mit neuem Mut hinaus ins Leben.*

Küßt und umarmt euch. Es ist auch schön, im Anschluß an dieses Ritual gemeinsam zu essen oder einen kurzen Spaziergang zu machen.

Du kannst dieses Ritual auch allein durchführen. Mach einen Kreis aus Blumen oder Steinen, denk an eine Frau, die du bewunderst, oder schreib über sie. Leg deine Lieblingsmusik auf und trommle oder chante dazu. Und vergiß nicht, dich am Ende des Rituals zu umarmen.

## LITERATUR UND TIPS:

Servan-Schreiber, Jean-Louis: *Mut im Alltag.* Econ, 1988. Zeigt, daß wir auch in alltäglichen Situationen unseren Mut immer wieder unter Beweis stellen müssen.

Thoele, Sue Patton: *Bis hierhin und nicht weiter. Wie Frauen lernen, sich selbst zu behaupten.* Knaur, 1993. Dies.: *The Womans Book of Courage.* Conari Press, 1991. Diese Bücher machen dir Mut, dein Leben zu verändern.

Lennox, Joan Hatch/Shapiro, Judith Hatch: *Life Changes: How Women Can Make Courageous Choices.* Crown, 1990. Hilft dir in Zeiten größerer Veränderungen, zum Beispiel wenn du geschieden wirst.

Sinetar, Marsha: *Elegant Choices, Healing Choices.* Paulist Press, 1988. Dieses Buch hilft dir, wenn du vor wichtigen Entscheidungen stehst.

# DAS LIEBE GELD

## WORUM GEHT'S?

Geld spielt heutzutage eine äußerst wichtige Rolle. Wir betrachten es schon lange nicht mehr als das einfache Tauschmittel, das es ja ursprünglich war. Es hat begonnen, ein Eigenleben zu führen. Wir haben ihm so viel Macht verliehen, daß es unser Leben weitgehend dominiert. »Geld regiert die Welt«, wie es so schön heißt.

Ob du Geld hast oder nicht, ist letztlich nur eine Frage der Einstellung. Das mag ziemlich »abgehoben« klingen, aber es ist eine Tatsache: Es gibt nichts, was unsere finanzielle Situation so sehr beeinflußt wie unsere Einstellung zum Thema »Geld«. Das gilt auch für Frauen – ungeachtet der Tatsache, daß wir in einer sexistischen Gesellschaft leben, in der Frauen nach wie vor schlechtere Chancen haben als Männer. Es ist wahr, daß Frauen immer noch schlechter bezahlt werden als Männer – auch im gleichen Job. Es ist wahr, daß Mädchen immer noch eingeredet wird, daß Mathematik nichts für sie ist. Es ist wahr, daß Millionen von Vätern sich weigern, Alimente zu zahlen. Das sind Dinge, die wir nicht wegdiskutieren können. Aber welchen Einfluß sie auf dich haben, hängt davon ab, wie *du* denkst und fühlst. Wenn wir etwas ändern wollen, müssen wir zuerst lernen, anders über Geld zu denken als bisher. Das ist die Voraussetzung. Dann kommen die Kraft und die Entschlossenheit, die wir brauchen, um Veränderungen in unserer Gesellschaft herbeizuführen, von ganz allein.

## WAS DU DAZU BRAUCHST:

Einen Spiegel.

Ein Notizbuch, das du bequem in deine Handtasche stecken kannst.

## TU DAS:

- Wenn es dir schwerfällt, Geld für dich auszugeben.

- Wenn du nicht weißt, was dein Partner verdient, wie es im Fall seines Todes weitergehen würde oder welche Ersparnisse ihr habt.

---

*Dankbar sein* • *Laß dich von deiner Intuition leiten*
*Was bist du dir wert?* • *Was kriegst du für dein Geld?*
*Spiegle deinen Wert* • *Werde aktiv*
*Buch führen* • *Warum nicht tauschen?*

---

- Wenn das Thema »Geld« dir schwer im Magen liegt.

- Wenn du nicht weißt, wofür du dein Geld eigentlich ausgibst.

## WAS DU FÜR DICH TUN KANNST:

### Dankbar sein

Sei dankbar für das, was du hast! Das klingt ziemlich altmodisch, wie das, was deine Eltern dir früher immer gepredigt haben, aber das ist es nicht! Wenn du dich aus der Abhängigkeit vom Geld befreien möchtest, mußt du lernen, das zu sehen, was du schon hast. Denk auch an immaterielle Werte, und laß dich nicht von deinem Bankkonto irritieren. Sei dankbar für alles, was dir etwas bedeutet: deine beste Freundin, der kleine Park nebenan, deine Zehen. Ruf es dir immer wieder in Erinnerung, besonders, wenn du anfängst, über deine finanzielle Situation zu jammern.

### Was bist du dir wert?

Steht und fällt dein Selbstbewußtsein mit deinem Bankkonto oder deinem Gehalt? Du kannst das ändern, wenn du willst. *Du bist nicht dein Geld!* Laß nicht zu, daß Geld diese Macht über dich hat. Versuche einmal folgendes: Nimm Geld in die Hand, schau es dir eine Weile an, und versuche, es lediglich als Zahlungs- oder Tauschmittel anzusehen. Und wenn du dein Gehalt auf deinem Konto verbucht siehst, sag dir: »Das habe ich erarbeitet! Das hab' ich gut gemacht! *Aber ich bin nicht dieses Geld!*«

### Spiegle deinen Wert

Bekommst du ein schlechtes Gewissen, wenn du Geld für dich ausgibst? Hast du dir schon einmal überlegt, was das heißt? Heißt es nicht, daß du glaubst, es nicht wert zu sein? Heißt es nicht, daß dein Selbstwertgefühl verletzt ist und daß du dir nicht zutraust, genügend Geld verdienen und selbst für dich sorgen zu können? (Wenn du zuviel Geld ausgibst oder Schulden hast, solltest du dir in nächster Zeit alles aufschreiben, wofür du Geld ausgibst, und dir überlegen, welchen Wert die Dinge, die du kaufst, für dich eigentlich haben.) Geld für dich auszugeben kann eine Liebeserklärung an deine eigene Person sein und eine klare Botschaft, daß du zu dir und deinen Bedürfnissen stehst. Sei gut zu dir: Nähre in dir die Überzeugung, daß du die Dinge, die du haben möchtest, wirklich verdienst.

Leg einen Spiegel bereit, und **entspann dich**. Öffne deine Augen, wenn du soweit bist, schau in den Spiegel, und sag laut: »Ich verdiene es, . . .« (was immer du dir wünschst), zum Beispiel: »Ich verdiene es, reich zu sein, reicher als ich es mir in meinen kühnsten Träumen vorstellen kann.« Oder: »Ich habe mir eine Reise nach Tibet wirklich verdient!« Oder: »Ich verdiene es, Geld für Bücher auszugeben, die mir helfen, mich meinen Bedürfnissen und der Entfaltung meiner Persönlichkeit zu widmen.«

Vielleicht kommt es dir ziemlich komisch vor, wenn du solche Dinge laut sagst, aber laß dich nicht irritieren. Mach einfach weiter. Schau dir in die Augen, und hör nicht auf zu wiederholen, daß du die Dinge verdienst, die du dir wünschst!

### Buch führen

Um genügend Geld für deine persönlichen Bedürfnisse zur Verfügung zu haben, ist es wichtig, Prioritäten zu setzen. Aber zuerst mußt du dich dazu entschließen, wirklich etwas für dich zu tun. Wenn du immer nur sagst: »Wenn ich eine Gehaltserhöhung bekomme, dann . . .« Oder: »Wenn ich diese oder jene Zahlung erhalten habe, dann . . .« Oder: »Wenn ich dieses Buch veröffentlicht habe, dann werde ich endlich etwas für mich tun« − wird es nie dazu kommen.

Wenn du herausfinden möchtest, was dir wirklich wichtig ist, dann solltest du anfangen, über deine Ausgaben Buch zu führen. Nimm deinen Notizblock, und leg drei Rubriken an:

| Wieviel? | Wofür? | Wie hab' ich mich dabei gefühlt? |
|---|---|---|
| DM 1,– | eine Tafel Schokolade | Habe mich nachher dick gefühlt. |
| DM 10,– | Mittagessen | Habe mich abgehetzt und gelangweilt. |
| DM 30,– | Bücher | Ich finde sie toll!!! |

Schreib einen Monat lang alle Ausgaben auf, auch Zahlungen, die du regelmäßig leisten mußt wie die Miete oder die Telefonrechnung. Schreib auch die Dinge auf, die du mit Scheck oder Kreditkarte bezahlst. Solltest du deine Aufzeichnungen vor Ende des Monats abbrechen, dann fang im nächsten Monat noch einmal von vorne an, so lange, bis du es geschafft hast, einen ganzen Monat lang Buch zu führen. Und denk daran: keine Schuldgefühle!

Sieh dir deine Aufzeichnungen genau an. Welche Muster fallen dir auf? Deine Aufzeichnungen werden dir helfen zu entscheiden, wofür du in Zukunft Geld ausgeben möchtest. Wenn dir zum Beispiel auffällt, daß du dich eigentlich gar nicht wohl fühlst, wenn du in deiner Mittagspause essen gehst, kannst du dir etwas von zu Hause mitnehmen und das Geld, das du dadurch sparst, für Bücher ausgeben. Wenn du darauf achtest, wie es dir mit den Dingen geht, für die du Geld ausgibst, wirst du schnell herausfinden, wo du Geld einsparen kannst und wo du dir echte Bedürfnisse erfüllst.

## Laß dich von deiner Intuition leiten

Stell dir das nächste Mal, bevor du etwas einkaufst, folgende Fragen:

*Ist es das, was ich wirklich möchte?*

*Warum möchte ich das haben?*

Das sind magische Fragen. Sie helfen dir, mit deiner Intuition Verbindung aufzunehmen. Sie helfen dir besonders dann, wenn du dir nicht sicher bist, ob du etwas kaufen sollst, oder wenn du dich hin- und hergerissen fühlst. Gib dir genügend Zeit, um deine innere Stimme zu hören. Sie kennt die Antwort.

Siehe: *Wie gehst du mit dir um: Eine gute Frage; Mach es dir nicht zu bequem: Was ist wirklich gut für dich?; Vereinfache dein Leben: Drei gute Fragen.* Dort findest du weitere Anregungen, wie du lernen kannst, deine innere Stimme zu aktivieren.

## Was kriegst du für dein Geld?

Entwickle ein Gefühl dafür, daß du beim Kauf einer Sache für dein Geld etwas eintauschst und welchen Gegenwert du bekommst. Nehmen wir an, du möchtest ein Buch zu einem bestimmten Thema oder eine besondere Flasche Wein kaufen. Erlebe ganz bewußt, was du tust: Mach dich auf den Weg, nimm dir genügend Zeit, etwas auszusuchen, was deinen Vorstellungen entspricht, und stell dir beim Zahlen vor, wie sich dein Geld in die Sache verwandelt, gegen die du es eintauschst. Stell dir das jedesmal vor, wenn du etwas kaufst. Und vergiß nicht, dich zu fragen, ob das, was du kaufst, wirklich das ist, was du haben möchtest. Je mehr du dich über deinen Einkauf freust, desto mehr bekommst du für dein Geld.

## Werde aktiv

Siehe: *Frauen, die dich unterstützen*

Setz dich für die ökonomische Gleichberechtigung der Frau ein. Wahre auch deine persönlichen Interessen. Laß nicht zu, daß dein Partner dir Informationen über den Stand eurer Finanzen vorenthält – egal, wie sehr du ihn liebst, egal, wie sehr du ihm vertraust. Beziehungen können sich ändern! Verhalte dich entsprechend! *Du solltest in der Lage sein, auch ohne Partner zurechtzukommen.* Besorg dir Bücher zum Thema »Geld«, und lies jeden Tag zehn Minuten darin. Deine Finanzen brauchen die gleiche Aufmerksamkeit wie deine übrigen Bedürfnisse. Vielleicht hast du auch Lust, eine Frauengruppe zu gründen, in der ihr über Geld, eure Einkünfte und die sozialen Probleme unserer Zeit sprechen könnt.

## Warum nicht tauschen?

Geld ist neutral. *Du* gibst ihm eine Bedeutung. Probier einmal aus, Dinge zu tauschen. Vielleicht hilft dir das, Geld anders zu sehen als bisher. Es ist auch eine gute Möglichkeit, neue Beziehungen zu knüpfen. Außerdem hilft dir diese Erfahrung, falls du einmal wirklich knapp bei Kasse bist.

Siehe: *Für andere dasein*

Wenn du glaubst, du hättest nichts anzubieten, was für andere von Interesse ist, dann hast du dich geirrt: Jeder hat etwas zu bieten! Wie steht's mit deinen persönlichen Fähigkeiten? Kannst du gut fotografieren? Kannst du zeichnen? Kannst du Gedichte vortragen, oder besitzt du ein Werkzeug oder etwas anderes, das jemand gerne ausleihen würde? Vielleicht bist du auch eine gute Tischlerin, Installateurin, Schneiderin oder Pferdepflegerin.

## LITERATUR UND TIPS:

Dormagen, Christel: *Geld — Macht — Liebe. Frauen: Neue Unabhängigkeit, alte Gefühle.* Rowohlt, 1992.

Gilles, Jerry: *Moneylove.* Warner Books, 1978. Jerry Gilles stellt Affirmationen und andere Techniken vor, mit deren Hilfe wir eine gesündere Einstellung zum Thema »Geld« entwickeln können. Hier habe ich zum erstenmal begriffen, welche Bedeutung das Wort »Wechselkurs« eigentlich hat.

Liebermann, Annette/Lindner, Vicki: *Unbalanced Accounts: Why Women Are Still Afraid of Money.* Viking Penguin, 1988. Es geht um Frauen und ihre Beziehung zum Geld. Im Anhang findest du praktische Tips, wie man dieses Thema in einer Gruppe bearbeiten kann. — Vielleicht hast du Lust, eine zu gründen.

Waring, Marilyn: *If Women Counted.* Harper & Row, 1988. Dieses Buch beschreibt, wie sich das Leben auf der Erde verändern würde, wenn die Arbeit, die Frauen leisten, entsprechend gewürdigt würde.

# Um Zuwendung bitten

## Worum geht's?

Du kennst liebe, nette Menschen, die dir von Herzen zugetan sind und dir gerne ihre Unterstützung anbieten: Eltern, Partner, Mitbewohner, Freundinnen, Kollegen, Verwandte. Aber das heißt noch lange nicht, daß du von ihnen automatisch die Zuwendung bekommst, die du dir wünschst. Du mußt lernen, anderen zu sagen, was du brauchst. Und du mußt lernen, dich zu öffnen, damit du das, was sie dir geben, auch wirklich annehmen kannst.

## Was du dazu brauchst:

Menschen, an die du dich wenden kannst beziehungsweise gerne wenden würdest, wenn du Zuwendung brauchst.

## Tu das:

- Wenn du dich trotz Partner, Freunden und Familie einsam fühlst.

- Wenn du das Gefühl hast, daß dir niemand richtig zuhört.

- Wenn es dir schwerfällt, jemanden um einen Gefallen zu bitten oder darum, dir zuzuhören.

## Was du für dich tun kannst:

*Ich brauche Hilfe*

Du kannst nur dann um Zuwendung bitten, wenn du dich traust, anderen zu zeigen, daß du sie brauchst; und du kannst nur dann Zuwendung empfangen, wenn du die Zuwendung, die sie dir schenken, auch wirklich annehmen kannst. Es fällt uns oft schwer, um eine Umarmung zu bitten oder darum, daß uns jemand zuhört. Aber wenn du das Risiko eingehst, deine Bedürfnisse direkt zum Ausdruck zu bringen, wirst du herausfinden, wie gut dir das tut.

Verleihe deinen Bedürfnissen Ausdruck: Geh zum Fenster, öffne es, und ruf so laut du kannst: »Ich brauche Unterstützung! Ich verdiene es, geliebt und anerkannt zu werden! Ich verdiene Menschen, die mir zuhören!« Das heißt überhaupt nicht, daß du von anderen abhängig bist oder nicht auf eigenen

*Ich brauche Hilfe* • *Hörst du mir zu?*
*Sei direkt* •

Füßen stehen kannst. Jeder Mensch braucht Zuwendung! (Also gut, du mußt ja nicht unbedingt laut schreien.)

## Sei direkt

Schreib die Namen von fünf Personen auf, die du anrufen kannst, wenn es dir schlechtgeht, und tu das auch wirklich, wenn du Kummer hast: Ruf Barbara an, die ganz oben auf deiner Liste steht. Es kann sein, daß sie nicht zu Hause ist, aber das versetzt dich nicht in Panik. Du hast ja deine Liste. Du versuchst es bei Erich. Er ist zu Hause. Du läßt ihn gleich wissen, worum es geht und daß du jemanden brauchst, der dir zuhört, indem du sagst:

> Ich muß reden. Hast du Zeit, mir zuzuhören?

> Ich habe einen schlimmen Tag hinter mir.
> Hast du Zeit? Kann ich mit dir reden?

> Mir geht's schlecht. Habe keine Ahnung,
> wieso. Kann ich mit dir reden?

> Ich brauche jemanden, der mir zuhört.
> Hast du Zeit für mich?

Du kannst dir eine Menge Enttäuschung ersparen, wenn du ehrlich sagst, wie es dir geht und was du brauchst. Es könnte nämlich sein, daß Erich nicht sofort errät, daß du Hilfe brauchst. Es kann sein, daß Erich keine Zeit hat oder daß er momentan nicht in der Stimmung ist, sich mit deinen Problemen auseinanderzusetzen. Wenn du ihn offen danach fragst, gibst du ihm die Möglichkeit, ehrlich zu antworten.

## Hörst du mir zu?

Wir möchten, daß die Menschen, die wir lieben, uns auch wirklich zuhören. Das ist es, was für Nähe und Intimität in einer Beziehung sorgt. Wenn du Lust hast, kannst du folgende Übung ausprobieren:

**Um Zuwendung bitten**

Setz dich mit deinem Partner, deinem Freund oder einem anderen lieben Menschen zusammen, und sorge dafür, daß ihr nicht gestört werdet.

Macht aus, wer als erster drankommt. Jeder sollte mindestens eine Viertel- und maximal eine halbe Stunde Zeit haben, sich auszusprechen. Der andere hört zu, *ohne zu unterbrechen*. Ihr solltet dieses Gespräch auf keinen Fall dazu verwenden, den anderen zu beschimpfen oder zu kritisieren. Sprich über *dich* und darüber, wie es *dir* geht, und genieß ganz bewußt dieses Gefühl, daß der andere dir seine volle Aufmerksamkeit schenkt. Hört einander zu, ohne das, was der andere sagt, in irgendeiner Form zu kommentieren. Ihr werdet sehen, wieviel Zuwendung man durch bloßes Zuhören schenken kann.

Wenn ihr wollt, könnt ihr euch ein paar Tage später treffen und über diese Erfahrung sprechen. Das gibt euch beiden Zeit, in Ruhe über alles nachzudenken und Abstand zu gewinnen.

## LITERATUR UND TIPS:

Hendrix, Harville: *Soviel Liebe, wie du brauchst. Das Therapiebuch für eine erfüllte Beziehung.* Econ, 1992. Im Anhang findest du ein paar gute Kommunikationsübungen.

Pennebaker, James W.: *Sag, was dich bedrückt. Die befreiende Kraft des Redens.* Econ, 1991. Dieses Buch zeigt, warum es uns guttut, uns anderen anzuvertrauen, und wie wir einen geeigneten Menschen finden.

Johnson, Karen/Ferguson, Tom: *Trusting Ourselves.* Atlantic Monthly Press, 1990. Ein fundiertes Buch zu den verschiedensten Frauenthemen mit einem Kapitel über Kommunikation.

# FRAUEN, DIE DICH UNTERSTÜTZEN

## WORUM GEHT'S?

Ein verständnisvoller Blick, wenn du deinen schlechten Tag hast; ein Arm, der dich umfängt, wenn du deinen Kummer rausweinst; einfach nur zusammensein, ohne zu reden – Frauen können einander sehr viel geben: gegenseitige Unterstützung, Verständnis, Liebe.

## WAS DU DAZU BRAUCHST:

Dein Tagebuch und einen Stift.

Ein oder zwei Freundinnen.

## TU DAS:

- Wenn du dir zuwenig Zeit nimmst, dich um deine Beziehungen zu kümmern.

- Wenn es dir schwerfällt, Frauen zu vertrauen.

- Wenn du eine Freundschaft auffrischen willst.

## WAS DU FÜR DICH TUN KANNST:

### Alte Freundinnen

Nimm dein Tagebuch zur Hand, und schreib die Namen aller Frauen auf, zu denen du je eine engere Beziehung hattest: deine Freundin in der dritten Klasse; die Freundin, mit der du quer durch Europa gereist bist; die Freundin aus der Wohngemeinschaft; die Frauen, mit denen du gegen den Paragraphen 218 demonstriert hast. Werde dir bewußt, wie sehr Frauen dein Leben bereichert haben. Schau dir all die Namen an, die du aufgeschrieben hast, und spür die Kraft, die Freundschaften innewohnt.

### Wovon träumst du?

Setz dich mit einer oder mehreren Freundinnen zusammen, und erzählt einander, wie ihr gerne leben würdet. Jede Frau entzündet eine Kerze, bevor sie zu sprechen beginnt. Geh in dich. Wovon träumst du insgeheim? Wie sieht dieses Leben aus, in dem du alles verwirklichen kannst, wonach du dich sehnst? Teile den anderen mit, was du dir in deinen kühnsten Träumen vorstellst. Laß deiner Imagination freien Lauf! Hab keine Angst, dich lächerlich zu machen. Es gibt keine Grenzen! Geh auch ins Detail: Erwähne die äußeren Bedingungen, mit welchen Menschen du in diesem Phanatasieleben zusammen bist, und alles, was dir wichtig erscheint. (In meinem Traum bin ich die Königin der Meerjungfrauen und gleichzeitig eine berühmte Kunstfotografin.)

## Was Frauen leisten

Je mehr wir von Frauen hören oder sehen, die das, was sie tun, erfolgreich tun – egal, ob es sich um eine Unternehmerin handelt oder um eine Frau, die irgendwo in der dritten Welt einen wunderschönen Teppich webt –, desto mehr sind wir in der Lage, das, was Frauen leisten, zu würdigen, und desto leichter gelingt es uns, das Vorurteil von der weiblichen Unterlegenheit abzubauen. (Wenn du glaubst, daß dieses Vorurteil heute nicht mehr existiert, dann hast du dich geirrt!)

Wenn du möchtest, kannst du mit Freundinnen ein Fest zu Ehren besonderer Frauen veranstalten. Bitte jede Frau, die an diesem Fest teilnimmt, die Lebensgeschichte einer Frau zu erzählen, die es geschafft hat, ihren persönlichen Traum zu verwirklichen. Vielleicht können sie auch Dinge zum Anschauen mitbringen: ein Foto oder Beispiele dessen, was diese Frau geschaffen hat. Setzt euch im Kreis zusammen, und erzählt einander über die Schwierigkeiten, über die Erfolge und Mißerfolge, mit denen diese Frauen konfrontiert waren beziehungsweise sind. Wenn ihr fertig seid, macht noch einmal die Runde, und überlegt euch, was ihr von diesen Frauen lernen könnt und was ihr gerne in eurer Leben integrieren würdet.

## Gründe eine Frauengruppe

Siehe: *Sorge für Unterstützung von außen* und *Spirituelle Bedürfnisse: Gemeinsam auf der Suche*. Dort findest du einiges über Gruppen.

Setz dich mit ein paar Freundinnen zusammen, und gründet eine Frauengruppe. Trefft euch regelmäßig, und schenkt einander Unterstützung und Zuwendung. Eine solche Gruppe bietet einen sicheren Rahmen, in dem du dich mit Gleichgesinnten treffen und über deine Interessen unterhalten oder einfach mal deinen ganzen Frust herauslassen kannst, wenn dir danach ist. Ihr könnt euch auch zusammentun, um eine Weinprobe oder ein Seminar über Investitionsfragen zu besuchen, um gemeinsam den Schmerz eurer Scheidungen zu verarbeiten oder die Anforderungen, die eure Kinder an euch stellen. Ihr könnt euch natürlich auch »einfach nur so« treffen – einfach nur, um beisammen zu sein. Wenn du möchtest, kannst du auch an einer Diskussionsrunde für Frauen teilnehmen, in der jede Woche ein anderes (politisches oder privates) Thema zur Debatte steht. Es geht darum, einen sicheren und verläßlichen Bezugsrahmen zu haben und sich regelmäßig auszutauschen. Voraussetzung ist, daß jedes Mitglied einer solchen Gruppe sich zu der Gruppe bekennt und regelmäßig daran teilnimmt. Darauf kommt es an, und nicht so sehr darauf, wann und wo ihr euch trefft.

## Das Traumrad

Die folgende Übung wurde von Hallie Igleharts Buch *Weibliche Spiritualität* angeregt:

Wenn wir uns mit unseren Träumen beschäftigen und mit anderen darüber sprechen, dann hilft uns das, mit den Ebenen unseres Bewußtseins in Kontakt zu kommen, die jenseits des Vernunftdenkens liegen. Mit anderen über solche persönlichen Themen zu sprechen wirkt sich auch sehr positiv auf unsere Beziehungen aus. Sie werden intensiver und intimer.

Lade Freundinnen ein, und verbringt eine Nacht zusammen. Wählt einen Ort, an dem ihr genügend Platz habt, euch in Form eines Wagenrades hinzulegen und so zu schlafen (die Köpfe zur Mitte).

Beschäftigt euch mit dem Thema »Träumen«. Lest einander aus entsprechenden Büchern vor, sprecht über die Rolle des Träumens in alten Kulturen und – das ist das Wichtigste – entscheidet, worum es in euren Träumen in der kommenden Nacht gehen soll: Vielleicht möchtet ihr versuchen, im Traum die Lösung eines Problems zu sehen, das eine von euch hat, vielleicht seid ihr aber auch einfach nur neugierig, welche Träume euch in dieser besonderen Nacht kommen. Legt Schreibsachen zurecht, so daß sie am Morgen gleich griffbereit sind, und vereinbart, nach dem Aufwachen nicht miteinander zu sprechen.

Notiere oder mal das, was du geträumt hast, gleich nach dem Aufwachen. Wartet, bis alle fertig sind, und macht dann die Runde. Was immer ihr fragen oder zu den einzelnen Träumen sagen wollt – wartet, bis alle Frauen berichtet haben.

Es kann gut sein, daß zwischen euren Träumen ein Zusammenhang besteht. Das ist eine sehr eindrucksvolle Erfahrung. Wenn das geschieht, dann solltet ihr euch überlegen, was ihr tun könnt, um euren kollektiven Traum zu feiern und zu ehren. Ihr könntet zum Beispiel einen gemeinsamen Ausflug ans Meer unternehmen, wenn ihr in dieser Nacht vom Meer geträumt habt. Wenn ihr das tut, dann nutzt ihr die Energie, die in eurem kollektiven Traum freigesetzt wurde. Ihr nehmt sie mit in den Alltag. Ein solcher Ausflug trägt auch zu einer Vertiefung eurer Beziehungen bei.

## Andere Frauen unterstützen

Hilf anderen Frauen, sich selbst zu helfen. Du kannst Organisationen und private Initiativen, an die Frauen sich wenden können, unterstützen, oder du kannst ihnen deine Hilfe anbieten. Du kannst dich mit der Stellung der Frau in der Gesellschaft beschäftigen; Zeitschriften und Bücher, die von Frauen für Frauen geschrieben werden, lesen; du kannst dir Filme ansehen, die von Frauen gedreht wurden, oder Firmen unterstützen, die von Frauen geführt werden, und vieles mehr. Unterstütze andere Frauen, und laß dich von ihnen unterstützen, wenn du Hilfe brauchst.

# LITERATUR UND TIPS:

Gibt es dort, wo du wohnst, ein Branchenbuch, das über Dienstlei-
stungen, die von Frauen für Frauen angeboten werden, informiert?
Wenn ja, dann besorg dir eins. Wenn es keins gibt, könntest du dir
überlegen, ob du nicht eins zusammenstellen möchtest.

Iglehart, Hallie: *Weibliche Spiritualität. Traumarbeit, Meditationen und
Rituale.* Kösel, 1988. Ein gutes Buch zum Thema »Weibliche Spiritualität«.

Schaef, Anne Wilson: *Weibliche Wirklichkeit. Ein Beitrag zu einer ganz-
heitlichen Welt.* Bögner-Kaufmann, 1985. Wie wir als Frauen lernen
können, uns selbst als vollwertige Menschen zu betrachten.

Signell, Karen A: *Frauenträume. Zugang zur Weisheit des Herzens.* Wal-
ter-Verlag, 1994. Wie du mit deinen Träumen arbeiten kannst.

# TRÖSTLICHE KARTEN

## WORUM GEHT'S?

Es geht hier um Karten, auf denen ein paar nette, aufmunternde Worte stehen. Du kannst sie an Freunde schicken und an dich selbst oder Freunde bitten, dir welche zu senden. Solche Karten können Wunder wirken. Auf diese Weise kannst du anderen Trost und Zuwendung schenken – und sie dir –, auch wenn ihr im Streß seid und wenig Zeit habt. Du kannst solche Kärtchen auch in deiner Manteltasche, in einem Aktenordner oder anderswo verstecken. Wenn du sie später wiederfindest, dann ist das eine nette Überraschung, als würdest du unverhofft einen vergessenen 20-Mark-Schein finden.

## WAS DU DAZU BRAUCHST:

Postkarten oder kleine Karteikarten. Du kannst zur Abwechslung auch Ansichtskarten nehmen.

Briefmarken und einen Stift.

## TU DAS:

- Wenn du weißt, daß anstrengende oder schwere Zeiten bevorstehen.

- Wenn es einer Freundin schlechtgeht.

- Wann immer du oder jemand, den du magst, Zuwendung braucht.

## WAS DU FÜR DICH UND ANDERE TUN KANNST:

*Die richtigen Worte finden*

Egal, ob du diese Kärtchen an dich selbst oder an eine Freundin richtest: Verwende nur positive, unterstützende Worte, und verzichte auf Kritik oder gute Ratschläge. Hör nicht auf das, was dein innerer Kritiker dir ins Ohr zu flüstern versucht – besonders dann, wenn du an dich selbst schreibst –, sondern hör auf deine positive innere Stimme. Laß dich von ihr ermutigen und unterstützen.

*Die richtigen Worte finden* • *Unterstützung von außen*
*Leg dir einen Vorrat an* •

Du kannst auch einen Cartoon draufkleben oder einen Witz oder ein aufmunterndes Zitat draufschreiben.

## Leg dir einen Vorrat an

Wenn es dir gutgeht, kannst du für schlechte Zeiten vorsorgen, indem du ein paar Dutzend solcher Kärtchen schreibst. Schreib alles auf, was du an dir magst, alle positiven Gedanken und Gefühle, die du dir entgegenbringst. Versteck diese Kärtchen an verschiedenen Stellen — auch dort, wo du sie vielleicht erst sehr viel später wiederfindest. Du wirst sie Tage, Wochen oder vielleicht sogar erst Jahre später finden, gerade dann, wenn du Zuspruch brauchst.

Plaziere die Kärtchen so, daß sie dir in schwierigen Situationen in die Hände fallen: Leg eins in den Reservereifen, dann findest du es, wenn du einen Platten hast. Leg eins in ein Buch, das du zur Hand nimmst, wenn du traurig bist. Tu eins in die Tasche der Jacke, die du anziehst, wenn du zu deinem Chef mußt, oder in den Ordner, den du Monate später wieder zur Hand nimmst, wenn du mitten in einem großen Projekt steckst. Paß die Texte den verschiedenen Situationen an, zum Beispiel: »Ich weiß, daß ich in der Lage bin, dieses Projekt erfolgreich abzuschließen. Ich leiste hervorragende Arbeit. Ich bin stolz auf das, was ich schon geleistet habe, und ich bin jetzt besonders nett zu mir, damit ich auch den Rest erfolgreich und termingerecht erledigen kann.«

Du kannst auch Affirmationen draufschreiben. Als ich krank war, versteckte ich überall im Haus Kärtchen wie: »Ich fühle mich jetzt gesund und stark«, »Ich liebe meinen Körper« und »Ich kann jetzt wieder normal gehen«. Sie haben mir sehr geholfen!

Siehe: *Wenn dir der Anfang schwerfällt.* Dort findest du mehr zum Thema »Affirmationen«.

## Unterstützung von außen

Stell dir vor, du hast gerade ein Baby bekommen und zwei oder drei Freundinnen schicken dir während der ersten Wochen jeden Tag eine Postkarte, um dich zu trösten, daß alles bald viel leichter wird, daß du nicht ewig nur wickeln, füttern und ein schreiendes kleines Wesen beruhigen mußt und daß auch du bald wieder eine schlanke Taille haben wirst. Einige Karten kommen per Post, andere findest du bei dir zu Hause.

Du kannst deinen Freundinnen/Freunden helfen, dir Trost und Zuwendung zu schicken, indem du sie mit einem Vorrat solcher Karten versorgst, die du bereits beschrieben, adressiert und mit einer Briefmarke versehen hast. Sie können dir dann von sich aus eine schicken oder wenn du sie darum bittest. Du kannst auch mit ein paar Freundinnen ausmachen, daß ihr euch gegenseitig aufmunternde Karten schickt.

Es ist so einfach, jemandem, der Trost braucht, eine liebe Postkarte zu schreiben. Du solltest aber nicht davon ausgehen, daß die- oder derjenige auch an dich denkt, wenn du in einer Krise steckst. Wenn du willst, daß sich jemand um dich kümmert, mußt du sie/ihn darum bitten, sonst wirst du vielleicht enttäuscht.

## LITERATUR UND TIPS:

In den Literaturangaben zum Kapitel »Vergiß nicht« sind verschiedene Meditationsbücher aufgeführt, in denen du Zitate oder Spruchweisheiten für deine Karten findest.

Adam, Michael (Hrsg.): *Große Gedanken kommen aus dem Herzen. Zitate.* Brockhaus, 1994.

*Worte weiser Frauen. Erkenntnisse, Visionen und spirituelle Erfahrungen aus Ost und West.* O. W. Barth, 1993.

Paul, Stephen/Collins, Gary Max: *Illuminations: Visions for Change, Growth, and Self-Acceptance.* HarperSanFrancisco, 1990. Dieses Buch regt zum Nachdenken an. Und es enthält eine Reihe anregender Betrachtungen, die du für deine Karten verwenden kannst.

# EIN TAG FÜR DICH

## WORUM GEHT'S?

Ein Tag für dich ist ein Tag, an dem du es dir so richtig gutgehen läßt, ein Tag, an dem du nur für dich da bist und nichts von all dem tust, was zu deinen alltäglichen Pflichten gehört. Ein solcher Tag gibt dir die Möglichkeit, dir selbst die Liebe und die Zuwendung zu schenken, die du sonst den anderen gibst. Du kannst sie gut gebrauchen!

## WAS DU AN DIESEM TAG AUF KEINEN FALL TUN SOLLTEST:

*Unerledigte Hausarbeit machen.*
*Rechnungen bezahlen.*
*Besorgungen machen.*
*Dich um andere kümmern.*

Wenn du dir einen Tag freinimmst, um mit deinem Partner zusammenzusein, dann ist das nicht das gleiche. Dann wollt ihr den Tag so gestalten, wie es euch als Paar entspricht. Das ist etwas ganz anderes! Natürlich kannst du *deinen* Tag auch in Gesellschaft verbringen, aber es muß *dein* Tag bleiben, ein Tag, dessen Ablauf sich nach *deinen* Wünschen und Bedürfnissen richtet.

## WAS DU DAZU BRAUCHST:

Dein Tagebuch und einen Stift.

Was dir hilft, dich zu entspannen.

Was dir wirklich Freude macht.

## TU DAS:

- Wenn du dich nicht daran erinnern kannst, wann du zum letzten Mal einen ganzen Tag für dich gehabt hast.

- Wenn du das Gefühl hast, völlig ausgelaugt zu sein, auch wenn du 24 Stunden durchgeschlafen hast.

- Wenn dir das tägliche Einerlei auf die Nerven geht und du dich danach sehnst, endlich mal was anderes zu unternehmen.

*Ein schöner Tag* • *Einfach mal nichts tun*
*Picknick* • *Ein Tag der Phantasie*
*Was dir Freude macht* • *Ein Tag ohne Worte*
*Tourist für einen Tag* • *Hast du Angst?*
*Ein besonderes Wiedersehen* •

# Was du für dich tun kannst:

*Ein schöner Tag*

Nimm dein Tagebuch, zieh dich an einen Ort zurück, an dem du für eine Zeitlang ungestört bist, und stell dir folgende Fragen:

> *Wenn ich 24 Stunden Zeit für mich hätte:*
> *Wo würde ich sie verbringen?*
> *Was würde ich tun?*
> *Würde ich jemanden mitnehmen?*

Schließ deine Augen, und überlaß dich deiner Phantasie – auch wenn du deine Ideen für unmöglich oder für völlig verrückt hältst. Entfernungen, Zeit, Geld, all das spielt keine Rolle! Was ist es, wonach du dich im Innersten sehnst?

Öffne die Augen, wenn du soweit bist, und schreib alles auf, was du dir wünschst. Laß deinen Gedanken freien Lauf, auch wenn du glaubst, daß du dir so etwas nicht leisten kannst, auch wenn du weißt, daß dir niemals Flügel wachsen werden.

*Mein* Tag beinhaltet folgendes: Ich miete ein Haus im Norden Kaliforniens. Es stehen dort viele köstliche Speisen und Getränke bereit: frischgebackenes Brot, Hummer aus Florida, Schokolade aus der Schweiz, französischer Champagner –, und für ein paar Stunden sind alle Menschen versammelt, die mir etwas bedeuten. Dann bin ich wieder mit meinem Mann und unserem Hund allein. Es ist kühl und nebelig, und wir gehen am Strand spazieren. Anschließend nehmen wir ein heißes Bad inmitten vieler Kerzen, später sitzen wir am offenen Kamin. Das Feuer verbreitet eine behagliche Atmosphäre, wir essen frischen Hummer und führen eines jener wundervollen Gespräche, bei denen einer dem anderen auch wirklich zuhört.

Sieh dir noch einmal an, was du aufgeschrieben hast. Möchtest du irgendwelche Veränderungen anbringen? Laß dich durch nichts einschränken, auch nicht von dem, was du sonst gerne »zur Abwechslung« tust. *Dein* Tag kann viel aufregendere Dinge beinhalten als einen Einkaufsbummel oder ein Essen mit einer Freundin.

Hast du schon einmal ein richtig schönes Picknick für dich allein veranstaltet?

## *Was dir Freude macht*

Du kannst *deinen* Tag auch als Anlaß dazu nehmen, dich einmal intensiv mit der Frage zu beschäftigen, was dir Freude macht. Hier ist meine Liste:

Im Garten arbeiten; Tee von Fortnum & Mason; Sushi; im Bett bleiben und lesen, wenn es draußen regnet; Schokolade essen; ein Tag im Herbst in den Wäldern von New Hampshire; meine beste Freundin Barbra; wenn meine Freundin Nicki für mich kocht; die Rechte der Frauen; Wildwasser fahren.

Siehe: *Dein kreatives Tagebuch: Gut zu mir sein – Was heißt das?* Dort findest du weitere Anregungen.

## *Tourist für einen Tag*

Fahr an einen nahe gelegenen Ort oder in einen Stadtteil deiner Heimatstadt, den du schon lange erkunden wolltest, und verbring dort einen ganzen Tag. Geh in einen Buchladen, setz dich in ein nettes Lokal, tu so, als ob du hier auf Urlaub wärst. Studiere die Lebensweise der Menschen, so wie du das in einem fremden Land tun würdest. Schau dir an, wie andere Menschen leben, und sei bereit, Neues zu entdecken.

## *Ein besonderes Wiedersehen*

Vielleicht möchtest du diesen Tag auch dazu nutzen, einen lieben Menschen wiederzusehen, den du schon lange nicht gesehen hast. Sag ihr/ihm, daß dieser Tag für dich ein ganz besonderer Tag ist und daß du dich sehr freuen würdest, sie/ihn heute zu treffen.

Siehe: *Frauen, die dich unterstützen: Alte Freundinnen*

Ein Tag für dich

Siehe: *Wenn dir der Anfang schwerfällt*

## Einfach mal nichts tun

Niemand treibt dich, keine Uhr, kein Programm. Iß, was du willst und wann du willst. Leg dich schlafen, wenn du müde bist. Geh ins Bett, wann es dir Spaß macht: um sechs am Abend oder um zwei Uhr nachts. Nimm diesen Tag zum Anlaß, dich zu feiern: daß du lebst, daß du bist, wie du bist – lebendig und einzigartig.

## Ein Tag der Phantasie

Siehe: *Spielen* und *Lachen ist gesund*

Laß deiner Phantasie freien Lauf: Lies Märchen und Gedichte, borg dir einen Fantasy-Film aus, verkleide dich, oder such einen Platz auf, der dich inspiriert: Wie wär's mit einem Wachsfigurenkabinett, einem schummrigen Trödelladen oder einer Galerie?

## Ein Tag ohne Worte

Siehe: *Allein sein: Stille*

Bereite alles vor, damit du einen Tag lang nicht zu sprechen brauchst. Halt später in deinem Tagebuch fest, wie du dieses Schweigen erlebt hast. Vielleicht hilft es dir, deine inneren Wünsche und Bedürfnisse sehr viel klarer wahrzunehmen, als das sonst der Fall ist.

## Hast du Angst?

Siehe: *Ohne Planung geht es nicht: Wie du Zeit für dich gewinnen kannst; Steh zu dir und deinen Bedürfnissen: Nein sagen*

Wenn dich die bloße Vorstellung, einen ganzen Tag mit dir allein zu verbringen, in Angst und Schrecken versetzt, kannst du es ja zunächst mit einem halben Tag versuchen. Wenn du es nicht schaffst, die Finger von der Hausarbeit zu lassen, oder wenn du deine Pläne änderst, weil eine Freundin deine Hilfe braucht, dann ist das nicht weiter tragisch. Mach dir bewußt, was du tust – ohne es zu bewerten –, und versuch bald wieder, dir Zeit für dich zu nehmen.

# LITERATUR UND TIPS:

Johnson, Robert A: *Ekstase. Eine Psychologie der Lebenslust.* Kösel, 1991. Dieses Buch zeigt, wie wir neuen Zugang zu unserem ekstatischen Potential bekommen können, das in unserer Kultur ja ziemlich brach-liegt.

Csikszentmihalyi, Mihaly: *Das Flow-Erlebnis. Jenseits von Angst und Langeweile: Im Tun aufgehen.* Klett-Cotta, 1993. Ders.: *Das Geheimnis des Glücks.* Klett-Cotta, 1993. Mit vielen Beispielen, wie du lernen kannst, dein Leben intensiver zu erleben und mehr Freude am Leben zu haben.

Oeck, Roger von: *A Kick in the Seat of the Pants.* Harper & Row, 1986. Roger von Oeck zeigt, wie du deine verschiedenen Persönlichkeits-anteile (den inneren Forscher, Künstler, Kritiker, und den inneren Krieger) nutzen kannst, um deine Kreativität zu fördern.

# Ein Tag im Bett

## Worum geht's?

Ein Tag im Bett ist ein Retreat, ein Tag, an dem du dich bewußt von der Außenwelt zurückziehst. Das ist eine gute Gelegenheit, ganz lieb zu dir zu sein, so wie eine Mutter zu ihrem Baby. Bleib den ganzen Tag im Bett oder auf der Couch, und tu, wonach dir zumute ist: schlafen, lesen, essen, alte Filme ansehen. Vielleicht glaubst du, das sei weiter nichts als Faulenzen – aber das ist es nicht.

Einen Tag im Bett zu bleiben ist so etwas wie im positiven Sinne krank zu spielen. Weißt du noch, wie es als Kind war, krank zu sein? Krank genug, um mit gutem Gewissen zu Hause zu bleiben, aber nicht zu krank, um den Pudding, den deine Mutti dir gekocht hat, genüßlich zu verspeisen und dich mit den *Fünf Freunden* im Bett zu vergraben. Um dieses Gefühl geht es.

Wenn du dir diesen Rückzug – und dieses wunderbare Gefühl – zugestehst, tust du etwas sehr Wichtiges für dich: Du gibst dir die Gelegenheit, dir selbst zu begegnen und dein inneres Gleichgewicht wiederherzustellen. Wenn du dich auf diese Weise einmal so richtig verwöhnst, gibst du deinem Körper und

deinem Geist ein wichtiges Signal: »Ich verdiene so viel Liebe und Fürsorge, wie ich sie anderen gebe.«

## Was du dazu brauchst:

Dein Bett oder eine Couch.

Kuscheldecken und jede Menge Kissen.

Dinge, die du gerne ißt, Bücher und Zeitschriften, Sachen, die du lustig findest, und was immer du brauchst, um dich so richtig wohl zu fühlen.

## Tu das:

- Wenn du völlig überanstrengt bist und dich kaum noch auf den Beinen halten kannst.

- Wenn du immer wieder denkst: »Zähne zusammenbeißen und durchhalten!«, »Nur nicht nachlassen!« oder: »Wenn ich dieses Projekt hinter mir habe, gönne ich mir eine Ruhepause – aber keinen Tag früher.«

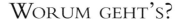

*Keine Schuldgefühle* • *Kleine Leckerbissen*
*Mach es dir so schön wie möglich* • *Schönheit*
*Keine Telefongespräche* • *Fernsehen*
*Sorge für guten Duft* • *Übung macht den Meister*
*Lesespaß* • *Es muß nicht unbedingt ein ganzer Tag sein*

- Wenn du dich schon seit längerer Zeit mit einer lästigen Erkältung herumschleppst oder wenn du immer wieder unter Kopfschmerzen leidest.

- Wenn es dir schlechtgeht und du nicht weißt, wieso.

- Wenn du dir nie die Zeit nimmst, einfach nur dazuliegen und zu entspannen.

## WAS DU FÜR DICH TUN KANNST:

### Keine Schuldgefühle

Voraussetzung dafür, daß du diesen Tag wirklich genießen kannst, ist, daß du dir erlaubst, heute ganz für dich dazusein und zu tun und zu lassen, wonach dir zumute ist, *ohne dich dafür schuldig zu fühlen*. Dein innerer Kritiker wird vielleicht versuchen, dein Vorhaben zu untergraben. Hör nicht auf ihn! Er wird dir Dinge sagen wie: »Das kannst du unmöglich tun! Du wirst doch gebraucht!« Oder: »Mitten am Tag schlafen? Wo soll das hinführen?« Oder: »Was für ein Schwächling du bist! Das hat es früher nicht gegeben!«

Achte nicht auf dieses negative Geschwätz, sondern auf das, was deine positive innere Stimme dir sagt. Sie wird dir bestätigen, daß du etwas sehr Wichtiges tust, wenn du dir Zeit für dich nimmst und dir erlaubst, das zu fühlen, was dich gerade bewegt – auch auf die Gefahr hin, daß negative Gefühle hochkommen. Das kommt übrigens auch deinen Mitmenschen zugute: Du kannst andere besser verstehen, du kannst deine Arbeit mit viel mehr Schwung und Elan verrichten und du bist einfach zufriedener und ausgeglichener, wenn du dir immer wieder Raum gibst, ganz du selbst zu sein.

*Siehe: Die Stimme, die dich unterstützt; Steh zu dir und deinen Bedürfnissen: Hör auf, dich schuldig zu fühlen*

### Mach es dir so schön wie möglich

Mach dir diesen Tag so angenehm wie möglich. Vielleicht möchtest du dich unter einem Berg kuscheliger Decken verstecken oder das Bett frisch überziehen und die alten Socken, die dein Partner mal wieder liegengelassen hat, wegräumen. Stell dir auf deinem Nachttisch ein paar leckere Sachen zurecht: eine Kanne Zimttee und ein Stück Schokoladentorte oder worauf du heute besonders Lust hast.

## Keine Telefongespräche

*Siehe: Sorge für Unterstützung von außen*

Schalt deinen Anrufbeantworter ein, oder stell die Telefonklingel leise. Wenn du mit jemandem sprechen willst, dann überleg dir, wer dir wirklich guttut. Meide heute alle Menschen, die unangenehme Gefühle in dir hervorrufen könnten.

## Sorge für guten Duft

*Siehe: Süße Düfte. Dort findest du weitere Anregungen.*

Sorge dafür, daß es heute besonders gut riecht. Du kannst kleine Duftsäckchen zwischen die Bettücher stecken, Plätzchen backen, das Fenster öffnen und frische Luft hereinlassen oder eine Rose oder eine andere duftende Blume auf deinen Nachttisch stellen.

## Lesespaß

*Siehe: Schmökern wie ein Kind*

Weißt du, wie es ist, ganz in ein Buch einzutauchen? Sieh dich bei Gelegenheit in einem Buchladen um, und besorg dir ein paar Schmöker für den nächsten Tag, den du mit dir allein verbringst. Bücher, in die ich mich gerne vergrabe, sind: *Siebengestirn* von Barbara Kingslover, *Wintermärchen* von Mark Helprin, *Middlemarch* von George Eliot *Der Baron auf den Bäumen* von Italo Calvino und *Wer die Nachtigall stört* von Harper Lee.

## Kleine Leckerbissen

*Siehe: Gut zu mir sein heißt essen*

Stell auf einem Tablett Leckereien zusammen, die du heute gerne essen möchtest, zum Beispiel Pralinen, Himbeerkuchen, Trauben oder wonach immer es dich gelüstet. Verwende dein schönstes Geschirr, ein hübsches Deckchen zum Unterlegen und andere geschmackvolle Dekoration.

Vielleicht hast du Lust, dich heute besonders schönzumachen, vielleicht ist es dir aber auch ganz egal, wie du heute aussiehst, und du willst von Make-up und Spiegel nichts wissen. Handle nach deinem Gefühl.

## *Fernsehen*

Wenn du lange fernsiehst, kann dich das noch müder machen, als du sowieso schon bist, oder noch mehr erschöpfen. Aber wenn du normalerweise während des Tages keine Zeit hast fernzusehen, genießt du es vielleicht heute ganz besonders. Wenn du einen Videorecorder hast, kannst du dir deine persönliche Filmsammlung für solche Tage anlegen. (Du kannst dir natürlich auch Filme ausleihen.) Meine Lieblingsfilme sind: *E. T.*, *Zimmer mit Aussicht*, *Der Stadtneurotiker* und *Die Nacht vor der Hochzeit*.

## *Übung macht den Meister*

Gönn dir so oft es geht, einen Tag, um dich zurückzuziehen. Bald wirst du wissen, was du brauchst, um dich wieder frisch und lebendig zu fühlen. Folge einfach deinem Gefühl: Tu das, wonach es dich verlangt. Geh deinen Wünschen und Bedürfnissen nach.

## *Es muß nicht unbedingt ein ganzer Tag sein*

Wenn es dir nicht möglich ist, einen ganzen Tag für dich zu reservieren, findest du sicher ein paar Stunden, in denen du dich zurückziehen kannst: ein oder zwei Stunden an einem Samstagvormittag; an einem Nachmittag, an dem du früher aufhörst zu arbeiten; an einem Abend, an dem du dich entschließt, doch nicht auf die Party zu gehen, zu der du sowieso keine Lust hattest. Es gibt so viele Möglichkeiten, dir ein paar Stunden für dich zu nehmen.

## LITERATUR UND TIPS:

Über Neuerscheinungen informiert viermal jährlich das Magazin *Buchjournal*. Es liegt kostenlos in vielen Buchhandlungen aus.

Frag in einer Videothek, ob sie ein Verzeichnis der Filme haben, die sie verleihen. Dann kannst du zu Hause in aller Ruhe überlegen, welche Filme du nehmen möchtest.

wird gar nichts dabei finden. Scheu dich also nicht, seine Hilfe in Anspruch zu nehmen.

Besorg dir Bücher, die dir als Kind gut gefallen haben. Mir tut es sehr gut, wenn ich in meinen alten Lieblingsbüchern lese. Schau auch nach bekannten Kinderbüchern, die du noch nicht kennst.

### Geh mal in die Bücherei

Fast jedes Kind geht ab und zu in die Bücherei, zum Beispiel weil es Material im Rahmen eines Unterrichtsprojektes sucht oder weil es sich Bücher für ein langes Wochenende ausleihen möchte. Schlendre einmal durch die Kinderabteilung einer Bücherei. Achte auf die Atmosphäre, die dort herrscht, setz dich auf einen der kleinen Stühle, und beobachte die Kinder beim Lesen. Wenn dir das unangenehm ist, dann tu so, als ob du dich nach einem Buch für dein Kind oder eine Nichte umsehen würdest.

## LITERATUR UND TIPS:

Probiere verschiedene Buchläden und Büchereien aus, bis du welche gefunden hast, in denen du dich wohl fühlst. Geh immer mal wieder hin.

# LACHEN IST GESUND

## WORUM GEHT'S?

Lachen ist gut für deine Gesundheit, es steigert dein Wohlbefinden, und es macht einfach Spaß. Wußtest du, daß dein Gehirn eine anti-depressive Substanz ausschüttet, wenn du lachst? Wenn du es schaffst, über dich selbst zu lachen, herumzublödeln oder einen Witz zu erzählen, wenn du traurig bist oder mal wieder alles viel zu ernst nimmst, dann wird dir gleich viel leichter ums Herz. Lachen kann dir helfen, auf andere Gedanken zu kommen und die Probleme, die dich belasten, aus einer neuen Perspektive zu sehen – auch wenn du in einer seelischen Krise steckst.

## WAS DU DAZU BRAUCHST:

Gesunden Humor.

Ein bißchen Mut.

Lustige Filme, Videos, Bücher und Cartoons, alte Fotos.

## TU DAS:

- Wenn du das Leben viel zu ernst nimmst.

- Wenn du gerne lachst und Witze erzählst, aber Angst davor hast, was die Leute dann von dir denken.

## WAS DU FÜR DICH TUN KANNST:

*Lebenskünstler für einen Tag*

Schlüpf für einen Tag in die Rolle eines Menschen, der das Leben mit Humor und Leichtigkeit meistert: Imitiere einen Entertainer, eine bekannte Persönlichkeit oder eine Person aus einem Film, die lustig, lässig und stets zu Scherzen aufgelegt ist: Whoopy Goldberg, Bette Midler, Lucille Ball oder jemanden, den du persönlich kennst und dessen Humor du bewunderst. Frag dich während dieses Tages

*Lebenskünstler für einen Tag* • *Ziemlich verrückt*
*Dinge, die dir helfen, lustig zu sein* • *Laß deinen Frust raus*
*Eine lustige Party* • *Sachen zum Lachen*

immer wieder, wie die Person, die du imitierst, wohl in den verschiedenen Situationen reagieren würde.

## Dinge, die dir helfen, lustig zu sein

Leg eine Flasche Seifenblasen ins Handschuhfach. Dann kannst du dir im nächsten Stau die Zeit mit bunten Farben vertreiben.

Setz eine Pappnase oder eine lustige Maske auf, bevor du das nächste Mal einem Vertreter die Tür öffnest.

Setz eine rote Karnevalsperücke oder einen Clownshut auf, wenn du mit einem Freund verabredet bist, der gerade ziemlich deprimiert ist.

## Eine lustige Party

Organisiere eine Party, und bitte deine Freunde, sich Witze und Gags auszudenken oder etwas aus bekannten Witzbüchern vorzulesen. Ihr könnt auch eine lustige Szene aus einer Filmkomödie nachspielen. Setzt euch verrückte Hüte auf, laßt euch von Monty Python inspirieren, und eßt einmal was anderes: zum Beispiel Essiggurken, Gummibärchen, Wackelpudding oder Sauerkrautpizza.

## Ziemlich verrückt

Nimm das Leben nicht so ernst, mach lieber ein paar verrückte Sachen: Spring morgen früh aus dem Bett, und imitiere einen Affen. Nimm die komischsten Positionen ein, während du deine Haare fönst. Johle und kreische auf der Fahrt zur Arbeit.

Siehe: *Spielen*. Dort findest du weitere Anregungen.

Schlag im Einkaufszentrum einen Purzelbaum.

Färbe deine Haare lila. (Es gibt in den meisten Drogerien auswaschbare Festiger oder Sprays.)

Trag zu jeder Hausarbeit die passende Kopfbedeckung: eine Chefkochmütze, eine Chauffeurskappe, ein Kopftuch.

Kleb dir falsche Wimpern auf, oder trag verschiedenfarbige Socken, und beobachte, wem es auffällt.

Winke Leuten zu, die du nicht kennst.

## Laß deinen Frust raus

Es ist zum Davonlaufen, nicht wahr? Alles ist eine einzige Quälerei: Dein Leben ist sinnlos; deine Arbeit ist schrecklich; du traust dich nicht, um eine Gehaltserhöhung zu bitten; du wirst es nie zu etwas bringen. Weiter so! Laß deinen Frust raus! Jammere, schrei, wälz dich auf dem Boden, fluche und schwelge in Selbstmitleid. Tobe! Sei wütend! Benimm dich wie ein kleines Kind. Laß alle negativen Gedanken und Gefühle raus. – Was daran so lustig ist? Wenn du alles herausläßt, was dich belastet, wenn du dich austobst und so lange schimpfst, bis dir nichts mehr einfällt, geht es dir nachher viel, viel besser: Du fühlst dich um zehn Pfund leichter und voll neuer Energie. Und du wirst das Ganze im nachhinein ziemlich komisch finden.

Du kannst das auch einmal mit Kollegen versuchen, die dem gleichen Druck ausgesetzt sind wie du, oder mit deinem Partner, bevor ihr in Urlaub fahrt.

## Sachen zum Lachen

Besorg dir eine Pinnwand, und hefte daran Cartoons, lustige Bilder, Aufkleber, Sticker und witzige Zeitungsausschnitte. Gestalte sie von Zeit zu Zeit um, und füg immer wieder Neues hinzu. Häng sie an einem Ort auf, an dem du dich oft aufhältst.

Leg einen Scherzordner an, und stell ihn neben den Ordner, in dem du deine Kontoauszüge oder Unterlagen über deine laufenden Projekte aufbewahrst. Er wird dir immer dann in die Hände fallen, wenn du eine Aufmunterung gut gebrauchen kannst.

Sammle lustige Bücher, Videos und Filme. Du kannst sie auch von der Bücherei ausleihen oder in deinem Freundeskreis austauschen, so daß für genügend Abwechslung gesorgt ist. Hör dir im Auto eine Loriot-Kassette an, leg ein Witzbuch in deine Schreibtischschublade.

Wenn du weißt, daß du morgen einen langen, anstrengenden Arbeitstag vor dir hast, dann triff entsprechende Vorbereitungen für einen unterhaltsamen Abend. Bereite eine Videokassette mit einer lustigen Show oder einem Witzfilm vor, füll den Kühlschrank mit guten Sachen, leg einen bequemen Hausanzug zurecht, dazu dein Lieblingsstofftier oder eine Kuscheldecke für die Couch. Wenn du am nächsten Abend müde und erschöpft nach Hause kommst, dann ist alles bereit, damit du dich sofort wohl fühlen und entspannen kannst.

## LITERATUR UND TIPS:

Preiswertes Zubehör findest du in Geschäften, die Kostümierungs- oder Zauberartikel verkaufen, auf Flohmärkten oder in Trödelläden.

Allen, Woody: *Wie du mir, so ich dir.* Rowohlt, 1980.

Bornheim, B. (Hrsg.): *Das Superbuch der Witze. Über 3000 Lacherfolge.* Bassermann, 1994.

*Loriots Gesammelte Werke,* 4 Bände. Diogenes, 1983.

# FREUDE DURCH TIERE

## WORUM GEHT'S?

Tiere machen viel Freude. Was dir auch fehlt, egal, ob du traurig, deprimiert oder einfach nur »daneben« bist – dein Hund, deine Katze oder dein Kanarienvogel mag dich. Haustiere können dir eine Menge geben – sogar Fische. In einer Reihe medizinischer Studien wurde nachgewiesen, daß Haustiere uns zu besserer Gesundheit und zu einem längeren, glücklicheren Leben verhelfen.

## WAS DU DAZU BRAUCHST:

Ein Tier. Du hast keins? Keine Sorge, du kannst dir eins ausleihen. Lies einfach weiter.

## TU DAS:

- Wenn du dich nach bedingungsloser Liebe sehnst.

- Wenn du das Leben spüren willst.

- Wenn du die meiste Zeit in der Stadt oder in einem sterilen Bürogebäude verbringst und dir wie eine Gefangene vorkommst.

## WAS DU FÜR DICH TUN KANNST:

*Leg dir ein Haustier zu*

Wenn du schon ein, zwei oder gar zehn Haustiere hast, kannst du diesen Abschnitt überspringen. Wenn du vorhast, dir ein Haustier zuzulegen, solltest du dir im klaren darüber sein, daß ein Tier viel Zeit und Zuwendung braucht und daß es dein Leben stark verändern kann. Ich würde meinen Hund nicht um alles in der Welt hergeben, aber manchmal fällt es mir schwer, daß ich seinetwegen Kompromisse machen muß.

Du kannst dir auch ein Tier ausborgen. In deinem Freundeskreis gibt es sicher eine Möglichkeit. Dann siehst du, wie es ist, und kannst dich leichter entscheiden, ob du wirklich eins willst. Dies ist auch dann eine gute Idee, wenn du dir kein eigenes anschaffen kannst, viel unterwegs bist oder in deiner Wohnung keins halten darfst. Eine andere Möglichkeit ist, das Tier eines Freundes oder Nachbarn gelegentlich zu betreuen. Frag deine Freunde, oder bring einen Aushang in einer Tierpraxis an. Du kannst dich auch an ein Tierheim wenden

*Leg dir ein Haustier zu* • *Sei gut zu dir – Sei gut zu deinem Tier*
*Entspannen wie ein Tier* • *Setz dich für Tiere ein*
*Bedingungslose Liebe* •

und an einem Wochenende, an dem du nichts vorhast, einen Hund oder eine Katze nach Hause holen.

Vögel, Fische, Eidechsen und Schildkröten benötigen weniger Pflege, und man darf sie in den meisten Wohnungen halten. Man kann sie zwar nicht streicheln, aber auch sie bringen Leben ins Haus.

Die beiden folgenden Übungen wurden angeregt durch die Therapeutin Janet Rupert, die Tiere über alles liebt.

## Entspannen wie ein Tier

Leg dich auf den Boden neben dein Tier, oder stell dir vor, daß du einen vierbeinigen Freund hast und jetzt neben ihm liegst. Du kannst dir auch ein wildes Tier vorstellen, das sich in seiner natürlichen Umgebung zum Schlafen hingelegt hat.

Schließ deine Augen, und **entspann dich**. Spüre, wie du mit deinem Tier verschmilzt, schlüpf in seine Haut. Du fühlst dich jetzt so frei, so ruhig, so im Hier und Jetzt wie dieses Tier.

Öffne dann die Augen, und ahme dein Tier nach. Wie liegt es da? Ausgestreckt und friedlich? Spüre seine Hingabe. Oder spaziert deine Katze im Zimmer herum und versucht, einen Schatten oder eine Fliege zu fangen? Dann mach es ihr nach. Kratz dich, schnurre, und streck dich in der Sonne aus. Vielleicht stellst du dir auch einen Otter vor, der sich elegant mit der Strömung treiben läßt. Spüre, wie das kühle Wasser an dir entlangstreicht. Stell dir vor, wie es ist, so geschmeidig, verspielt und neugierig zu sein. Iß wie dein Tier. Ahme sein Brummen, Knurren und Jaulen nach. Tiere haben keinen Beruf, keine Termine, und sie müssen auch keine Rechnungen bezahlen. Versuche, dich so sorglos und so glücklich wie dein Tier zu fühlen. Laß dich gehen.

Wenn du das Tierspielen lange genug ausgekostet hast, dann laß dich einfach auf den Boden fallen. Schließ deine Augen, und gib dich ganz dem Gefühl der Zufriedenheit hin, das dich jetzt erfüllt. Umarme dein Tier.

## Bedingungslose Liebe

Leg dich hin, und umarme dein Tier. Streichle sein Fell, und spür, wie gut es ihm tut, wenn du ihm deine Liebe schenkst. Sprich mit ihm, sag ihm alles, was du an ihm magst. Schau ihm in die Augen, und du siehst, wie gut es sich anfühlt, von ganzem Herzen geliebt zu werden. Streichle es, und schließ deine Augen. Stell dir vor, daß ein Teil dieser Liebe, die du für dein Tier empfindest, durch deine Finger in deine Hand fließt, deinen Arm entlang und schließlich in dein Herz. Spüre diese Wärme. Du wirst geliebt!

Streichle dein Tier immer weiter, und denk an eine Zeit zurück, in der du sehr glücklich warst. Es spielt keine Rolle, wann das war – in deiner Kindheit, in deiner Teenagerzeit oder vor ein paar Tagen –, es war eine Zeit, in der du dich wirklich geliebt und angenommen gefühlt hast, voller Lebenskraft und ganz du selbst. Erzähl deinem Tier davon, erzähl ihm, wie wunderbar das war und was dich so glücklich gemacht hat. Schildere die Szene so lebhaft wie möglich: Vielleicht erinnerst du dich sogar an einen bestimmten Geruch oder Geschmack.

Streichle dein Tier weiter, und fühl wieder die Liebe, die dich mit deinem Tier verbindet. Du kannst diese Verbindung jederzeit wiederherstellen. Umarme dein Tier noch einmal, und öffne dann die Augen.

## Sei gut zu dir – Sei gut zu deinem Tier

Kauf deiner Katze einen Leckerbissen, wenn du dir etwas zum Naschen kaufst.

Auch Stofftiere können gute Freunde sein. Nimm dir einen Tag Zeit, mit einem Stofftier Freundschaft zu schließen. Mach einen ganz besonderen Tag daraus. Gönne dir ein gesundes Mittagessen, Zeit für dich und vielleicht auch einen Mittagsschlaf mit deinem neuen Freund. Du kannst dir auch verschiedene Stofftiere für verschiedene Gelegenheiten auswählen: einen Teddybären, den du mit ins Bett nimmst; eine Kröte, mit der du im Badezimmer redest; ein Schwein, das dich vergnügt an deinem Arbeitsplatz erwartet.

Mach mit einer Freundin und deren Hund ein Picknick. Bring dem Hund einen Knochen und euch beiden ein gutes Essen mit. Streck dich nachher in der Sonne aus, und imitiere den Hund, wie er ganz natürlich und völlig entspannt daliegt.

Ahme Tiere nach: Imitiere eine Gazelle, wenn du läufst, oder einen Bären, wenn du schwere Dinge hebst. Das sind zugleich gute Körperübungen.

### *Setz dich für Tiere ein*

Es ist ein gutes Gefühl, sich für notleidende Tiere einzusetzen. Du kannst zum Beispiel eine Tierorganisation unterstützen oder regelmäßig in einem Tierheim in deiner Nähe aushelfen. Du solltest auch darauf achten, nur Kosmetika zu benutzen, die nicht an Tieren getestet wurden.

## LITERATUR UND TIPS:

Rupert, Janet: *The Four-Footed Therapist*. Ten Speed Press, 1987. Dieses Buch zeigt dir, wie dein Tier dir helfen kann, dein Selbstwertgefühl zu steigern.

# FREUDE DURCH PFLANZEN

## WORUM GEHT'S?

Weißt du, wie schön es ist, sich mit Pflanzen zu umgeben? Weißt du, wie gut es tut, durch einen duftenden botanischen Garten zu schlendern oder bunte Pflanzenkataloge durchzublättern? Weißt du, daß Pflanzen beruhigend und gleichzeitig belebend auf uns wirken und daß es uns sehr guttut, Pflanzen zu ziehen oder einfach nur anzusehen?

## WAS DU DAZU BRAUCHST:

Blumenerde, Blumentöpfe, Eierkartons aus Pappe, ein Plätzchen im Freien.

Samen, Setzlinge, Zwiebeln und/oder Zimmerpflanzen.

Wasser und genügend Sonnenlicht.

Eine kleine Schaufel.

## TU DAS:

- Wenn du dich nicht daran erinnern kannst, wann du zum letzten Mal eine Pflanze berührt hast.

- Wenn du von der Arbeit nach Hause kommst und abschalten willst und dir nichts besseres einfällt, als den Fernseher einzuschalten oder einen Kaffee zu trinken.

- Wenn dich Bücher über Gärtnern oder das Landleben schon immer magisch angezogen haben, wenn du dich aber bisher nicht getraut hast, selbst etwas anzupflanzen.

## WAS DU FÜR DICH TUN KANNST:

*Pflanzen selbst großziehen*

Hast du Lust, etwas Neues auszuprobieren? Dann versuch es mal mit Pflanzen: Geh in eine Gärtnerei oder blättere einen Samenkatalog durch, und such dir etwas aus. Zu den Pflanzen, die gut gedeihen und recht anspruchslos in der Pflege sind, gehören zum Beispiel Gartenwicken, Springkraut, Winden, Schmuckkörbchen, Kapuzinerkresse, Vergißmeinnicht und alle Arten von Sonnenblumen. Füll kleine Tontöpfe, gelochte Plastiktöpfe oder Eierkartons mit Blumenerde, und mach die Erde gut feucht. (Du kannst auch Torfmull nehmen, der ist für das Keimen und Vorziehen besonders gut geeignet.) Streu die Samen über die Oberfläche, drück sie sanft mit deinen Fingerspitzen an, und deck die Töpfe oder Eierkartons mit Plastikfolie ab. Stell sie an einen warmen Ort, an dem es nicht zieht. (Ich stelle sie neben meinen Gasherd. Da ist es immer warm. Du kannst sie auch auf den Wäschetrockner oder an ein anderes geschütztes Plätzchen stellen.)

Es macht viel Freude, kleine Pflänzchen zu pflegen und wachsen zu sehen. Es wird dir zu einer lieben und wohltuenden Beschäftigung werden. Du solltest sie jeden zweiten oder dritten Tag gießen, um die Erde feucht zu halten. Beobachte, wie sie sich langsam entfalten. Wenn deine Samen zu kleinen Schößlingen herangewachsen sind, kannst du die Plastikfolie entfernen und sie entsprechend der Anleitung auf der Samenpackung pikieren. Wenn die Setzlinge groß genug sind – etwa sieben, acht Zentimeter –, kannst du sie in einen größeren Topf setzen oder in den Garten an ein sonniges Plätzchen.

## Mehr Arbeit?

Nimm dir nicht zuviel auf einmal vor, und sei nicht enttäuscht, wenn es dir nicht auf Anhieb gelingt, deine Pflänzchen großzuziehen. Fang mit wenigen Pflanzen an, und sag dir, daß du nicht unter Erfolgszwang stehst. Du bist keine Pioniersfrau, die ihre ganze Familie von einer Bohnenpflanze ernähren muß. Pflanzen zu ziehen soll dir vor allem Spaß machen! Mach ein Spiel daraus: Grab tiefe Löcher, spiel mit der feuchten Erde wie ein Kind im Sandkasten, und laß dich von der positiven Atmosphäre des Wachsens und Gedeihens anstecken. Gib deinen Pflanzen Namen, und kümmere dich liebevoll um sie. Meine Pflanzen zu gießen gehört für mich zu den angenehmsten und entspannendsten Dingen, die ich am Ende eines langen Arbeitstages tun kann. Wenn ich mich über etwas oder jemanden geärgert habe, rupfe ich Unkraut, oder ich zerschlage ein paar alte Tontöpfe.

## Zimmerpflanzen

Glaubst du, daß du keine gute Hand für Pflanzen hast? Dann versuch es zunächst nur mit zwei oder drei pflegeleichten Pflanzen – sonst wird es dir vielleicht zuviel. Dankbare Pflanzen sind:
    Aeschynanthus, Davallia- und Agavengewächse oder Plectranthus.

Diese Pflanzen bevorzugen einen hellen Platz (Süden oder Westen), aber sie mögen nicht viel Sonne. Du kannst auch Usambaraveilchen oder Sansevierien nehmen.

Es genügt, wenn du dich zweimal pro Woche um diese Pflanzen kümmerst. Mach ein schönes Ritual daraus: Leg Musik auf, gieß deine Pflanzen, entferne braune Blätter oder welke Blüten, bespreng sie mit einer Blumenspritze. Vielleicht möchtest du sie von Zeit zu Zeit auch umstellen, wenn du spürst, daß sie lieber weniger oder mehr Licht hätten. Ich spreche auch mit meinen Pflanzen. Wenn ich das in meinem Vorgarten tue, wundern sich die Leute, die vorbeigehen, allerdings, was ich da mache.

### Blüten im Winter

Befällt dich im Winter oft eine seltsame Traurigkeit? Ein einfaches und sehr wirksames Gegenmittel ist, ein paar Blumen zum Blühen zu bringen. Das hört sich schwieriger an, als es ist. Wenn du es einmal ausprobiert hast, wirst du es jeden Winter tun. Kauf im Oktober Hyazinthen-, Osterglocken-, Narzissen-, Krokus- oder Tulpenzwiebeln, und lagere sie zwei Monate lang im Gemüsefach deines Kühlschranks. Im Januar ist es dann soweit: Nimm einen flachen Topf oder eine Schale und Kieselsteine oder Murmeln, gib die Blumenzwiebeln hinein, füll den Topf mit Wasser, so daß die Zwiebeln nur noch mit der Spitze herausragen, und stell ihn an einen hellen Platz, der jedoch kein direktes Sonnenlicht haben sollte. Füll alle paar Tage frisches Wasser nach. Schon bald wirst du dich an einer Blütenpracht erfreuen.

### Blumen als Augenweide

Geh in einen schönen Blumenladen, und genieß die Üppigkeit und Schönheit der verschiedenen Blüten, riech an ihnen, frag, wie sie heißen, und nimm dir eine Blume mit nach Hause, die dir besonders gut gefällt.

Leg dir eine Sammlung hübscher Glasflaschen zu, und gib ein paar ausgefallene Blüten hinein. Stell eine Blüte auf deinen Schreibtisch, dann kannst du während der Arbeit von Zeit zu Zeit eine kurze Pause einlegen und sie betrachten. Das tut besonders gut, wenn die Arbeit nicht so vorangeht, wie du es gerne hättest.

Zeichne oder male eine Mohnblume, eine Palme, eine weiße Rose oder eine andere Blume, die dir gefällt. (Du weißt ja, es geht hier nicht um Kunst, sondern um dich.)

Leih dir ein paar bunte Gartenbücher aus der Bibliothek aus, trink Fruchtsaft, und stell dir vor, daß du in einem schönen Garten sitzt und von Blumen umgeben bist.

*Siehe: Die Heilkraft der Natur*

## Gärten und Parks

Informiere dich über öffentliche Gärten und Parks in deiner Umgebung. Wenn du Hilfe brauchst, kannst du dich an eine Touristeninformation wenden. Vielleicht hilft dir auch das Telefonbuch weiter. Wenn du dich für Gartenbaumessen, Blumenausstellungen und ähnliche Veranstaltungen interessierst, dann schaust du am besten in der Tageszeitung nach.

Wenn du dich das nächste Mal nach Ruhe und Natur sehnst, dann geh in einen dieser Parks.

Laß alle Sorgen und alle Anspannung hinter dir, wenn du den Park betrittst. Sie können am Eingang auf dich warten. Sag deinem inneren Kritiker, daß sie dort gut aufgehoben sind. Und wenn du während deines Spaziergangs anfangen solltest, dir über irgend etwas den Kopf zu zerbrechen, dann schick diese lästigen Gedanken zu den anderen vor das Parktor. Überlaß dich der Natur: Sieh dir eine Blume an; laß dich von der feuchtwarmen Luft eines Treibhauses einhüllen; beobachte, wie das Licht auf den Wellen eines Teiches spielt; betrachte einen Stein, und mal dir aus, wie es sich wohl anfühlen mag, auf einer solch langsam schwingenden Seinsebene zu existieren. Laß auch das Ganze auf dich wirken: Kneif die Augen zusammen, so daß du nur noch Licht- und Farbimpressionen wahrnimmst — ähnlich wie auf einem Gemälde von Monet —, und

stell dir vor, daß du die wunderbare, lebendige Energie in dich aufnimmst, die von allen Blumen, Büschen und Bäumen und auch vom Gras ausgeht.

## Literatur und Tips:

*DuMonts Große Garten-Enzyklopädie*. DuMont, 1994.

Hobhause, Penelope/Taylor, Patrick: *Gärten in Europa. Führer zu 727 Gärten und Parkanlagen*. Ulmer, 1992.

Lacey, Steven: *Der duftende Garten. Vorschläge für Aufbau und Pflege wohlriechender Pflanzen*. DuMont, 1990.

Barrett, Marilyn: *Creating Eden: The Garden as a Healing Space*. HarperSanFrancisco, 1992. Meditationen für und im Garten.

Squire, David/Newdick, Jane: *The Scented Garden*. Rodale, 1989. Ein Buch mit vielen praktischen Tips, das gleichzeitig sehr inspirierend ist.

# DIE HEILKRAFT DER NATUR

## WORUM GEHT'S?

Wenn ich von allem die Nase voll habe, dann mache ich mich auf den Weg in die Berge. Nichts im Leben hat mir je so gutgetan, nirgendwo habe ich so viel Lebenskraft tanken können wie in der Natur. Die Schönheit, die Kraft und der Zauber, denen ich dort begegne, helfen mir, tiefer und freier zu atmen und langsam all das loszulassen, woran ich mich sonst so ängstlich klammere. Diesen Zauber findest du übrigens auch in einem kleinen Waldstück irgendwo in deiner Nähe.

Weißt du, warum die Natur auf uns Menschen so heilsam wirkt? − Weil es Ehrfurcht und Hoffnung in uns auslöst, mit dem Unverfälschten in Berührung zu kommen. Wir sehen unser Leben plötzlich mit anderen Augen. Die Natur fördert unsere Kreativität, denn sie umgibt uns mit Geheimnissen, die wir nie ganz enträtseln werden. Ihre Ursprünglichkeit beruhigt uns, und wir spüren, wie sich unser Tempo immer mehr ihrem Rhythmus anpaßt. Die Natur reinigt und erneuert uns, und sie hilft uns, Abstand zu unseren Sorgen, Ängsten und Selbstzweifeln zu bekommen.

## WAS DU DAZU BRAUCHST:

Informationen über Ecken mit unberührter Natur in deiner Nähe.

## TU DAS:

- Wenn es schon ewig her ist, daß du unter freiem Himmel geschlafen, ein Reh im Wald gesehen oder dich auf die Erde geworfen und sie umarmt hast.

- Wenn du in der Stadt wohnst oder in einer Wohnhausanlage, die dir kaum Kontakt zur Natur erlaubt.

- Wenn du als Kind gerne draußen warst, dir aber jetzt als Erwachsener keine Zeit mehr dafür nimmst.

*Vorbereitungen treffen* • *Unter freiem Himmel schlafen*
*In Verbindung treten* • *Organisiere ein Naturretreat*
*Geburtstagsritual* • *Erlebnisreisen*

# WAS DU FÜR DICH TUN KANNST:

## *Vorbereitungen treffen*

Erkundige dich, wo es in deiner Nähe schöne Ecken gibt, die sich für deinen Ausflug in die Natur eignen. Am besten tust du das, wenn es dir gutgeht und wenn du Lust hast, Neues zu entdecken. Schöne Ausflugorte gibt es überall, sogar in Stadtnähe. Informiere dich auch über Möglichkeiten für einen längeren Naturaufenthalt. Da gibt es die verschiedensten Angebote: Hütten in den Bergen, die man preiswert mieten kann; Wildwasser fahren; campen auf einer wenig besuchten Insel; Weitwanderwege; einsam gelegene Wälder etc. Schau dich in Buchhandlungen und in Geschäften um, die Wander- und Expeditionsausrüstungen verkaufen. Dort findest du Material über Wanderwege und Campingplätze. Vielleicht können dir auch deine Freunde ein paar gute Tips geben.

## *In Verbindung treten*

Die folgende Meditation wurde angeregt durch die Arbeit von Beverly Antaeus. Sie ist Schriftstellerin und Leiterin von Naturexkursionen in New Mexico.

Wenn du dich das nächste Mal kaputt und ausgelaugt fühlst, dann such einen Ort in der Natur auf, an dem du dich wohl fühlst. Leg dich direkt auf den Boden, und **entspann dich**. Schließ deine Augen, spüre die Stille der Erde unter dir, und fühl ihr sanftes, gleichmäßiges Pulsieren.

Stell dir vor, du kannst alles an die Erde abgeben, was dich belastet: deinen Schmerz, deine Trauer, deine Enttäuschung. Mal dir aus, wie alle negativen Emotionen und Erinnerungen aus dir herausfließen und in der Erde versinken, tiefer und tiefer, bis in den Erdmittelpunkt. Dort ist alles flüssig. Stell dir vor, wie deine Gefühle mit dem pulsierenden, heißen, lebendigen Erdinneren zusammentreffen: Funken sprühen, Explosionen sind zu hören. Dann siehst du, wie aus dieser flüssigen Ursubstanz ein Strahl heilender Energie emporschießt. Du siehst, wie diese Energie nach oben strömt, durch die Felsenschicht und die Erdkruste hindurch, vorbei an Baumwurzeln und Kaninchen, die zusammengerollt in ihren Erdlöchern schlafen, und schließlich bis zu dir. Sie wird vom Boden abgestrahlt und tritt durch die Fußsohlen in deinen Körper. Nimm sie in dich auf: Sie fließt deine Unterschenkel hinauf und weiter in deine Oberschenkel, sie fließt durch deine Hüften und in deine Gebärmutter hinein. Sie füllt deinen Magen und deine Lungen, sie weitet dein Herz, sie fließt die Arme hinunter und bringt jeden deiner Finger zum Leuchten. Sie fließt weiter hinauf, in deinen Kiefer und in deine Stirn, und schließlich dringt diese reine, wunderbare Energie auch in deinen Geist ein. Du badest in dieser wunderbaren lebenspendenden Wärme. Sie nährt und speist dein ganzes Sein.

Stell dir nun vor, daß die Lebenskraft der Erde aus deinen Fingerspitzen und Zehen fließt und um dich kreist, dich überschwemmt und rein wäscht und schließlich zur Erde zurückkehrt. Du bist jetzt ein Teil des natürlichen Energiekreislaufs. Fühl den stetigen, sanften Pulsschlag dieser Energie, die jetzt durch deinen Körper fließt, aus deinen Fingern und Zehen austritt und zurück zur Erde strömt. Du bist eins mit allem, was lebt. Du bist mit allem verbunden.

Verweile, solange du möchtest. Kehr erst zurück, wenn du einen Zustand völliger Ruhe und Gelöstheit erreicht hast. Nimm noch einen letzten tiefen Atemzug, und laß diese wunderbare Energie in dein Herz fließen. Sammle einen Vorrat, von dem du in den kommenden Wochen zehren kannst. Danke der Erde, und spüre, daß du ein Teil von ihr bist. Du kannst dich jederzeit an sie wenden. Sie wird dich immer unterstützen.

## Geburtstagsritual

Versuche jedes (oder zumindest jedes zweite) Jahr ein Geburtstagsritual in der Natur zu begehen: Du kannst einen Waldspaziergang machen und dem Rauschen der Bäume lauschen; du kannst Obst oder Gemüse ernten und dir zu Hause einen frischen, köstlichen Salat zubereiten; du kannst einen Ausflug machen und Dinge mit nach Hause nehmen, die dich ansprechen: einen glatten Kieselstein, eine Vogelfeder etc. Wenn du diesen Gegenstand als Symbol für dein nächstes Lebensjahr betrachtest, dann stellst du eine Verbindung her zwischen den Zyklen deines Lebens und denen der Erde. Diese Verbindung ist stärker, als du glaubst – sie ist spiritueller Natur. Auch wenn du dich an deinem Geburtstag nur ein paar Minuten bewußt der Natur zuwenden kannst: Es wirkt. Laß dich überraschen.

## Unter freiem Himmel schlafen

Das ist wirklich etwas Besonderes! Schlaf auf einem Dach, in einem Garten, im Wald oder auf einem Berggipfel. Organisiere einen Ausflug mit guten Freundinnen, und verbring mit ihnen eine Vollmondnacht im Freien. (Du tust gut daran, einen warmen Schlafsack und eine Isoliermatte mitzunehmen.)

Leg dich auf den Rücken, und schau in den Mond. Schau in die Sterne, beobachte die Wolken, und nimm die Dunkelheit wahr, die alles umhüllt. Schließ deine Augen, und vergleiche die Dunkelheit draußen mit der Dunkelheit in dir. Fühl die Weite des Alls. Stell dir vor, daß du im Mondlicht badest wie in einem Zauberstrahl. Vielleicht möchtest du ein Lied an den Mond singen oder im Mondlicht tanzen. Hast du etwas auf dem Herzen? Hast du einen besonderen Wunsch? Eine solche Nacht ist eine wunderbare Gelegenheit, dir dafür ein Ritual auszudenken.

## Organisiere ein Naturretreat

Tu dich mit guten Freundinnen/Freuden zusammen, und verbringt gemeinsam ein paar Tage draußen in der Natur. Vergeßt nicht, auf gewisse Sicherheitsmaßnahmen zu achten. Wenn niemand von euch genügend Erfahrung besitzt, was bei eurem Ausflug zu beachten ist, dann solltet ihr jemanden mitnehmen, der sich besser auskennt. Die Natur ist manchmal unberechenbar. Das Wetter kann sich plötzlich ändern, vor allem wenn ihr in den Bergen seid. Bereitet euch entsprechend vor, und sorgt dafür, daß ihr gut ausgerüstet seid.

Siehe: *Frauen, die dich unterstützen: Das Traumrad; Rituale, die dir Mut verleihen: Ein Mutritual; Spirituelle Bedürfnisse: Gemeinsam auf der Suche*

Betrachtet euren Ausflug auch als Reise zu euch selbst, und überlegt euch – am besten schon vor Antritt eurer Reise –, wie ihr mit den heilenden Kräften der Natur in Verbindung treten wollt. Ihr könnt mit euren Träumen arbeiten, ein Heilritual durchführen, auf einem Berg oder an einem Fluß meditieren oder die Kraft der Bäume auf euch wirken lassen. Tut, was immer euch hilft, mit der Natur Kontakt aufzunehmen. Ich schreibe zum Beispiel Tagebuch. Das hilft mir, die Dinge sehr viel intensiver zu erleben, als das sonst der Fall wäre. Ich finde es gut, ein solches Retreat mit einer kleinen Zeremonie zu beginnen und zu beenden. Es genügt schon, wenn ihr euch im Kreis aufstellt, einander die Hände reicht und sagt, warum ihr an diesem Retreat teilnehmt. Wichtig ist, daß ihr eurem Unterbewußten ein Zeichen gebt, wann eure Reise beginnt und wann sie endet.

### Erlebnisreisen

Es gibt auch organisierte Reisen, die von Frauen für Frauen veranstaltet werden. Wenn dir die Vorstellung, etwas auf eigene Faust zu unternehmen, nicht behagen sollte, kannst du vielleicht an einer solchen Reise teilnehmen. Egal, ob du dich für eine Reise im In- oder Ausland, für eine anstrengende oder eine erholsame entscheidest: Wähl etwas aus, von dem du schon seit langem träumst: Wildwasser fahren, Bergsteigen, Trekking in Tibet oder Drachenfliegen. Was immer du tust: Laß dich herausfordern, und entdecke deine Kraft. Oft gibt es auch ein zusätzliches Programm: kreatives Schreiben, indianische Rituale, Überlebenstraining, Kräuterkurse etc.

Siehe: *Frauen, die dich unterstützen*

## LITERATUR UND TIPS:

Es gibt bereits viele Veranstalter, die Erlebnisreisen speziell für Frauen anbieten. Erkundige dich in deinem Reisebüro, oder schau im Reiseteil deiner Tageszeitung die Anzeigen durch.

Anzeigen für Reisen zu besonderen Kraftplätzen findest du in der Zeitschrift *esotera*.

Rain, Mary Summer: *Leben und Heilen mit der Natur. Earthway – Die Botschaft einer indianischen Seherin.* Verlag Hermann Bauer, 1992.

# Mit den Jahreszeiten leben

## Worum geht's?

Unsere moderne Welt bietet viele Vorteile und Annehmlichkeiten, aber es gibt auch entscheidende Nachteile. Einer davon ist, daß wir die Beziehung zur Natur weitgehend verloren haben. Mit dem Rhythmus der Jahreszeiten zu leben heißt, sich dem Leben selbst zu öffnen. Auf diese Weise können wir uns eine Menge Unterstützung holen, und uns wird bewußt, daß wir selbst ein Teil der Erde sind.

## Was du dazu brauchst:

Dinge, die mit den verschiedenen Jahreszeiten in Verbindung stehen: Schneebälle, Wassermelonen, Drachen, Tulpen — was du zur Hand hast und was dich besonders anspricht.

## Tu das:

- Wenn du die ganze Woche in einem hermetisch abgeschlossenen Bürogebäude eingesperrt bist.

- Wenn du dich nicht erinnern kannst, wann du zum letzten Mal etwas für die Jahreszeit Typisches getan hast.

- Wenn die Art und Weise, wie du Festtage verlebst, dich schon lange nicht mehr befriedigt.

## Was du für dich tun kannst:

*Winter*

Kuschle dich mit einem geliebten Menschen oder Tier in ein warmes Bett.

Bastle einen Kalender für das neue Jahr.

Trink heißen Tee, und schau dem Regen zu.

Bau einen Schneemann.

Nimm an einer Schneeballschlacht teil, und setz dich nachher mit einem Glas Glühwein oder einem Grog ins warme Wohnzimmer.

Röste Maronen.

Koch eine dampfende Suppe oder einen deftigen Eintopf aus Wurzel-
gemüse.

Backe Brot.

Sammle Tannenzapfen, und gib sie in einen alten Kissenbezug. Löse
ein Kilogramm Salz oder Borax in vier Liter Wasser auf (Salz und
Borax nur getrennt verwenden), und gib den Kissenbezug mit den
Tannenzapfen hinein. Nimm die Tannenzapfen aus der Hülle, und leg
sie für einige Tage zum Trocknen aus. Wenn du sie im offenen Feuer
verbrennst, erzeugt das wunderschöne grüne und gelbe Flammen.

## Was es im Winter zu feiern gibt

Setz dich an einem Abend mit Freunden oder Verwandten bei Kerzenschein zusammen, trinkt heiße Schokolade, und sprecht darüber,
was Weihnachten für jeden von euch bedeutet. Bleibt nicht an der
Oberfläche, sondern horcht in euch hinein.

Versuche, dich dem weihnachtlichen Konsumterror zu entziehen
und keine Geschenke einzukaufen. Statt dessen kannst du eine alte
indianische Tradition ausprobieren: Gib von dem, was du hast, trenn
dich von Dingen, die du nützlich findest oder die du liebgewonnen
hast.

Findest du die Art und Weise, wie in deiner Familie oder in deinem
Land Weihnachten und Neujahr gefeiert werden, langweilig? Spricht
dich das schon lange nicht mehr an? Dann versuche doch einmal, diese
Festtage auf eine andere Art und Weise zu begehen, so wie es *dir*
Freude macht. Es hat keinen Sinn, Traditionen aufrechtzuerhalten, die
dir nichts bedeuten. Wenn du Lust hast, kannst du zum Beispiel die
Wintersonnenwende feiern.

Tu etwas, was du dir als Kind immer gewünscht hast. Organisiere mit
Freunden ein Weihnachtsspiel, oder veranstalte ein Fest, bei dem jeder
etwas zu Essen mitbringt. Versucht es mal mit ausgefallenen Speisen
oder solchen, die ihr als Kinder gerne gegessen habt.

Denk an Silvester darüber nach, was du im letzten Jahr alles getan hast. Sei stolz auf deine Leistungen, auch auf die kleinen, scheinbar unbedeutenden Dinge.

*Frühling*

Schick jemandem, den du bewunderst, eine langstielige Rose.

Geh spazieren, und achte auf alle Zeichen neuerwachenden Lebens: Knospen, Keimlinge, junges Gras etc.

Säe Kräuter in einen Topf, und stell ihn auf deine Fensterbank.

Steck dir Flieder ins Haar.

Spiel Naturforscher, und untersuche eine schlammige Pfütze.

Pflanze Osterglocken, Tulpen, weiße Narzissen und Osterlilien.

Pflanze einen Baum.

Klettere auf einen Baum.

Geh auf Flohmärkte, und schaff dir neue Gartenmöbel für deinen Balkon oder deine Veranda an.

Siehe: *Fühl dich wohl in deiner Wohnung*

Stell deine Möbel um, entferne den einen oder anderen Teppich, leg dir neue Pflanzen zu, und verpaß der Decke einen neuen Anstrich. — Wie wär's mit Rosa?

Veranstalte eine Teeparty im Freien. Serviere Kräutertee, und freu dich daran, wie es um dich grünt und blüht.

Besuch ein Neugeborenes.

*Was es im Frühling zu feiern gibt*

Feiere den ersten Mai. Dieses Fest geht u. a. auf alte heidnische Bräuche zurück. In vielen Ländern wird ein Maibaum aufgestellt. Zieh dir etwas Grünes an, und schmück einen kleinen Baum mit bunten Bändern.

Veranstalte eine Party, und feiere mit Freunden den Frühlingsbeginn. Seid lustig und ausgelassen wie das junge Leben, das sich schon zu regen beginnt.

Endlich ist der lange Winter vorbei, und du kannst wieder die Fenster und Türen öffnen. Mach ein Fest daraus − statt beim Frühjahrsputz die Zähne zusammenzubeißen.

Wachstum spielt auch in deinem Leben eine Rolle: Schreib am Tag des Frühlingsbeginns ein Ziel, das du in nächster Zeit verwirklichen möchtest, auf einen kleinen Zettel, gib einen Sonnenblumenkern in einen Topf Erde, und leg den Zettel dazu. Stell dir jedesmal, wenn du deinem Pflänzchen Wasser gibst, vor, wie dein Traum langsam Wirklichkeit wird, oder überleg dir, welche Schritte du als nächstes unternehmen könntest. Mit der Zeit wird aus dem kleinen Kern eine große Pflanze. Stell dir vor, daß auch die Verwirklichung deines Ziels immer näher rückt. Wenn die Sonnenblume reif ist, kannst du die Kerne lösen, und draußen an einem schönen Plätzchen verstreuen. Auf der symbolischen Ebene sind das die Samen für neue Pläne, auf der physischen Ebene sind sie ein Teil des natürlichen Kreislaufs.

*Sommer*

Fülle eine Plastikwanne mit Wasser, und plantsch im Garten wie zu alten Kinderzeiten darin herum.

Geh in einen Zirkus.

Veranstalte eine Gartenparty.

Stell dich unter das Fenster eines geliebten Menschen, und sing ihr/ihm ein Lied.

Befestige Luftballons am Auto einer Freundin.

Nimm bunte Kreide, und mal Bilder auf den Bürgersteig.

Kauf dir ein Eis, und iß es genüßlich beim Spazierengehen.

Liebe deinen Partner unter freiem Himmel.

Iß eine Wassermelone auf einer Wiese, und spuck die Kerne, so weit du kannst.

Such dir ein geschütztes Plätzchen, und bleib bei einem Gewitter im Freien.

Stell im Garten ein Zelt auf, und verbring dort die Nacht mit deiner besten Freundin. Erzählt euch Gruselgeschichten vor dem Einschlafen, und schleich dich um drei Uhr früh zurück in dein Zimmer.

Fahr in ein Autokino, und nimm eine Pizza mit.

Frühstücke im Freien, und laß dir die Sonne ins Gesicht scheinen.

Mach in der Mittagspause draußen ein Picknick.

### Was es im Sommer zu feiern gibt

Feiere die Sommersonnenwende. Zsuzsanna Budapest, Feministin und Vertreterin der »neuen Hexen«, sagt, daß die Sommersonnenwende eine besonders gute Zeit ist, sich Dinge zu wünschen. Fahr an einen nahe gelegenen See oder an ein anderes Gewässer, und nimm eine Blume mit. Wünsch dir etwas, küß die Blume, und laß sie vom Wasser davontragen. (In den überlieferten Ritualen nahm man eine Rose. Du kannst aber auch eine andere Blume nehmen.)

*Herbst*

Schau dir an, wie der Wind über ein Kornfeld streicht.

Laß dich vom Wind durchpusten.

Laß einen Drachen steigen.

Klettere auf einen Heuwagen, und laß dich ein Stück mitnehmen.

Sammle buntes Herbstlaub.

Sorge dafür, daß du mindestens einmal im Herbst, wenn sich die Blätter verfärben, in den Wald kommst und dieses Naturschauspiel bewunderst.

Wickle Kartoffeln in Alufolie, und gare sie im offenem Feuer.

Mach einen zügigen Spaziergang, und atme die würzige Herbstluft tief ein.

Mach Popcorn.

Nimm an einem Kurs teil, den du schon immer besuchen wolltest. Besorg dir ein neues Notizbuch und schöne neue Stifte.

Heul den Mond an wie ein Wolf.

## *Was es im Herbst zu feiern gibt*

Lade zum Erntedankfest deine Freunde zum Essen ein, und dekoriere den Tisch üppig mit Früchten und Blumen.

Sei dankbar für die Fülle und den Reichtum in deinem Leben.

# Literatur und Tips:

Budapest, Zsuzsanna E.: *Herrin der Dunkelheit − Königin des Lichts. Das praktische Anleitungsbuch für die neuen Hexen.* Verlag Hermann Bauer, 1994. Dies.: *Grandmother of Time.* Harper & Row, 1989. Rituale für die vier Jahreszeiten.

Seiler, Susanne G. (Hrsg.): *Gaia − Das Erwachen der Göttin. Die Verwandlung unserer Beziehung zur Erde.* Aurum, 1991.

Andrews, Valerie: *A Passion for This Earth.* HarperSanFrancisco, 1990. Was wir tun können, um uns wieder als Teil der Erde wahrzunehmen.

Dillard, Annie: *Pilgrim at Tinker Creek.* Harper & Row, 1974. Ein Buch über das Sehen. Das Kapitel »Winter« ist besonders lesenswert.

Roberts, Elizabeth/Amidon, Elias: *Earth Prayers.* HarperSanFrancisco, 1991. 365 Gebete, Gedichte und Anrufungen. Hier findest du auch viele Anregungen, wie du die Jahreszeiten feiern kannst.

# FÜHL DICH WOHL IN DEINER WOHNUNG

## WORUM GEHT'S?

Wir verbringen den größten Teil unseres Lebens in geschlossenen Räumen: acht bis zwölf Stunden täglich bei der Arbeit, entweder zu Hause oder außer Haus, und weitere sechs bis zwölf Stunden in unserem Schlafzimmer. Eigentlich sollten die Räume, in denen wir den Großteil unserer Zeit verbringen, so gestaltet sein, daß wir uns darin besonders wohl fühlen, daß wir in ihnen besonders gut arbeiten, schlafen oder wohnen können. Leider ist das selten der Fall. Sachzwänge im Büro, kleine Kinder zu Hause, Zeitmangel oder einfach nur Langeweile − egal, woran es liegt, daß wir uns in den Räumen, in denen wir leben und arbeiten, nicht wohl fühlen: Es ist höchste Zeit, etwas daran zu ändern. Das kostet nicht viel Geld und du brauchst auch keinen Innenarchitekten.

## WAS DU DAZU BRAUCHST:

Deine fünf Sinne.

Bücher und Zeitschriften zum Thema »Wohnen und Einrichten«.

## TU DAS:

- Wenn du nicht gerne zu Hause bist, weil du dich dort nicht wohl fühlst.

- Wenn du glaubst, daß es dir nicht zusteht, dein Heim so angenehm wie möglich zu gestalten oder das für pure Zeitverschwendung hältst.

- Wenn du glaubst, daß du dazu verdammt bist, in einer Wohnung oder in einem Haus zu leben, die/das dir nicht gefällt.

- Wenn du deinen Arbeitsplatz bedrückend, statt inspirierend findest.

## WAS DU FÜR DICH TUN KANNST:

*So einfach wie möglich*

Wir leben in einer Welt, die uns dazu anhält, ständig zu konsumieren, und wir glauben, daß das der Schlüssel zum Glück ist. Das Gegenteil ist der Fall: Oft ist Einfachheit die Lösung −

*So einfach wie möglich* • *Ein nettes Büro*
*Bunt und lustig* • *Mach dein Schlafzimmer zu einem Rückzugsort*
*Bring die Natur ins Haus* • *Schönes zum Mitnehmen*

besonders dann, wenn du nicht viel Geld hast oder wenig Geschick in Einrichtungsdingen.

Ich kenne eine Drehbuchautorin und Regisseurin, deren Haus geradezu spartanisch eingerichtet ist. Aber wenn man ihre Wohnung betritt, ist man wirklich verblüfft, wie einladend diese Leere wirkt: weite Holzfußböden, ein paar Korbsessel um einen kleinen Tisch, ein paar Blumen in einer Vase.

Verbanne alles aus deiner Wohnung, was du

— nicht wirklich schön findest oder

— ein Jahr lang nicht verwendet hast.

Bring die Dinge, die du brauchst, so unter, daß man sie nicht sieht. Schau dich bei dir zu Hause um, und schreib auf, welche Dinge meistens herumliegen. Bei uns zu Hause sind das Schuhe, Werkzeug, Zeitungen, Zeitschriften, Kataloge und anderes Papier. Laß dir etwas einfallen: Du kannst in der Küche einen Korb aufstellen, in dem du alte Zeitschriften und Kataloge sammelst, die du noch nicht wegwerfen möchtest, in der Abstellkammer ein Gestell für die Schuhe und unter dem Bett Schachteln mit Kleidung, die nicht der Jahreszeit entspricht. Du kannst mit Hilfe eines Raumteilers oder einer spanischen Wand Dinge verschwinden lassen. (Wenn du willst, kannst du auch selbst einen Raumteiler basteln: Du brauchst dazu vier Rahmen, wie ein Maler sie verwendet, um Leinwand aufzuspannen, und Tücher oder einen Stoff zum Bespannen. Füg die Rahmen mit ein paar Scharnieren zusammen. Den Stoff kannst du mit Hilfe einer Heftklammermaschine am Holz befestigen.)

Du kannst halbhohe Aktenschränke ins Eßzimmer stellen, ein Tischtuch darüberlegen und sie als Kommode verwenden. Verstaue darin alles Papier, das sonst herumliegt. Du kannst verschiedene Ordner anlegen und Zeitungsausschnitte, Informationsmaterial, Kataloge, Zeitschriften und alles, was du sonst noch sammeln willst, darin verschwinden lassen.

Vielleicht hast du auch Lust, deine Räume neu zu streichen. Versuch es einmal mit verschiedenen Schattierungen ein und derselben Farbe, zum Beispiel verschiedene Gelb- oder Weißtöne. Das ist eine einfache Möglichkeit, Atmosphäre zu schaffen.

## Bunt und lustig

Wir sind erwachsene Menschen. Wir können uns so einrichten, wie wir wollen. Du mußt dich an keinen vorgegebenen Stil halten – auch nicht an den eben beschriebenen. Wenn du deinem inneren Kind eine Freude machen willst, dann richte dich bunt und lustig ein, wie vom Flohmarkt zusammengetragen. Streich deine Wände in verrückten Farben. Wie wär's mit Himbeer, Melone oder Grasgrün? Probier verschiedene Möglichkeiten aus, die Farben aufzutragen. Mein Mann hat einen kleinen Läufer verwendet, um die Wände unseres Eßzimmers grün zu streichen, und damit einen sehr hübschen Effekt erzielt: Das zarte Grün hat sich in Meeresschaum verwandelt. Je nachdem, welches Tischtuch ich auflege, welche Pflanzen im Raum sind und welche Accessoires ich auswähle, wirkt dieses Zimmer jetzt wie ein viktorianisches Treibhaus oder wie ein tropisches Urlaubsparadies.

Hast du schon einmal probiert, Möbel anzumalen? Alte Stühle, Kommoden und Tische bekommt man auf jedem Flohmarkt. Mit ein bißchen Farbe kannst du sie leicht in einen ausgefallenen Blickfang verwandeln. Durch Kombination verschiedener Farben oder Muster kannst du sehr schöne Effekte erzielen. (Wenn es dir schwerfällt, Muster mit der Hand zu malen, dann nimm eine Schablone.)

Sitzmöbel kannst du mit hübschen Decken oder mit gestreiften Baumwollüberzügen dekorieren. Auch Schals mit Fransen, Seidenkissen und geblümte Tischtücher wirken sehr verspielt.

Kritzelst du gerne, wenn du telefonierst? Wenn du an der Wand neben deinem Telefon Packpapier aufhängst, kannst du dich nach Lust und Laune betätigen.

Wie wär's mit einer Hängematte im Wohnzimmer, einem gepolsterten Stuhl im Badezimmer oder einem Bild auf einer überdachten Veranda? Auch das wirkt sehr verspielt.

Fühl dich wohl in deiner Wohnung

Richte dich so ein, wie es *dir* gefällt. Vielleicht möchtest du auch nur einen Teil der Wohnung für dein inneres Kind einrichten. Schlaf-, Arbeits- oder Badezimmer sind Räume, die dafür gut geeignet sind.

## Bring die Natur ins Haus

Befestige einen Futterspender für Singvögel neben dem Fenster deines Büros.

Siehe: *Freude durch Pflanzen*. Dort findest du eine Beschreibung, wie du selbst Pflanzen ziehen kannst.

Besorg dir ein paar Zimmerpflanzen. Du kannst auch selbst ein paar duftende Blüten ziehen. Wenn es in deinem Büro nicht hell genug ist, kannst du dir eine Pflanzenlampe anschaffen. Pflanzen wie Bambus, Yucca-Palme oder Monstera sind nicht nur grün, sondern auch optisch sehr ansprechend.

Füll ein Glasgefäß mit Naturschwämmen, ausgesuchten Steinen, Muscheln oder Wasserpflanzen. Stell es an einen Platz, wo es die Nachmittagssonne bescheint. Farbige Flaschen auf der Fensterbank, Prismen und bemaltes Glas helfen dir, die wechselnden Lichtverhältnisse im Verlauf eines Tages besser beobachten zu können.

Seltene Früchte, Gemüsesorten, Nüsse und üppige Blumenarrangements sind ein besonderer Blickfang, den du je nach Jahreszeit variieren kannst. Sie geben einem Raum eine besonders lebendige Note. Versuch es einmal mit Zierkohl, Kokosnüssen, getrockneten Chilischoten, Artischocken, Kastanien und ein paar Gänseblümchen, und winde Efeuranken drumherum.

Stell einen Strauß zusammen aus getrockneten Rosen, Weidenzweigen und Gräsern. Stell ihn in eine große Vase neben ein Fenster. Achte auf sein leises Rascheln, wenn es draußen windig ist.

Siehe: *Die Heilkraft der Kräuter*

Vielleicht hast du auch Lust, getrocknete Kräuter an der Decke deiner Küche oder in der Nähe des Herds zu befestigen.

Siehe: *Süße Düfte: Duftende Blumen und Pflanzen*

Stell eine Duftgeranie in dein Badezimmer. Sie duftet besonders intensiv, wenn du duschst oder ein Bad nimmst.

Häng einen Farn oder ein rankendes Efeu vor ein Fenster, dessen Aussicht dir nicht gefällt.

## Ein nettes Büro

Darfst du in deinem Büro mit Pinsel und Farbe ans Werk gehen? Bekanntlich fördert Rot die Kreativität, während Blau eher beruhigend wirkt. Am wohlsten fühlst du dich jedoch in einem Raum, der in den Farben gestrichen ist, die dir besonders gut gefallen. Dort kannst du auch am besten arbeiten.

Wenn du deinen Schreibtisch mit einer Glasplatte abdeckst, kannst du die verschiedensten Dinge darunterstecken: besondere Fotos, Kunstpostkarten, Zitate und andere Dinge, die dich ansprechen. Während du arbeitest, wird dein Blick immer wieder daran hängenbleiben. Ergänze deine Sammlung von Zeit zu Zeit.

Siehe: *Freude am Schönen*. Dort findest du weitere Anregungen.

Denk einmal darüber nach, wie dein Arbeitsplatz organisiert ist. Bist du des öfteren frustriert, weil zuviel Papier herumliegt, weil das Telefon nicht am richtigen Platz steht oder weil die Nachmittagssonne auf den Bildschirm deines PCs fällt? Nimm dir ruhig einen ganzen Tag Zeit, um herauszufinden, welche organisatorischen Probleme es gibt. Brauchst du eine bessere Beleuchtung; Ablagen für die Zettel, die sonst deinen Schreibtisch überfluten; Behälter, um diverse Stifte, Büroklammern oder anderes Kleinzeug unterzubringen, oder eine größere Arbeitsfläche? Versuche, möglichst viele Verbesserungen anzubringen.

## Mach dein Schlafzimmer zu einem Rückzugsort

Das ist besonders wichtig, wenn du kleine Kinder hast oder in einer Wohngemeinschaft wohnst und dein Schlafzimmer der einzige Raum ist, der dir allein gehört. Wenn du einen Partner hast, dann besprecht, welche Veränderungen ihr vornehmen wollt. Sprecht über eure individuellen Wünsche und Bedürfnisse.

Wenn du Lust hast, kannst du einmal folgenden Anstrich in deinem Schlafzimmer ausprobieren: Nimm einen echten Schwamm, und trag zuerst eine Schicht Lila auf, dann Himmelblau und zuletzt Weiß. Du erzielst damit einen wolkenähnlichen Effekt, der sehr beruhigend wirkt.

Streich die Decke deines Schlafzimmers zartrosa oder himmelblau.

Leg dir eine Schlafmaske zu oder Rollos, die dein Schlafzimmer ganz abdunkeln.

Siehe: *Dein persönlicher
Rückzugsort*

Erkläre eine Ecke dieses Zimmers zu deinem persönlichen Rückzugsort, und gestalte sie entsprechend.

Verwandle dein Bett in ein richtiges Nest: kuschelig, warm und sinnlich. Leg ein Federbett oder eine weiche Steppdecke auf deine Matratze. Genehmige dir eine Menge Kissen, weiche, angenehme Bettbezüge, einen seidenen Schal und alles, was deinen Tastsinn anspricht.

Stell einen Kassettenrecorder oder eine Stereoanlage auf, so daß du jederzeit Musik hören kannst.

Leg einen weichen Läufer vor dein Bett.

Sorge dafür, daß du morgens beim Aufwachen etwas Schönes siehst: ein Bild, eine Vase mit frischen Blumen, ein blühendes Veilchen, eine Seidenmalerei oder einen chinesischen Wandschirm.

Stell ein paar schlanke, hohe Kerzen auf ein Tablett, um für Atmosphäre zu sorgen.

## Schönes zum Mitnehmen

Stell verschiedene Dinge zusammen, die du gerne magst, und verstau sie in einer Tasche, die du überallhin mitnehmen kannst. Vielleicht enthält deine Sammlung einen kleinen Teddybären oder ein anderes Stofftier; gesunde Naschereien (die du besorgen solltest, wenn du weder traurig noch gestreßt bist); Telefonnummern von Freundinnen/Freunden, die du anrufen kannst, wenn es dir schlechtgeht; einen Duft, der dich an eine schöne Zeit erinnert; ein Foto von einer schönen Begebenheit; vielleicht auch dein Tagebuch und eine paar Buntstifte. Paula Steinmetz, eine Therapeutin aus Los Angeles, empfiehlt ihren Klienten, auch einen Trainingsanzug, Turnschuhe und Karteikarten mit den Affirmationen, mit denen sie gerade arbeiten, mitzunehmen und, wenn sie in einer Selbsthilfegruppe sind, auch die Telefonnummer ihres Betreuers und eine Liste der Treffen.

Gestalte diese Sammlung je nach deinen individuellen Bedürfnissen. Was du brauchst, hängt von der jeweiligen Situation und Stimmung ab, in der du dich befindest. Vielleicht willst du auch zwei Taschen vorbereiten: eine kleine, die du mit zur Arbeit nehmen kannst, und eine große, die du bei dir hast, wenn du am Wochenende deine Eltern oder deinen Freund besuchst.

Nimm diese Tasche immer dann mit, wenn du ein paar Streicheleinheiten gut gebrauchen kannst, wenn es draußen regnet, wenn du auf Reisen gehst, wenn du einen schlechten Tag hast, wenn du an einem wenig ansprechenden Ort arbeitest oder wenn deine Arbeit sehr anstrengend ist.

Siehe: *Dein persönlicher Rückzugsort: Eine Kiste voll tröstlicher Dinge.* Dort findest du weitere Anregungen.

## LITERATUR UND TIPS:

Innes, Jocasta: *Junges Design für alte Möbel. Effektvoll marmorieren, schablonieren, patinieren.* Callwey, 1993. Hier findest du verschiedene Techniken, wie du deine Möbel »aufpolieren« kannst.

Abraham, Laurie u.a.: *Reinventing Home.* Penguin, 1991. Verschiedene Frauen sprechen darüber, wie ein Zuhause, in dem sie sich wohl fühlen, beschaffen sein muß.

# KLEIDUNG ZUM WOHLFÜHLEN

## WORUM GEHT'S?

Leiden wir nicht alle mehr oder weniger unter dem Diktat der Mode? Ist es da ein Wunder, daß das Thema »Kleidung« für viele zum Problem wird? Wir versuchen, bestimmten Vorbildern zu folgen, schlank zu wirken oder die Farben zu tragen, die »in« sind. – Warum ziehen wir uns nicht einfach so an, wie es *uns* entspricht?

## WAS DU DAZU BRAUCHST:

Einen großen Fotokarton, Modezeitschriften, Versandhauskataloge, Schere und Klebstift.

Deinen Kleiderschrank.

Dein Tagebuch.

## TU DAS:

- Wenn du zu den Frauen gehörst, die sagen: »Ich kaufe mir erst etwas Schönes zum Anziehen, wenn ich fünf Kilo abgenommen habe.«

- Wenn du nicht gerne ausgehst, weil du glaubst, nichts Passendes zum Anziehen zu haben.

- Wenn du glaubst, dir nichts Neues leisten zu können – aber dann, wenn du etwas brauchst, völlig kopflos Sachen kaufst, die dir gar nicht gefallen und die du dann kaum trägst.

## WAS DU FÜR DICH TUN KANNST:

*Finde deinen Stil*

Leg den Fotokarton, die Modezeitschriften, die Schere und den Kleber zurecht, und **entspann dich**. Schließ deine Augen, und sieh dich in einer alltäglichen Situation. Du fühlst dich wohl und sicher in deiner Kleidung. Egal, was du normalerweise anziehst, egal, was dein Verstand dir einzureden versucht: Stell dir vor, du bist so angezogen, daß du dich wirklich gut und sicher fühlst. Achte auf alle Details: Wie fühlt sich das Material an? Was für Schuhe trägst du? Welche Farben hast du dir ausgesucht?

---

*Finde deinen Stil*   •   *Die Lücken füllen*
*Ein Kleiderschrank voll schöner Sachen*   •   *Einkaufen gehen*

Stell dir nun eine andere Situation vor, zum Beispiel an deinem Arbeitsplatz. In welcher Kleidung fühlst du dich jetzt sicher? Sieh dich, wie du mit Freunden Sport treibst oder auf einer Party oder beim Einkaufen. Was du auch tust, du trägst immer genau die Kleidung, in der du dich wohl fühlst. Atme zum Abschluß noch einmal tief ein und aus, und öffne dann die Augen. Nimm jetzt die Modezeitschriften und Versandhauskataloge zur Hand, blättere sie durch, und schneide aus, was dir gefällt. Denk nicht darüber nach, warum dich dieses oder jenes anspricht. Es spricht dich an, weil es zu dem paßt, was du visualisiert hast.

Wenn du genügend Bilder ausgeschnitten hast, kannst du mit deiner Collage beginnen. Sie wird dir helfen, *deinen* Stil zu finden — den Stil, der zu dir paßt und der dir steht. Es gibt ihn! Laß dich nicht von deinen Zweifeln oder Ängsten verunsichern. Sei dir deines Körpers bewußt, sei dir bewußt, wie du lebst und wer du bist, und spiel mit den Bildern, die du ausgeschnitten hast. Schieb sie herum, experimentiere mit Formen und Farben. Wenn du Dinge ausgeschnitten hast, die dir zu gewagt vorkommen, obwohl du sie sehr schön findest, kannst du sie auf der Rückseite des Kartons aufkleben. Du kannst auch selbst etwas zeichnen oder Gedanken und Betrachtungen zu diesem Thema aufschreiben. Trag auf dieser Collage alles zusammen, was dir hilft, *deinen* Stil zu finden. Nimm dir genügend Zeit!

## *Ein Kleiderschrank voll schöner Sachen*

Stell deine Collage in der Nähe deines Kleiderschranks auf. Sie hilft dir, deine Vorstellungen zu verwirklichen. Zieh deine Lieblingskleider an, stell dich vor den Spiegel, und bewundere dich. Von nun an sollen nur noch jene Sachen in deinem Schrank hängen, in denen du dich wohl und sicher fühlst, die dir entsprechen und dir passen. Geh deine gesamte Garderobe durch, und steck alles, was dir nicht wirklich gut gefällt, in den Altkleidersack. Beschummle dich nicht: Leg keinen Stapel mit Kleidern an, die du »vielleicht doch nicht so schlecht« findest oder die dir wieder passen könnten, wenn du fünf Kilo abgenommen hast. Wenn du dir nicht sicher bist, ob du ein bestimmtes Kleidungsstück wirklich noch magst, dann zieh deine Collage zu Rate. Paßt es zu dem Stil, den du dort entworfen hast? Wenn nein, dann weg damit!

Wenn du es nicht schaffst, dich von den Kleidungsstücken zu trennen, in die du vielleicht eines Tages wieder hineinpaßt, oder von denen, die schon seit fünf Jahren aus der Mode sind, dann wirst du dich jedesmal, wenn du deine Schranktür öffnest, schlecht, häßlich oder schuldig fühlen. Wenn es dir schwerfällt, das eine oder andere Stück wegzugeben oder dich von neuwertigen Kleidern zu trennen, dann bring sie an einem anderen Ort unter: unter deinem Bett, in einem anderen Schrank oder in der Garage (in einem speziellen Kleidersack). Versuch wirklich alle Sachen aus deinem Kleiderschrank zu verbannen, in denen du dich nicht wohl fühlst, und du wirst sehen: In Zukunft macht es dir viel mehr Spaß, dich anzuziehen.

### Die Lücken füllen

Überleg dir, für welche Gelegenheiten du nichts Passendes zum An-ziehen hast – nichts worin du dich wirklich gut fühlst –, und schreib sie auf eine Liste. Vielleicht brauchst du etwas für ein gemütliches Beisammensein mit Freunden, um Besorgungen zu machen oder um deine Klienten zu Hause zu empfangen.

Überleg dir, was du brauchst, um die Lücken in deiner Garderobe zu füllen. Deine Collage wird dir dabei helfen. Nimm dir genügend Zeit, diese neue Liste anzulegen, auch wenn es ein paar Wochen dauern sollte. Wenn du dir nicht sicher bist, solltest du in nächster Zeit ein paar Schaufensterbummel machen oder neue Modezeitschriften und Kataloge besorgen. Du kannst natürlich auch eine Freundin, deren Geschmack dir zusagt, fragen, was sie dir raten würde.

### Einkaufen gehen

Bevor du sagst, daß du dir nichts Neues leisten kannst, solltest du dir folgendes überlegen: Wenn du dir auch in Zukunft deine Kleider so kaufst wie bisher – mit einem unangenehmen Gefühl in der Magen-grube oder wahllos und überstürzt –, dann wirst du deinen Schrank auch weiterhin mit Dingen füllen, die dir nicht gefallen.

Es gibt nur eine Abhilfe: alles ganz genau zu planen, bevor du losziehst. Kauf nicht erst in letzter Minute. Überleg dir, wohin du gehen willst und wonach du suchst, und nimm dir nicht zuviel auf einmal vor. Wenn du müde wirst, dann such dir ein angenehmes Plätzchen in einem Café und trink etwas Gutes. Nutz die Gelegenheit, dir die Dinge, die du kaufen möchtest, noch einmal in aller Ruhe vorzustellen. Wenn du spürst, daß du zu müde bist, solltest du nach Hause gehen. Zu Fehlkäufen kommt es oft auch dann, wenn du eigentlich schon »genug« hast.

## LITERATUR UND TIPS:

Marano, Hara Estroff: *Style Is Not a Size*. Bantam, 1991. Dieses Buch hilft dir, deinen Stil zu finden, ohne deine Figur zu verleugnen.

# FÜHL DICH WOHL IN DEINER HAUT

## WORUM GEHT'S?

Ich kenne nur drei Frauen, die mit ihrer Figur zufrieden sind. Alle anderen haben etwas an sich auszusetzen, auch meine schlanken und gutaussehenden Freundinnen. Die eine findet ihre Hüften zu breit, der anderen gefällt ihre Nase nicht – sogar Füße können zum Problem werden.

Die meisten von uns können ihren Körper nicht so annehmen, wie er ist, weil er nicht dem gängigen Schönheitsideal entspricht. Wir leiden, weil wir uns mit den Frauen vergleichen, die wir in der Werbung, im Kino oder im Fernsehen sehen: Fotomodelle, Popsängerinnen, Filmstars. Fast jede Frau wünscht sich, sie würde anders aussehen. Da ist doch etwas faul!

Wie sollen wir lernen, auf eigenen Füßen zu stehen, wenn wir es nicht schaffen, unseren Körper anzunehmen? Wie sollen wir lernen, uns als Frauen wohl zu fühlen, wenn wir nicht lernen, unseren Körper zu lieben und die Freuden, die er uns ermöglicht? Die folgenden Übungen sind Balsam für alle, die bisher unter ihrer äußerlichen Erscheinung gelitten haben. Probiere sie aus, und du wirst dich viel, viel besser fühlen.

## WAS DU DAZU BRAUCHST:

Einen Spiegel, in dem du dich ganz sehen kannst.

Dein Tagebuch und einen Stift.

## TU DAS:

- Wenn du immer wieder sagst: »Ich werde . . . tun, wenn ich . . . Pfund abgenommen habe.«

- Wenn du glaubst, daß du zu dick, zu groß oder zu unproportioniert bist.

- Wenn dir der Blick in den Spiegel verhaßt ist.

## WAS DU FÜR DICH TUN KANNST:

*Affirmationen zu Bewegung*

Diese Übung wurde von Marcia Hutchinsons Buch *Transforming Body Image* inspiriert:

---

*Affirmationen zu Bewegung* • *Sei gut zu deinem Körper*
*Vor dem Spiegel* •

Wie mag es sich wohl anfühlen, wenn man den eigenen Körper mag? Denk dir ein paar Affirmationen aus, die das zum Ausdruck bringen. Formuliere sie in der Gegenwartsform, so, als ob das, was du sagst, schon Wirklichkeit ist, zum Beispiel:

Fühl dich wohl in deiner Haut

*Ich mag meinen Körper, er fühlt sich gut an.*
*Ich fühle mich wohl in meiner Haut.*

*Mein Körper ist schön, so wie er ist.*

*Mein Körper ist stark und geschmeidig.*

*Jede Zelle meines Körpers ist erfüllt von Schönheit und Gesundheit.*

Siehe: *Wenn dir der Anfang schwerfällt.* Dort findest du mehr zum Thema »Affirmationen«.

Wiederhole deine Affirmationen mehrere Male − in Gedanken oder indem du sie dir vorsprichst −, und fang an, dich zu bewegen: Geh, wie du gehen wirst, wenn das, was du da sagst, Wirklichkeit geworden ist. Spüre dieses Gefühl, tanz es, laß dich ganz von ihm durchdringen. Wenn dich diese Übung nicht anspricht, dann wiederhole deine Affirmationen bei einer körperlichen Tätigkeit, die dir Spaß macht: beim Wandern, beim Radfahren, beim Schwimmen oder wenn du mit deinem Partner schläfst.

## Vor dem Spiegel

Schau dich im Spiegel an, und wiederhole eine Körper-Affirmation mehrere Male. Sprich sie laut aus. Du kannst auch verschiedene Varianten dieser Affirmation ausprobieren, zum Beispiel:

*Ich, Jennifer Louden, liebe jetzt meinen starken, gesunden Körper.*

*Ich liebe meinen kraftvollen Körper.*

*Jennifer Louden mag ihren tollen Körper.*

## Sei gut zu deinem Körper

Stell dich nackt vor einen Spiegel, in dem du dich ganz sehen kannst.
(Ich weiß, daß das sehr schwer sein kann, aber laß dich bitte nicht von
deinen Ängsten oder negativen Gefühlen abhalten. Versuch es!)

Schließ deine Augen, und atme ein paar Mal tief ein und aus.

Öffne die Augen, und beginne, deinen Körper zu betrachten – von
vorne und von hinten, eine Minute lang. Versuche, nichts zu bewerten, sondern einfach nur zu beobachten.

Siehe: *Die Stimme, die
dich unterstützt*

Nimm wieder einen tiefen Atemzug, und richte deine Aufmerksamkeit auf einen Teil deines Körpers, den du besonders magst. Bewundere diese schöne Stelle, spür deine Freude und wie stolz du darauf
bist, so schön zu sein. Erlebe dieses Gefühl so intensiv wie möglich.
Deine positive innere Stimme wird dir dabei helfen. Schließ deine
Augen, und spür, wie gut dir das tut.

Öffne deine Augen, und richte deine Aufmerksamkeit jetzt auf eine
Körperstelle, die du bisher abgelehnt hast. Laß das gute Gefühl, das du
jetzt in dir hast, dorthin fließen. Vielleicht fällt dir das zunächst nicht
leicht, aber gib bitte nicht auf. Versuch es ein paarmal. Du kannst dir
helfen, indem du immer wieder zu den Körperstellen zurückgehst, die
du gerne magst.

Nimm dir jeden zweiten Tag einen neuen Teil deines Körpers vor,
und wende dich immer wieder jenen Stellen zu, mit denen du dich
noch nicht angefreundet hast.

Beende diese Übung, indem du deine neuentdeckte Körperstelle
liebevoll streichelst. Wenn du möchtest, kannst du auch eine der
Übungen machen, die im Kapitel »Berührungen« angeführt sind.

# Literatur und Tips:

Northrup, Christiane: *Frauenkörper, Frauenweisheit.* Bewußt leben —
ganzheitlich heilen. Zabert Sandmann, 1994.

Freedman, Rita: *Bodylove.* Harper & Row, 1988. Auch ein gutes Buch
zum Thema »Freude am eigenen Körper«.

Hutchinson, Marcia Germaine: *Transforming Body Image.* Crossing
Press, 1985. Mit vielen Übungen, die dir helfen, deinen Körper lieben
zu lernen.

# GUT ZU MIR SEIN HEISST ESSEN

## WORUM GEHT'S?

Ich denke da etwa an Schokoladenkekse, Torte, Vanillepudding, Spaghetti, Schinken-Käse-Toast, Nudelauflauf und ähnliches. Speisen, bei denen wir uns so richtig den Magen vollschlagen können, sind meist Speisen, die wir als Kinder gerne aßen, die wir schon von klein auf kennen – all das, wonach es uns automatisch verlangt, wenn wir traurig oder enttäuscht sind. Essen kann sehr beruhigend und tröstend auf uns wirken. Aber leider zählen die meisten Dinge, nach denen es uns dann verlangt, zu den »Dickmachern«.

Frauen und Essen sind eins. Essen ist lebensnotwendig, essen befriedigt. Wir geben anderen zu essen, wir schenken ihnen unsere Liebe. Essen ist Zuwendung, und wir holen uns oft die Zuwendung, die wir brauchen, indem wir zuviel essen. Und wenn sich das an unserer Figur bemerkbar macht, leiden wir. Wer viel ißt, gilt in unserer Gesellschaft als undiszipliniert, als gierig oder süchtig. – Wie können wir eine gesunde Beziehung zum Essen entwickeln? Wie können wir lernen, lustvoll zu essen, ohne Essen als Ersatzbefriedigung zu mißbrauchen?

## WAS DU DAZU BRAUCHST:

Dinge, die du gerne ißt.

Mut.

## TU DAS:

- Wenn du mit deinem gegenwärtigen Eßverhalten unzufrieden bist.

- Wenn du dich bei jedem Bissen, den du zu dir nimmst, schuldig fühlst.

- Wenn du oben bei der Aufzählung von Lieblingsspeisen feuchte Hände bekommen hast.

*Was du wirklich brauchst* • *Was deinem inneren Kind schmeckt*
*Ein gesundes Eßverhalten entwickeln* • *Es muß nicht immer Essen sein*
*Zuviel des Guten* •

# WAS DU FÜR DICH TUN KANNST:

## *Was du wirklich brauchst*

Es kommt mal wieder alles zusammen: Dein Auto ist kaputt, deine Katze ist krank, dein Freund hat deinen Geburtstag vergessen . . . Du flüchtest dich nach Hause, und möchtest dich nur noch sinnlos vollstopfen: die Nudeln von gestern, den Kirschkuchen, eine Riesenportion Eis.

Halt! Setz dich ein paar Minuten hin, und hol tief Luft. Du kannst alles essen, was du willst, ohne Einschränkung, ohne Schuldgefühle, aber nimm dir zuerst einen Moment Zeit.

Schließ deine Augen, atme fünfmal ein und aus, und stell dir behutsam folgende Frage: »Warum möchte ich jetzt essen?« - Weil du dich schlecht fühlst? Weil du dich einsam fühlst? Weil du frustriert oder traurig bist? Weil du es »satt« hast? – Werde dir bewußt darüber, *warum* es dich jetzt nach etwas Eßbarem verlangt. Vielleicht wird dir klar, daß es dir in Wirklichkeit nach etwas ganz anderem zumute ist: zum Beispiel mit deinem Partner zu schimpfen, einen Spaziergang zu machen oder dir einen neuen Pullover zu kaufen. Tu das, was du tun möchtest, jetzt gleich, ohne lange darüber nachzudenken. – Oder möchtest du doch etwas essen? Dann nimm dir bitte noch ein paar Minuten Zeit, und frag dich, auf was du wirklich Lust hast – und zwar unabhängig davon, was im Kühlschrank liegt, was du zum Abendessen machen wolltest oder was du für gewöhnlich ißt, wenn es dir so geht wie jetzt gerade. Stell dir vor, du könntest alles haben, was du möchtest: Nach welchem Geschmack, nach welcher Temperatur, nach welcher Konsistenz verlangt es dich in diesem Augenblick? Wenn du weißt, was du jetzt haben möchtest, dann tu dir den Gefallen: Iß es und genieß es! – Sagt da jemand: »Das darfst du nicht?« Dann bitte deine positive innere Stimme um Unterstützung, und unterhalte dich mit ihr, während du ißt. Sie wird dir sagen, daß sie es großartig findet, daß du dich jetzt um deine Bedürfnisse kümmerst, und daß essen etwas sehr Angenehmes ist.

Wenn du das ißt, worauf du wirklich Lust hast, wirst du mit der Zeit weniger essen, und du wirst dich nach dem Essen wirklich befriedigt fühlen. Wenn du Lust auf eine Tasse Cappuccino und ein Törtchen

Siehe: *Wie gehst du mit dir um: Eine gute Frage; Mach es dir nicht zu bequem: Was ist wirklich gut für dich?*

Siehe: *Die Stimme, die dich unterstützt*

hast, aber ein Schinkenbrot ißt, nur weil es Zeit zum Abendessen ist, dann kannst du nicht erwarten, daß dich das Essen befriedigt. Und vielleicht holst du später doch noch die Kekse aus dem Schrank und ißt aus lauter Frust vielleicht sogar die doppelte Menge, die du sonst verdrückt hättest.

Vertrau deinem Körper, und er wird dir sagen, ob Essen wirklich das ist, was du jetzt brauchst, und wenn ja, welches. Du mußt dir nur ein paar Minuten Zeit nehmen und in dich hineinhorchen, und du ersparst dir ein unangenehmes und frustrierendes Erlebnis, nämlich einfach irgend etwas in dich hineinzustopfen und dir nachher Vorwürfe zu machen. Vertrau deinem Körper, und er wird dir sagen, was du wirklich brauchst.

## Ein gesundes Eßverhalten entwickeln

Um ein gesundes Eßverhalten zu entwickeln, mußt du nur zwei Dinge beachten:

1. Iß, wonach es dich verlangt.

2. Iß nur, wenn du hungrig bist.

Du mußt auf nichts verzichten − auch nicht auf das wohlige Gefühl des Satt- und Zufriedenseins, das uns das Essen vermitteln kann. Streich die Worte »schlecht«, »dickmachend«, »kalorienreich« und »verboten« aus deinem Wortschatz, und gib dir die Gelegenheit, etwas sehr Schönes wiederzuentdecken: was es heißt, hungrig zu sein, und wie gut es tut, genau das zu essen, worauf du Lust hast.

Zweifelst du daran, daß du es ohne »gewisse Einschränkungen« schaffst? Glaubst du, daß du alles wie besessen in dich hineinstopfen und nicht mehr aufhören wirst, wenn du erst deinen Gelüsten freien Lauf läßt? Kannst du dir vorstellen, ohne Diäten, ohne Verbote und ohne Schuldgefühle auszukommen?

Wir essen aus den verschiedensten Gründen, und die meisten davon haben nichts damit zu tun, daß essen lebensnotwendig ist. Wenn wir lernen, unserem Körper zu vertrauen, wenn wir lernen, so lange zu warten, bis wir wirklich hungrig sind, dann können wir ein Verhältnis zum Essen entwickeln, das uns wirklich guttut. (Du solltest es aber nicht übertreiben und deinen Hunger ständig unterdrücken.) Das wird nicht über Nacht geschehen, aber du schaffst es. Du wirst weder vor Hunger umfallen noch auf einmal 100 Kilo wiegen oder in deinem Supermarkt sämtliche Regale mit Süßigkeiten plündern.

Hier einige Tips:

Fürchte dich nicht vor dem Gefühl, hungrig zu sein. Hunger ist etwas ganz Natürliches, und es ist sogar ein seltsam angenehmes Gefühl, so ähnlich wie der Muskelkater, den du spürst, wenn du nach längerer Zeit zum ersten Mal einen ganzen Tag Skifahren warst. Ein leerer Magen tut längst nicht so weh, wie emotional ausgehungert zu sein.

Wenn du lernen willst zu essen, worauf du wirklich Lust hast, mußt du lernen, deine Pläne spontan zu ändern – auch wenn du gerade ein komplettes Menü gekocht hast und plötzlich draufkommst, daß du eigentlich viel lieber einen Schokoladenkuchen hättest. Das ist für viele besonders schwer. Man hat uns beigebracht, daß es schlecht ist, Essen wegzuwerfen oder verschwenderisch mit Lebensmitteln umzugehen. Ich bin zwar auch dieser Meinung, aber du bist jetzt in einer Ausnahmesituation: Du willst etwas Neues lernen, und daher mußt du neue Regeln aufstellen. Trau dich also, im letzten Moment deine Meinung zu ändern: Wenn du in einem Restaurant bist, dann versuch, deine Bestellung rückgängig zu machen, mit einer Freundin zu tauschen, oder laß dein Essen einpacken, und nimm es mit nach Hause. Du kannst es einfrieren oder schlimmstenfalls wegwerfen. Wenn du zu Hause bist und plötzlich merkst, daß du das, was du kochst, jetzt gar nicht möchtest, dann solltest du es in den Kühlschrank stellen und dir das zubereiten oder kaufen, worauf du jetzt am meisten Lust hast. Vielleicht mußt du ein paar Widerstände überwinden, aber es zahlt sich aus!

Verzichte für ein paar Tage auf deine gewohnten Mahlzeiten. Wenn du möchtest, kannst du dir etwas zu essen mitnehmen, dann brauchst du keine Angst zu haben, daß dich der Hunger übermannt.

Gut zu mir sein heißt essen

## Zuviel des Guten

Wenn wir eine Packung Schokoladenkekse essen, dann ein großes Eis, und dann Bratwurst mit Pommes frites, dann ist das ein unüberhörbares Signal: Uns fehlt etwas.

Egal, auf welchem Gebiet wir exzessiv konsumieren, es ist ein Hilferuf, und er mahnt uns, besser mit uns umzugehen. Meistens tun wir leider das Gegenteil. Wenn wir uns mal wieder so richtig vollgestopft haben, dann bestrafen wir uns durch strenge Diäten oder indem wir uns beim Sport schinden, zu enge Kleidung anziehen oder uns mit Selbstvorwürfen überschütten. Bitte tu dir das nicht an!

Egal, ob Völlerei für dich bedeutet, zwei Schokoladenkekse zu essen oder so viele, wie du tragen kannst – versuch dazu zu stehen, daß du sie jetzt gegessen hast.

Geneen Roth, die Autorin von *Essen als Ersatz* ist der Ansicht, daß Frauen auch deshalb zuviel essen, weil sie es sich nicht gestatten, einfach nichts zu tun und das Vormittagsprogramm im Fernsehen anzusehen, Liebesromane zu lesen oder in der Hängematte zu liegen und ihren Träumen nachzuhängen – denn, so Roth, in unserer Gesellschaft wird eher akzeptiert, daß Frauen sich bis zur Besinnungslosigkeit vollstopfen, als daß sie mal die Hände in den Schoß legen und gar nichts tun. Da stimme ich zu! Wir legen großen Wert auf Leistung und Erfolg, und leisten kann man nur etwas, wenn man etwas tut: Essen zählt dazu, in der Hängematte liegen nicht.

Siehe: *Wenn dir der Anfang schwerfällt*. Dort findest du weitere Anregungen.

Laß dich von solchen Konventionen nicht beeindrucken, laß dir egal sein, was als richtig oder falsch erachtet wird, und probiere, jeden Tag etwas zu tun, was sich »nicht gehört«. Ich finde es zum Beispiel toll, Frauenzeitschriften zu lesen. Such dir etwas aus, was dir wirklich Spaß macht und was du einzig und allein zu deinem Vergnügen tust. Du solltest dir dieses Vergnügen vor allem dann gönnen, wenn du gerade zuviel gegessen hast.

Essen kann auch ein Ersatz für zwischenmenschliche Beziehungen sein. Versuch einmal, dich mit einer Freundin oder deinem Partner in Verbindung zu setzen, bevor du in den Kühlschrank greifst. Ruf jemanden an, besuch deine Nachbarn, hol deinen Partner von der Arbeit ab: Geh unter Leute, rede und lach mit ihnen, faß sie an.

## Was deinem inneren Kind schmeckt

Wenn es uns nach »Dickmachern« verlangt, dann kann das auch heißen, daß unser inneres Kind Zuwendung braucht. Wenn wir uns mit dem Essen einschränken, Diät halten oder essen, wenn wir eigentlich keinen Hunger haben, verletzen wir dieses Kind.

Wenn es dir schlechtgeht, dann versuch einmal, dich diesem Teil deiner selbst liebevoll zuzuwenden. Wenn dein Bedürfnis, etwas zu essen, mit Erinnerungen an deine Kindheit zusammenhängt, mit dem Gefühl des Verlassenseins oder damit, daß du zuwenig Zuwendung bekommst, dann probiere folgendes Ritual:

Überleg dir, was dein inneres Kind jetzt gerne essen würde. Schließ deine Augen, und laß deiner Phantasie freien Lauf. Stell dir vor, es gibt keine Einschränkungen, kein Problem mit den Kalorien und keine sonstigen Vorschriften, die du beachten mußt. Du kannst alles essen, wonach sich das Kind in dir sehnt. Geh und kauf es dir, oder bitte eine Freundin, es für dich zuzubereiten, wenn es das, was du haben möchtest, nicht fertig im Laden gibt. *Mach keine faulen Kompromisse. Versuche, wirklich das zu bekommen, was du willst.* (Ich kann das nicht oft genug wiederholen, denn ich habe herausgefunden, daß es sehr wichtig ist.)

Gestalte dieses Essen so richtig nach dem Herzen deines inneren Kindes. Verwende lustiges Geschirr, zum Beispiel einen bunten Kinderteller mit Zeichentrickfiguren, einen überdimensionalen Löffel oder ein Lätzchen. Iß an einem Platz, an dem es sich geborgen fühlt: unter der Bettdecke mit einem Teddybären im Arm oder im Liegen auf der Couch. Streichle deinen Bauch, während du ißt, und sag dem Kind in dir, wie lieb du es hast. Umarme ein Stofftier oder dein Haustier, und schmatze nach Herzenslust. Laß dich ganz Kind sein, und erlaube dir, wie ein Kind zu essen. Wie fühlt sich das an? Ist das nicht unglaublich befriedigend?

Gut zu mir sein heißt
essen

*Es muß nicht immer Essen sein*

In der Zeit zwischen der Hetze im Büro und dem Sich-wieder-zu-Hause-Fühlen, vor oder nach einer Verabredung oder zwischen den Mahlzeiten – während dieser Übergangsphasen essen wir oft einfach aus Gewohnheit oder, um uns abzureagieren, obwohl essen meist gar nicht das ist, was wir wirklich brauchen. Versuche, für solche Situationen ein kleines Ritual zu entwerfen: Nach der Arbeit kannst du eine Dusche nehmen oder eine Platte auflegen und mitsingen; während du auf eine Freundin wartest, kannst du deine Blumen gießen etc. Ich habe mir folgendes angewöhnt: Wenn ich nach Hause komme, räume ich ein bißchen auf, dann lese ich eine von meinen Lieblingszeitschriften, oder ich gehe in den Garten und sehe nach meinen Pflanzen, oder ich lege mich in meine Hängematte, lasse mich von der Sonne bescheinen und genieße die Stille. Wenn wir uns im voraus überlegen, was wir anders machen können, fällt es uns leichter, mit unseren alten Gewohnheiten zu brechen. Solche Rituale werden uns zu vertrauten Freunden, und sie helfen uns in den Momenten, in denen wir uns für gewöhnlich nicht anders zu helfen wußten, als unser Glas Wein zu trinken oder unsere Tafel Schokolade zu essen. Natürlich gibt es Situationen, in denen wir darauf nicht verzichten wollen. Aber so haben wir die Wahl.

# LITERATUR UND TIPS:

Viele Anregungen, die ich in diesem Kapitel verarbeitet habe, verdanke ich Geneen Roth und Susie Orbach, zwei Expertinnen zum Thema »Frauen und Essen«.

Orbach, Susie: *Anti-Diätbuch. Über die Psychologie der Dickleibigkeit, die Ursachen von Eßsucht.* Frauenoffensive, 1979. Dies.: *Antidiät II. Eine praktische Anleitung zur Überwindung von Eßsucht.* Frauenoffensive, 1984. Hier wird zum ersten Mal die Frage nach dem Zusammenhang zwischen weiblichem Eßverhalten und Gesellschaft gestellt.

Roth, Geneen: *Essen als Ersatz. Wie man den Teufelskreis durchbricht.* Rowohlt, 1989. Dies.: *Sehnsüchtiger Hunger. Wenn Essen ein Ersatz für Liebe ist.* Kösel, 1992. Wenn du diese Bücher gelesen hast, brauchst du nie mehr zu fasten.

Chernin, Kim: *The Hungry Self.* Harper & Row, 1986. Ein Buch über den Zusammenhang zwischen weiblicher Identität und Eßstörungen.

# BERÜHRUNGEN

## WORUM GEHT'S?

Die Haut ist unser wichtigstes Sinnesorgan. Ohne Berührungen können wir nicht leben, und unser Tastsinn ermöglicht uns eine Menge körperlicher Freuden. Trotzdem vernachlässigen wir ihn. Wir lassen uns regelmäßig ärztlich untersuchen, wir sorgen dafür, daß wir uns gut ernähren, aber wir kümmern uns oft viel zuwenig um unser Bedürfnis, berührt zu werden und andere zu berühren.

Das kannst du ab sofort ändern: In jedem Quadratzentimeter deiner Finger befinden sich Hunderte von Nervenenden. Deine Haut bietet dir unzählige Möglichkeiten, wohltuende, sinnliche und für dein seelisches und körperliches Wohlergehen notwendige Erfahrungen zu machen. Du kannst die Enttäuschungen, die das Leben unweigerlich mit sich bringt, sehr viel besser verkraften, wenn du deinem Tastsinn genügend Beachtung schenkst.

## WAS DU DAZU BRAUCHST:

Deine Hände.

Massageöl.

Natur.

Eine Freundin, die dich massiert.

## TU DAS:

- Wenn du ständig unter Streß stehst.

- Wenn du viel allein bist.

- Wenn du dich stärker mit dem Leben verbunden fühlen möchtest.

*Mit der Natur in Berührung kommen* • *Taktile Reize*
*Selbstmassage* • *Andere berühren*
*Mit dem Körper kommunizieren* •

# WAS DU FÜR DICH TUN KANNST:

## *Mit der Natur in Berührung kommen*

Erkunde die Natur, berühre sie mit deinen Händen, mit deinen Wangen und mit deinen Füßen. Du kannst das allein oder gemeinsam mit einer Freundin tun, indem ihr euch abwechselnd mit verbundenen Augen führt. Ein Garten ist voll sinnlicher Reize und bietet dir die Möglichkeit, vielerlei Berührungen zu erproben: Laß einen Farn über deine Haut gleiten, und spür, wie er dich kitzelt. Nimm einen Kieselstein in die Hand, und spür, wie glatt und rund er sich anfühlt. Streich mit den Fingerspitzen über ein Geranienblatt: Es fühlt sich pelzig an. Zieh deine Schuhe aus, und geh barfuß über Asphalt oder Beton: Fühl seine rauhe Oberfläche und die Wärme, die er abstrahlt. Nimm einen Fisch in die Hand, und spür, wie er sich windet.

## *Selbstmassage*

Wenn du Lust hast, kannst du zunächst ein warmes Bad nehmen.

Beginne dann mit der Massage: Reib deine Hände, bis sie sich ganz warm anfühlen, und leg sie auf dein Gesicht. Verweil einen Augenblick. Leg zwei Finger jeder Hand in die Mitte deiner Stirn, und führ sie mit langsamen, kreisförmigen Bewegungen bis zu den Schläfen. Beginne dann mit deinen Handballen deine Wangen zu massieren. Fang oben, unterhalb der Augen an, und führe sie in langsamen, kreisenden Bewegungen deine Wangen hinunter, nach außen zu deinen Ohren und über deine Kiefer in Richtung Kinn.

Leg die Hände auf den Kopf, und zwar so, daß die Fingerspitzen sich an deinem Hinterkopf fast berühren und deine Daumen hinter den Ohren liegen. Beweg deine Finger langsam hin und her, und massiere deine Kopfhaut. Nimm deine Haare und zieh sie sanft in die verschiedensten Richtungen, so daß deine Kopfhaut mitgezogen wird, und laß anschließend die Fingerspitzen auf die Kopfhaut eintrommeln. Führ die Fingerspitzen in der Mitte deines Nackens zusammen, und laß sie dort kreisen.

Wenn du willst, kannst du die Massage jetzt beenden und anschließend noch etwas für deine Gesichtshaut tun.

Oder du machst weiter: Leg deine rechte Hand auf die linke Schulter, beuge den Kopf behutsam nach rechts, und streich mit den Fingerspitzen in Richtung Nacken und hinauf bis zum Ohr. Wiederhole das gleich auf der rechten Seite.

Führ deine linke Hand jetzt zum rechten Handgelenk, und beginne, den Arm so zu kneten, als ob du einen Brotteig zubereiten würdest. Arbeite immer zum Herzen hin.

Wende dich nun der Hand zu: Fahr mit dem Zeigefinger der linken Hand sanft die Venen entlang, zieh leicht an jedem Finger, und dreh ihn sachte hin und her. Massiere die Hautfalte zwischen Daumen und Zeigefinger, und zieh leicht daran. Mach eine Faust, und massiere die Handfläche der rechten Hand mit den Fingergelenken. Wende dich jetzt deiner linken Hand zu.

Nun kommt dein Rücken an die Reihe: Massiere ihn mit einer Stielbürste, einem Schwamm oder einem Rückenkratzer. Leg dich auf den Rücken, und roll auf einem Ball hin und her. Probier verschiedene Größen, sie sprechen verschiedene Muskeln an: einen kleinen Kinderball, einen Tennisball oder einen Volleyball. Welcher fühlt sich am besten an?

Setz dich aufrecht hin, und leg die Hände auf den Rücken, so daß die Fingerspitzen in Richtung Wirbelsäule zeigen, die Daumen liegen auf den Hüften. Knete und massiere diese Partie.

Leg dich auf die Seite, mach eine Faust, und drück die Fingergelenke in den Po. Bearbeite beide Seiten, und massiere anschließend deinen Unterleib, indem du mit beiden Händen kreisende Bewegungen machst und einen angenehmen Druck auf deine Bauchdecke ausübst.

Dann kommen die Beine dran: Knete, drück und massiere sie – auch hier von unten nach oben, zum Herzen hin.

Wende dich zum Schluß deinen Füßen zu: Stell ein Bein auf – du liegst immer noch auf dem Boden –, und leg das andere Bein darauf, so daß du deinen Fuß bequem erreichen kannst. Gib noch etwas Öl auf deine Hände, und reib sie kräftig gegeneinander. Umschließe den Fuß mit beiden Händen, und verweile so eine Zeitlang. Massiere die Haut zwischen den Zehen, und zieh sanft daran. Massiere deinen Ballen, und streich mit der Hand über die Fußsohle und den Fußrücken. Massiere den Bogen auf der Innenseite der Fußsohle, indem du eine Faust machst, und ihn mit den Knöcheln kräftig reibst.

*Siehe: Badefreuden: Fußbad.* Du kannst diese Massage mit einem Fußbad kombinieren.

Du kannst diese Massage zu einem Ritual machen. Gestalte sie so angenehm wie möglich: Laß deine positive innere Stimme zu dir sprechen, verwende Massageöl, und zünde ein paar Kerzen an. Atme tief, und sei ganz bei dir und den Gefühlen, die diese Massage in dir auslöst. Wenn du Lust hast, kannst du das, was du erlebst und spürst, anschließend in deinem Tagebuch beschreiben. Vielleicht möchtest du diese Massage auch mit einem der Bäder kombinieren, die du im Kapitel »Badefreuden« findest.

*Siehe: Die Stimme, die dich unterstützt; Dein kreatives Tagebuch; Badefreuden*

## Mit dem Körper kommunizieren

Versuch einmal, dich während einer Massage in einen bestimmten Körperteil hineinzuversetzen. Wende dich einem Körperteil zu, den du besonders gerne magst, und massiere ihn liebevoll. Laß ihn zu dir sprechen. Vielleicht möchte er sich auch in Form von Bewegungen ausdrücken. Spür, was er dir sagen will. Geh ganz selbstvergessen und gelöst in diesen Körperteil hinein.

Wenn dir diese Übung gefällt, kannst du sie das nächste Mal mit einem Körperteil versuchen, den du nicht so gerne magst. Schließ deine Augen, und gib dich ganz der Berührung hin und dem guten Gefühl, das diese Massage in dir auslöst.

## Taktile Reize

Reib dein Gesicht mit einem Waschlappen und warmem Wasser ab. Wie fühlt sich das an?

Streichle dich mit einer großen Feder. Das ist besonders angenehm vor dem Zubettgehen.

Mach eine Faust, und fahr mit den Fingergelenken über deine Arme und die Brust.

Nimm einen Tennisball, und roll ihn mit den nackten Fußsohlen hin und her.

Füll eine Wanne mit Murmeln, und laß verschiedene Körperteile darauf herumrollen.

*Siehe: Kleidung zum Wohlfühlen*

Achte einen Tag lang darauf, wie sich die Dinge anfühlen, mit denen du in Berührung kommst. Zieh eine Seidenbluse an, spür, wie sich dein Make-up anfühlt etc. Mach es dir zur Gewohnheit, auf solche Dinge zu achten.

## Andere berühren

Setz dich mit guten Freundinnen/Freunden zusammen, und sprecht darüber, welche Einstellung euch im Elternhaus zum Thema »Berühren« vermittelt wurde und welchen Stellenwert Berührungen in eurem Kulturkreis haben. Berührt euch gegenseitig, aber macht vorher aus, wo und wie.

Stell dich mit Freundinnen/Freunden im Kreis auf, Rücken an Bauch, und massiert einander den Rücken. Spüre, wie ihr alle verbunden seid durch die Zuwendung, die ihr einander schenkt. Dreht euch nach einer Weile um, so daß ihr in entgegengesetzter Richtung steht, und massiert die- oder denjenigen, die/der euch zuvor massiert hat.

Verabrede dich mit einer Freundin zum Essen, und massiere ihr nachher die Hände.

*Siehe: Freude durch Tiere. Dort findest du mehr zum Thema »Berühren«.*

Wasch die Haare deines Partners an einem schönen, sonnigen Plätzchen im Freien.

Kitzle den Arm einer Freundin.

Inkeles, Gordon/Todris, Murray: *Die Kunst der zärtlichen Massage.* Verlag Hermann Bauer, 1982. Ideal für die Partnermassage.

Moegling, Klaus (Hrsg.): *Sanfte Massagen.* Goldmann, 1988. Massagetechniken.

Davis, Phyllis K.: *The Power of Touch.* Hay House, 1991. Dieses Buch zeigt, warum wir Berührungen brauchen, und wie wir genügend bekommen.

# Geniess deine Lust

## Worum geht's?

Wie gut das tut, wenn unsere sexuellen Bedürfnisse befriedigt werden! Dieses Gefühl sollte uns allen zugänglich sein. Sexualität gehört einfach zum Leben. Sie beschert uns viele schöne Stunden und hilft uns über manchen Kummer hinweg. Unsere Sexualität zu genießen ist ebenso wichtig, wie eine Arbeit zu haben, die uns gefällt, unseren Körper zu pflegen und in einer Umgebung zu wohnen, in der wir uns sicher und geborgen fühlen. Wenn wir lernen, uns auf liebevolle Art und Weise um die Befriedigung unserer sexuellen Bedürfnisse zu kümmern, fühlen wir uns viel wohler in unserer Haut und in der Welt.

## Was du dazu brauchst:

Sexuelle Phantasien.

Erotische Bücher oder Videos.

Einen Vibrator, wenn du möchtest. (Manche Frauen sagen, er habe eine abstumpfende Wirkung, andere schwören darauf. Du mußt es selbst ausprobieren.)

Massageöl oder eine Gleitcreme.

Seiden-, Leder-, Samttücher oder -stoffe, Federn.

Einen Ort, der deine Sinne weckt.

## Tu das:

- Wenn du sexuell ausgehungert bist.

- Wenn du damit experimentieren willst, dich selbst zu befriedigen, oder wenn du dein sexuelles Repertoire erweitern möchtest.

- Wenn der Gedanke, dich »da unten« zu berühren, starke Angst- und Schuldgefühle in dir auslöst.

## Was du für dich tun kannst:

*Hast du das gewußt?*

Sex will gelernt sein. Uns Menschen ist aufgrund der Dominanz des Verstandesdenkens der sexuelle Instinkt mehr oder weniger abhanden gekommen. Wir müssen

---

*Hast du das gewußt?* • *Mach ein Ritual daraus*

also oft erst herausfinden, was wir brauchen, um uns wirklich befriedigt zu fühlen.

Natürlich spielt auch die Kultur, in der wir leben, eine große Rolle. Margaret Mead hat nachgewiesen, daß die Orgasmusfähigkeit von Frauen im wesentlichen davon abhängt, welchen Stellenwert eine Gesellschaft der sexuellen Befriedigung der Frau zumißt. Dort, wo er sehr niedrig ist, erleben Frauen weit weniger sexuelle Befriedigung.

Deine Klitoris hat nur eine Funktion: dir sexuelles Vergnügen zu bereiten. Gott/die Göttin oder die Evolution hat dir deine Klitoris einzig und allein zu dem Zweck geschenkt, Lust zu empfinden.

Sexuelle Phantasien sind etwas ganz Natürliches − auch wenn sie andere Männer oder Frauen beinhalten als deinen Partner. Sie können uns sogar helfen, treu zu bleiben, denn sie ermöglichen uns, unser Bedürfnis nach Abwechslung und neuen Reizen zu befriedigen.

Übrigens: Deine Vagina ist sauberer als dein Mund, sie enthält weit weniger Keime.

Je öfter du einen Orgasmus hast, desto leichter und häufiger wirst du auch zukünftig einen bekommen. Wenn du dich selbst um die Befriedigung deiner Lust kümmerst, findest du am besten heraus, was dir Spaß macht. − Wie sollst du deinem Partner sagen, was dir guttut, wenn du es selbst nicht weißt?

## Mach ein Ritual daraus

Mit dem Wort »Selbstbefriedigung« verbinden viele von uns massive Schuld- oder Schamgefühle. Dabei ist es doch so schön, Freude an der eigenen Lust zu empfinden! Versuche, alle negativen Gefühle beiseite zu lassen und nur zu genießen. Vielleicht fällt dir auch ein anderes Wort ein, das dir besser gefällt.

Siehe: *Steh zu dir und deinen Bedürfnissen*. Dort findest du mehr zum Thema »Schuldgefühle«.

Nimm dir mindestens eine Stunde Zeit, am besten ist jedoch ein ganzer Abend. Du solltest dich auf keinen Fall unter Druck setzen. Bereite dein Schlafzimmer oder einen anderen angenehmen Platz, an dem du ungestört bist, so vor, als ob du einen Liebhaber erwarten

Genieß deine Lust

würdest – und vergiß nicht, den Anrufbeantworter einzuschalten. Schaff eine schöne, sinnliche und entspannende Atmosphäre: Zünde Kerzen an, leg Musik auf, die dich in Stimmung versetzt, laß dich vom Duft ätherischer Öle berauschen, von Jasmin, Rose, Neroli oder Ylang-Ylang. Überzieh dein Bett mit schönen, weichen Bettüchern, und leg ein paar Sachen zurecht, die sich aufregend anfühlen: ein Fell, ein Seidenkissen oder was immer dich anspricht. Vielleicht möchtest du auch ein Glas Sekt auf deinem Nachttisch bereitstellen, dazu eine Tafel Schokolade oder einen saftigen Pfirsich. Wenn du Lust hast, kannst du auch ein spirituelles Element einfließen lassen und den Ort, an dem du dich an deiner Lust erfreust, segnen, ähnlich wie das im Kapitel »Rituale« beschrieben ist. Was immer du auch tun möchtest: Sei erfinderisch, und laß deiner Phantasie freien Lauf!

Siehe: *Süße Düfte* und *Tu was für deinen Körper: Strahlen*

Du kannst mit einem Vollbad beginnen. Gib ein verführerisches Duftöl ins Wasser, laß dich in die Wanne gleiten, und laß los. Gib dich deinen Phantasien hin: Du kannst dir eine erotische Szene aus einem Film in Erinnerung rufen oder dir selbst etwas ausmalen. Flüstere Worte vor dich hin, die dich erregen. Laß die Hände sanft über deinen Körper gleiten. Du kannst auch einen Waschlappen verwenden, wenn dir das lieber ist. Laß dir Zeit, und spür, wie deine Erregung langsam steigt. Mach aus dem Abtrocknen ein erotisches Spiel, und laß dein Handtuch überall dorthin gleiten, wo du die Berührung besonders genießt: zwischen deine Beine, über die Brustwarzen. Laß dir von deiner positiven inneren Stimme sagen, daß du eine wundervolle, einzigartige Frau bist und daß du dich umwerfend findest.

Siehe: *Die Stimme, die dich unterstützt*

Zieh dich dann an den Ort zurück, den du vorbereitet hast. Schau dich um, und nimm bewußt die Schönheit und Sinnlichkeit der Atmosphäre wahr, die du dort geschaffen hast. Berühre verschiedene Gegenstände, die deine Sinne ansprechen, und spüre, wie sie sich anfühlen. Gib dich deinen Gefühlen hin.

Schließ deine Augen, und vergegenwärtige dir ein sexuelles Erlebnis, das du als besonders schön in Erinnerung hast, bei dem du dich geborgen, sexy und geliebt gefühlt hast. Versuch, dir diese Szene so lebhaft wie möglich in Erinnerung zu rufen, so daß du nicht nur die Bilder, sondern auch die Gefühle von damals wachrufst. Reibe deine Hände, bis sie ganz warm geworden sind, und stell dir vor, daß sie sich mit göttlicher Energie und Liebe füllen. Leg sie auf deinen Bauch oder in den Nacken, und fühl die Wärme, die von ihnen ausgeht, spür das Knistern und Kribbeln, das sie aussenden. Laß sie dann sanft über deinen Körper gleiten. Du verdienst dieses wunderbare Gefühl.

Denk wieder an das Liebeserlebnis, das du dir in Erinnerung gerufen hast, und laß deine Hände über deinen Bauch, hinunter zu deinem Venushügel und wieder hinauf zu deinen Brustwarzen wandern. Spiel mit dir! Laß dir Zeit, und versuch nicht, irgend etwas zu beschleunigen. Gib dann ein paar Tropfen Öl auf deine Finger, und streich mit ein paar raschen Zügen über deinen Körper. Du bist jetzt der Liebhaber, den du in deiner Erinnerung vor dir gesehen hast. Sprich mit dir, flüstere: »Ich liebe dich« so verführerisch du kannst. Laß deine Hände, die vom Öl ganz glatt und weich geworden sind, über deinen Hügel und zwischen deine Beine gleiten. Stell dir vor, deine Lippen wären die Blätter einer wunderschönen Blume, die dir allein gehört, und laß einen Finger sanft in deine Yoni gleiten.

Stimuliere deine Klitoris, massiere sie kreisförmig, streichle sie, oder nimm sie zwischen Daumen und Zeigefinger und reib sie sanft. Probiere, wie es sich anfühlt, wenn du deine Klitoris und deine Brustwarzen gleichzeitig berührst. Finde heraus, was dir am meisten Spaß macht, und gib dich ganz deinen Gefühlen hin!

Mit der Zeit kannst du versuchen, den Orgasmus hinauszuzögern. Streiche mit den Händen über deinen Bauch, und stell dir vor, daß sich die Wärme, die du dort spürst, langsam in deinem ganzen Körper ausbreitet. Spür, wie sie die Beine hinunter- und in deine Gebärmutter und deinen Magen hineinfließt. Fang wieder an, dich zu stimulieren, und halte erneut inne, kurz bevor du den Höhepunkt erreichst. Wende dich jetzt deiner Herzgegend und deinem Hals zu, und streichle dich sanft. Mach das so lange, bis sich die sexuelle Energie in deinem ganzen Körper ausgebreitet hat. Du wirst den schönsten Orgasmus haben, den du je erlebt hast.

Finde heraus, was *dir* guttut! Mach das Ganze zu einer Feier für deinen Körper. Solltest du unsicher werden, dann beschäftige dich mit einer »neutralen« Körperstelle, und konzentriere dich wieder auf jene schöne erotische Begegnung, die du dir in Erinnerung gerufen hast. Vielleicht hilft dir auch ein erotisches Buch, ein Video oder ein

Vibrator, deine Scheu zu überwinden. Ein Vibrator kann dir auch helfen, wenn es dir schwerfällt, dich mit der Hand zu stimulieren.

Es kann sein, daß du nicht in Stimmung kommst. Dann hör einfach auf. Du kannst es ein paar Tage später wieder versuchen. Hab Geduld mit dir, und wirf nicht gleich die Flinte ins Korn! Vergleich einmal, wie es sich anfühlt, wenn du deine Klitoris und wenn du dein Knie berührst. Wetten, daß du den Unterschied spürst?

## Literatur und Tips:

Dodson, Betty: *Sex for One – Die Lust am eigenen Körper.* Goldmann, 1993. Ein wildes, lustvolles Buch.

Keiser, Carolin (Hrsg.): *Im Garten der Venus. Erotische Geschichten voll Sinnlichkeit und Lust von berühmten Autoren.* Scherz, 1989.

Semans, Anne/Winks, Cathy: *Good Vibrations.* Goldmann, 1995. Alles über erotisches Spielzeug und Liebestechniken.

# TU WAS FÜR DEINEN KÖRPER

## WORUM GEHT'S?

Es tut uns gut, unseren Körper zu fordern: Wir fühlen uns einfach besser, wir erholen uns schneller von seelischen Tiefs, es fällt uns leichter, unsere Probleme zu bewältigen, und wir fühlen uns stärker mit uns selbst und dem Leben verbunden. Etwas für unseren Körper zu tun muß nicht unbedingt anstrengend und schweißtreibend sein, es kann auch sehr angenehm sein und uns eine Menge Spaß machen.

## WAS DU DAZU BRAUCHST:

Bequeme Schuhe.

Musik, zu der du dich gerne bewegst.

## TU DAS:

- Wenn du dich schlaff und ungelenkig fühlst.

- Wenn du dein bisheriges Übungs- oder Sportprogramm eher mit eiserner Disziplin als mit Freude absolviert hast.

- Wenn du gerne etwas für deinen Körper tun würdest, aber herkömmliche Übungen zu schwer, zu anstrengend oder zu langweilig findest.

- Wenn du dir immer anhören mußtest – auch von deinem inneren Kritiker –, daß du zu dick oder zu ungeschickt bist, um zu tanzen, Gymnastik zu machen oder Sport zu treiben.

## WAS DU FÜR DICH TUN KANNST

### Spür, was du gerade tust

Spüre, wie sich das anfühlt, was du gerade tust. Versuch, in verschiedene Körperteile hineinzufühlen, wenn du gehst: in deine Hände, deine Beine, deinen Nacken etc. Was spürst du dort? Geh Trampolin springen, und achte darauf, wie sich dein Körper streckt und zusammenzieht; lausche deinem Atem, wenn du schwimmst; achte auf das Geräusch, das entsteht, wenn der Tennisball von deinem Schläger abprallt. Nimm den Moment wahr.

---

Spür, was du gerade tust •  Alles auskosten
Spazierengehen •  Tanzen wie ein Derwisch
Stretching bei der Gartenarbeit •  Alles rauslassen
Den Tag begrüßen, den Tag verabschieden •  Strahlen
Richtig ins Schwitzen kommen •

---

## Spazierengehen

Mach nach dem Abendessen mit deinen Kindern, deinem Partner oder mit dir allein einen Spaziergang. Schau in die Sterne, versteck dich hinter Bäumen, versuch Glühwürmchen zu fangen, oder tu sonst irgend etwas, was dir Spaß macht.

## Stretching bei der Gartenarbeit

Mach die Gartenarbeit zu einem Tanz. Dehne dich in alle Richtungen, während du Unkraut zupfst, spring über Blumenbeete, dreh Pirouetten auf der Wiese. (Vielleicht solltest du das doch besser im hinteren Teil deines Gartens tun.)

## Den Tag begrüßen, den Tag verabschieden

Steh bei Tagesanbruch auf, tanz Reggae, und beobachte den Sonnenaufgang. Zieh dich am Abend aus, leg einen Boogie auf, und tanz nackt im Mondlicht. Spür die Musik in deinem ganzen Körper.

## Richtig ins Schwitzen kommen

Mach einen flotten Spaziergang, und trag in jeder Hand eine Ein-Kilo-Hantel; leg einen Sprint mit deinem Rad ein; leih dir eine Aerobic-Kassette aus, und mach gleich, wenn du nach Hause kommst, alle Übungen. Du kannst auch Musik auflegen und dazu tanzen, hüpfen, springen oder hopsen und das Ganze mit deiner Stimme untermalen, zum Beispiel: *Graceland* von Paul Simon, *The Neighborhood* von Los Lobos oder die *Slawischen Tänze* von Dvořák. Laß alles raus: deinen Frust, deine Leidenschaft und deine überschüssige Energie.

## Alles auskosten

Laß dich massieren, und versuche all das zu spüren und anzunehmen, was mit bzw. in deinem Körper geschieht. Atme, und gib dich ganz der Berührung hin − auch wenn es dir vielleicht zunächst nicht leichtfällt, dich von einem Fremden berühren zu lassen. Schließ deine Augen, und stell dir vor, daß mit jeder Berührung Heilenergie in deinen Körper einströmt, und laß diese Energie zu jenen Stellen fließen, die verspannt oder überanstrengt sind. Gestatte dir, im Mittelpunkt zu stehen. Nimm! Du brauchst dir keine Gedanken darüber zu machen, etwas zurückzugeben. Du verdienst diese Aufmerksamkeit. Du bist es wert!

### Tanzen wie ein Derwisch

Zieh weite, fließende Kleidung an, und such dir einen Ort, an dem du genügend Platz hast, dich mit gestreckten Armen im Kreis zu drehen. Leg wilde Musik auf, und fang an zu tanzen: Wirf deine Arme zur Seite, verlagere dein Gewicht auf deinen linken Vorderfuß, stoß dich mit dem rechten Fuß ab, und beginn, dich gegen den Uhrzeigersinn zu drehen. Du läufst sozusagen mit dem rechten Fuß um deinen linken herum, schneller und schneller. Laß deine Sorgen und Nöte einfach davonfliegen.

### Alles rauslassen

Wenn sich einiges an Wut und Ärger in dir aufgestaut hat und du diese Gefühle loswerden möchtest, kannst du folgendes tun: Versetz dich spontan und ohne lange nachzudenken in etwas Wildes: in einen Löwen, die Königin der Amazonen, den Wind oder irgendein Geistwesen. Leg eine wilde Musik auf, und fang an, die Bewegungen, die typisch für dieses Wesen sind, nachzuahmen: Stampfe mit den Füßen, knirsch mit den Zähnen, gib wilde Laute von dir, und bring deine unterdrückten Gefühle zum Ausdruck. Tobe, rase, streck dich, roll dich zusammen, knurre, kämpfe, spring herum wie ein wildes Tier. Überlaß dich ganz deiner Rolle, versuch aber gleichzeitig, mit deinem Körper in Verbindung zu bleiben und zu spüren, wie es sich anfühlt, all das zu tun. Spüre deinen Atem, spüre, wie du dich bewegst, und hör deine Stimme. Mach das so lange, bis du völlig erschöpft bist, und laß dich dann zu Boden fallen.

*Strahlen*

Stell dir vor, in deinem Inneren, knapp unterhalb deines Nabels, befindet sich eine magische Glühbirne. Bleib eine Weile still sitzen, und spür in dich hinein. Schalte die Birne ein, und fühle, wie sie in deinem Inneren zu glühen beginnt. Es wird ganz warm in deiner Magengrube. Eine lebendige, pulsierende Wärme geht von dieser Birne aus und durchflutet deinen ganzen Körper. Spüre, wie sie in deine Brust aufsteigt und die Arme hinunterfließt. Jeder Finger wird durchstrahlt von diesem inneren Licht.

Spüre, wie die Wärme deinen Nacken bis in deinen Kopf hinaufließt und dein Gesicht erfaßt. Dein Gehirn wird jetzt von einem hellen, magischen Licht durchstrahlt. Deine Augen leuchten. Sie sind erfüllt von diesem Licht, und alle Menschen, denen du begegnest, sehen, wie du strahlst.

Du spürst, wie das Licht deine Wirbelsäule hinunterfließt und deine Gebärmutter mit seiner wunderbaren Wärme erfüllt. Diese Wärme wandert weiter zu den Oberschenkeln, die Unterschenkel hinab und gelangt schließlich zu den Füßen, bis deine Zehen zu leuchten beginnen.

Dein ganzer Körper ist von Energie durchstrahlt. Das Licht in dir begleitet dich den ganzen Tag, und alles, was du tust, wird erfüllt sein von diesem Licht. Spüre während des Tages immer wieder, wie dieses Licht von deinem Zentrum ausgeht. Spüre, wie die Energie und die Wärme, die es aussendet, deinen ganzen Körper durchstrahlt.

Siehe: *Genieß deine Lust* — Diese Visualisierungsübung kannst du auch als Warm-up vor deinen Körperübungen machen oder wenn du dich in Stimmung versetzen willst, etwas für deinen Körper zu tun. Du kannst sie auch in deine Liebesspiele integrieren – mit und ohne Partner.

Friedeberger, Julie: *Yoga im Büro. Übungen für den Arbeitsplatz*. Fischer, 1994. Kurze, einfache Übungen, die du am Schreibtisch, im Bus oder vor dem Fernseher machen kannst. Sehr gut gegen Streß.

Zemach-Bersin, David/Reese, Mark: *Relaxercise — Gesund und beweglich mit Feldenkrais-Übungen*. Kösel, 1994. Entspannungsübungen, die Wunder wirken. Sie haben mir geholfen, meinen Unterkiefer locker zu lassen — was wirklich ein Wunder war.

Lindell, Lucy: *The Sensual Body*. Simon and Schuster, 1982. Bewegungsübungen, die Spaß machen und die Sinne ansprechen.

# BADEFREUDEN

## WORUM GEHT'S?

Du läßt dich in die wohlige Wärme deiner Wanne hineingleiten. Süße Düfte steigen in deine Nase, Kerzenschein erfüllt den Raum, Wasserlilien schaukeln auf kleinen Wellen . . . Wasser reinigt, nicht nur auf der körperlichen Ebene. Es gibt Hunderte von Möglichkeiten, ein Bad zu nehmen.

## WAS DU DAZU BRAUCHST:

Eine Badewanne und eine Dusche, die du eine Zeitlang ungestört benutzen kannst.

Ätherische Öle, Kräuter, dein Lieblingsparfum, Duschgel.

Kerzen, Blumen, eine schöne Topfpflanze.

Flauschige Baumwollhandtücher.

Angenehme, beruhigende Musik.

## TU DAS:

- Wenn es draußen kalt und regnerisch ist oder heiß und schwül.

- Wenn dir der Rücken weh tut.

- Wenn eine Erkältung im Anzug ist.

- Immer wenn es dich nach einem Bad gelüstet.

## WAS DU FÜR DICH TUN KANNST:

*Baderitual*

Triff die notwendigen Vorbereitungen für ein schönes, entspannendes Bad, zünde die Kerzen an, und stell eine Pflanze in die Nähe der Badewanne.

Nimm zunächst eine Dusche, und massiere deinen Körper mit einem Luffa-Handschuh oder einer Badebürste und etwas Duschgel. Du kannst auch eine milde Seife nehmen. Dusch dich nachher kühl ab, und schlüpf nach dem Abtrocknen in einen weichen, frischgewaschenen Bademantel.

Laß dir nun dein Bad ein, und füg einen Duft hinzu, der dich an diesem Tag besonders anspricht. Vielleicht hast du auch Lust, Blumen auf dem Wasser treiben zu lassen.

Baderitual • Handbad
Im Dunkeln duschen • Salzbad
Fußbad • Wasserfall-Visualisierung

Setz dich hin, und beobachte, wie sich die Wanne langsam füllt. Achte auf deine Atmung.

Laß deine Mitbewohner wissen, daß du eine Zeitlang ungestört sein willst, und schließ die Tür. Schalte die Musik ein, laß dich langsam ins warme Wasser gleiten, und laß dir von deiner positiven inneren Stimme ein paar nette Dinge über deinen Körper sagen.

Siehe: *Die Stimme, die dich unterstützt*

Schau in den Schein der Kerzen, betrachte die Blätter der Pflanze, laß die Farbe einer Blume auf dich wirken, meditiere, lockere deine Muskeln, spiel mit dem Wasser – tu, was immer sich gut anfühlt. Du kannst auch mit einem Stück Seide an deinem Körper entlangfahren, dich streicheln, dich befriedigen oder mit einer Plastikente spielen. Laß dich ganz hineinsinken in die Wärme, die dich umhüllt.

Wenn du nach dem Bad das Wasser abläßt, dann sage laut: »Dieses Wasser spült alles Negative aus meinem Leben fort.«

## Im Dunkeln duschen

Im Dunkeln duschen ist eine wunderbare Möglichkeit, dich zu entspannen, wenn du »überdreht« bist. Stell dir vor, das Wasser würde alle unnötigen Gedanken, alles, was dir im Kopf herumspukt, einfach wegwaschen. Das klappt am besten, wenn du wirklich nichts mehr siehst. Wenn du Angst hast, daß du fallen könntest, kannst du eine Kerze anzünden oder einen Leuchtstecker nehmen. Fühl, wie das Wasser auf deinen Körper prasselt, und gib dich ganz diesem Gefühl hin. Verbanne alle störenden Gedanken. Laß dich durch nichts ablenken.

## Fußbad

Fülle einen Eimer oder ein anderes passendes Gefäß mit warmem Wasser. Beruhigend wirkt dieses Bad, wenn du Kamillentee hinzufügst, belebend, wenn du einen Teelöffel Cayennepfeffer nimmst. Wenn du Lust hast, kannst du auch Musik auflegen und ein Glas Wein oder einen Kräutertee trinken. Steck deine Füße ins Wasser, und **entspann dich**. Dank deinen Füßen, daß sie

Siehe: *Berührungen: Selbstmassage*

dich durchs Leben tragen, und spür wie dein Körper neue Energie tankt.

## Handbad

Siehe: *Süße Düfte: Aromatherapie.* Dort findest du Näheres zum Thema »Ätherische Öle«.

Bade deine Hände in warmem Wasser. Wenn du möchtest, kannst du ein paar Tropfen Rosmarin oder Salbei ins Wasser geben. Massiere deine Hände, und laß sie kreisen. Du kannst auch warmes Olivenöl nehmen.

## Salzbad

Dieses Bad vermittelt dir ein Gefühl der Schwerelosigkeit. Laß warmes oder lauwarmes Wasser in deine Badewanne ein und füge zwei Tassen Salz hinzu. Probiere aus, wieviel Salz du brauchst, damit es sich gut anfühlt. Schalt das Licht aus, und leg Musik auf, die sich mystisch oder archaisch anhört. Du kannst auch Seetang ins Wasser geben. Dann hast du das Gefühl, als ob du im Meer treiben würdest.

## Wasserfall-Visualisierung

Du kannst diese Visualisierungsübung auch unter der Dusche machen. **Entspann dich**, und stell dir vor, du wärst irgendwo im üppigen tropischen Regenwald. Die Luft ist erfüllt von den Rufen exotischer Vögel, vereinzelte Sonnenstrahlen dringen durch das Gewirr von Bäumen und Pflanzen. In deiner Nähe befindet sich ein Bach, und du folgst diesem Bach, bis du an einen wunderschönen Teich gelangst. Am anderen Ende dieses Teiches siehst du einen kleinen Wasserfall, der von einem heilsamen, sanften Dunst umgeben ist.

Du ziehst dich aus und watest durch den Teich, bis du den Wasserfall erreicht hast. Das Wasser ist angenehm warm. Du spürst, wie es sich über deinen Körper ergießt, bis du völlig entspannt bist. Es wäscht dich rein. Alle Anspannung, alle Sorgen, alle dunklen Gedanken und Gefühle weichen jetzt von dir. Es ist ein magischer Wasserfall, und du spürst, wie sich in deinem Inneren ein Gefühl des Wohlbehagens ausbreitet. Du spürst dieses Gefühl in jeder Zelle deines Körpers, und schließlich empfindest du von Kopf bis Fuß ein angenehmes Prickeln. Bleib, solange du möchtest – bis alles von dir abgefallen ist, was dich belastet.

Begib dich dann zurück ans Ufer, streif deine Kleider über, und komm langsam wieder zu dir.

Öffne deine Augen, und genieß dieses wunderbare, wohlige Gefühl, das jetzt in dir ist, und diese besondere Energie.

## LITERATUR UND TIPS:

In den Kapiteln »Die Heilkraft der Kräuter« und »Süße Düfte« findest du weitere Baderezepte.

# Süsse Düfte

## Worum geht's?

Duftende Bettücher, ein Rinderbraten mit Sauce, ein frisch gelüftetes Zimmer – Gerüche haben eine sehr starke Wirkung auf uns. Sie rufen Erinnerungen wach, sie können uns beruhigen, und sie wecken unsere spirituellen Bedürfnisse, die wir allzuoft vernachlässigen. Unser Geruchssinn kann uns viele angenehme Erfahrungen bescheren. Wir sollten ihn nutzen.

## Was du dazu brauchst:

Deine Nase.

Ätherische Öle, Kräuter und andere natürliche Duftstoffe.

Eine Pipette.

## Tu das:

- Wenn Gerüche in deinem Leben bisher eine untergeordnete Rolle gespielt haben.

- Wenn Gerüche angenehme Erinnerungen in dir wachrufen können.

- Wenn du von allem die Nase voll hast.

## Was du für dich tun kannst:

*Bewußt riechen*

Beschäftige dich eine Woche lang mit den verschiedensten Gerüchen, und finde heraus, welche dich besonders ansprechen. Mach dir in deinem Tagebuch entsprechende Notizen. Wenn du verschiedene Gerüche nacheinander ausprobierst, kannst du das wahrscheinlich nur ein paar Minuten lang konzentriert tun. Mach dir bewußt, welchen Geruch du gerade wahrnimmst, zum Beispiel: »Das riecht nach Kiefer.« Versuche, deine Eindrücke so präzise wie möglich zu beschreiben.

Such verschiedene Orte auf, und achte darauf, wie es dort riecht: einen Trödelladen, das Meer, eine Pizzeria, einen Hafen, ein Feinkostgeschäft, oder geh in den Wald, wenn es

*Bewußt riechen* • *Ein Hauch von Duft*
*Gerüche aus der Kindheit* • *Massageöle*
*Duftende Blumen und Pflanzen* • *Badeöle*
*Aromatherapie* • *Gute Düfte für dein Zuhause*
*Bäder* •

gerade zu regnen begonnen hat. Mach das zu den verschiedenen Tageszeiten, auch einmal am frühen Morgen.

## Gerüche aus der Kindheit

Schließ deine Augen, und **entspann dich**. Sieh dich im Geist als das Kind, das du einmal warst. Das Alter spielt keine Rolle. Versichere diesem Kind, daß es sich nicht zu fürchten braucht, und bitte es, dir bei deiner Suche nach den vertrauten Gerüchen von damals behilflich zu sein. Laß dich von ihm an verschiedene Orte führen: in dein Elternhaus, in das Haus deiner Großeltern, in den Garten, in die Schule, die du damals besucht hast, oder auf den Spielplatz, auf dem du früher gerne gespielt hast. Atme tief ein und aus, und ruf dir die Gerüche deiner Kindheit in Erinnerung. Welche Gerüche waren angenehm? Öffne deine Augen, und schreib auf, an welche Gerüche du gerne zurückdenkst.

Wenn dir diese Übung nicht weiterhilft, dann laß einmal folgende Gerüche auf dich wirken: dein Lieblingsparfum; Babypuder; Vanille; ein neues Buch; Lilien; frischgemähtes Gras; Erde, die gerade umgegraben wurde; Essiggurken; Zwiebeln und Knoblauch, die in der Pfanne rösten; altes Leder; das Meer; frischgebackenes Brot; Zuckerwatte; Popcorn; Fleisch, das gegrillt wird; Tannenzweige; frischgemahlener Bohnenkaffee und Speck, der gerade gebraten wird.

Stell dir eine Sammlung wohltuender Gerüche zusammen. Wenn du bei dir zu Hause, an deinem Arbeitsplatz und in deinem Auto immer ein paar gute Düfte aufbewahrst, dann hast du in schwierigen Situationen immer eine positive Stimulanz parat. Ein gutes Parfum im Handschuhfach deines Autos kann dir helfen, dich zu entspannen, wenn du im Stau steckst. Am Herd zu stehen und ein wohlriechendes Essen zu kochen, kann dir helfen, wenn du »niedergeschlagen« bist. Viele Gerüche mußt du regelrecht aufspüren. Also mach einen Spaziergang, und achte auf die Gerüche, denen du begegnest: den Geruch frischgemähten Grases, den herben Duft eines Holzfeuers oder leckere Küchendüfte.

Siehe: *Freude durch Pflanzen*. Dort findest du Hinweise für Kauf und Pflege der Pflanzen.

## Duftende Blumen und Pflanzen

Sorge für mehr Duft in deinem Leben. Fürs Büro eignen sich zum Beispiel Narzissen, Fresien und Hyazinthen, die du selbst an Ort und Stelle ziehen kannst. An deinem Küchenfenster kannst du Salbei, Rosmarin und Lavendel aufstellen. Sie haben es gerne trocken und warm. In deinem Schlafzimmer sorgen Nachtviole, Salbei, Geißblatt, Jasmin oder Nachtkerze für guten Duft. Du kannst sie in Blumenkästen vor deinem Fenster ziehen, dann brauchst du nur das Fenster zu öffnen, und schon ist dein Schlafzimmer von Duft erfüllt. Zierorangen, Maiglöckchen und süßes Steinkraut sorgen für guten Duft in deinem Vorgarten, der dich beim Nachhausekommen begrüßt. Für geschlossene Räume eignen sich Geranien, die es in den verschiedensten Duftnoten gibt: Mandel, Zitrone, Rose, Pfefferminz etc. Sieh dich nach ungekreuzten, reinen Sorten um. Sie duften weit intensiver.

### Aromatherapie

Aromatherapie ist eine Heilmethode, die mit ätherischen Ölen arbeitet. Ätherische Öle sind intensiv duftende, hochkonzentrierte Essenzen, die aus Pflanzen und Kräutern gewonnen werden. Sie sprechen nicht nur unseren Geruchssinn an, ihnen wird auch eine heilende Wirkung zugeschrieben. Sie werden mit Öl, Alkohol oder Wasser verdünnt. In unverdünnter Form werden sie kaum verwendet.

**Achtung**: Ätherische Öle können Nebenwirkungen haben, und sie müssen für Kinder unerreichbar aufbewahrt werden. Bevor du ein ätherisches Öl zum ersten Mal verwendest, solltest du es an einer empfindlichen Körperstelle testen (zum Beispiel an der Innenseite deines Arms), um zu sehen, wie deine Haut reagiert. Wenn du ein seltenes Öl verwenden willst, tust du gut daran, dich zuerst bei einer zuverlässigen Quelle über mögliche Nebenwirkungen zu informieren. Die folgenden Rezepte sind nur zur äußerlichen Anwendung bestimmt.

Wenn du ein ätherisches Öl zum ersten Mal verwendest, solltest du nur zwei oder drei Tropfen in dein Badewasser geben. Einige Öle können bei empfindlicher Haut zu Reizungen führen. Du mußt selbst herausfinden, welche Dosierung für dich die richtige ist. Auch kleine Mengen können sehr wirkungsvoll sein. Hier einige Rezepte:

Siehe: *Badefreuden*

Nach einem harten Arbeitstag wirken 3 Tropfen Lavendel und 2 Tropfen Mandarine sehr entspannend. Du kannst auch 3 Tropfen Geranium probieren.

Auf ein erotisches Rendezvous (zu zweit oder mit dir allein) kannst du dich mit 2 Tropfen Ylang-Ylang, 2 Tropfen Jasmin und 3 Tropfen Sandelholz in einem warmen Bad vorbereiten. Auch Rosenöl und Muskatellersalbei haben eine erotisierende Wirkung.

Wenn du in den Tagen vor deiner Regel unter starken emotionalen Schwankungen leidest, dann helfen 2 Tropfen Beifuß und 2 Tropfen Sandelholz in einem warmen oder heißen Bad. (Beifuß sollte während der Schwangerschaft nicht verwendet werden – aber dann hast du ja auch keine Regelbeschwerden.)

Bei krampfartigen Regelschmerzen helfen 3 Tropfen Muskatellersalbei, 2 Tropfen Majoran und 1 Tropfen Pfefferminz in einem warmen oder heißen Bad.

Wenn eine Erkältung im Anzug ist, dann nimm ein schönes heißes Bad mit 2 Tropfen Lavendel, 2 Tropfen Bergamotte und 2 Tropfen Teebaumöl, oder gib 2 Tropfen Wacholder, 1 Tropfen Pfefferöl und 3 Tropfen Lavendel in ein warmes oder heißes Bad.

Bei einem Stimmungstief helfen 3 Tropfen Rosenöl und 2 Tropfen Lavendel in einem warmen Bad.

Für ein belebendes Bad vor einer Party oder einem anderen Abendprogramm sorgen 2 Tropfen Rosmarin und Rosenholz oder 2 Tropfen Rosmarin und 2 Tropfen Bergamotte in lauwarmem oder warmem Wasser.

Wenn du deinen Kreislauf am Morgen so richtig in Schwung bringen willst, dann nimm ein lauwarmes oder warmes Bad mit 2 Tropfen Rosmarin, 2 Tropfen Wacholder und 1 Tropfen Pfefferminz.

Wenn du nach einer längeren Flugreise Probleme hast, dich auf den neuen Schlafrhythmus einzustellen, versuch es einmal mit 2 Tropfen Ylang-Ylang und 2 Tropfen Lavendel.

*Siehe: Berührungen: Selbstmassage*

Bei Fußschmerzen helfen 4 Tropfen Pfefferminz oder 3 Tropfen Wacholder, 2 Tropfen Lavendel und 1 Tropfen Rosmarin. Eine anschließende Fußmassage ist besonders wohltuend.

Wenn du unter Schlaflosigkeit leidest, hilft ein heißes Bad mit 5 Tropfen Lavendel eine Stunde vor dem Schlafengehen und 1 Tropfen Neroli auf einem Taschentuch neben deinem Kopfkissen.

Gut schlafen kannst du auch nach einem heißen Bad mit 2 Tropfen Kamille, 4 Tropfen Lavendel und 2 Tropfen Orangenblüte.

## Ein Hauch von Duft

Ein Tropfen Basilikumöl auf einem Taschentuch macht dich wieder frisch und munter, wenn du dich ausgelaugt fühlst. Du kannst auch einfach an der Flasche riechen.

Ein Hauch Pfefferminz genügt, um einen gereizten Magen zu beruhigen.

Der Geruch von Lavendel, Neroli, Lemongras oder Lindenblüte beruhigt und hilft dir beim Einschlafen. Verwahre ein Fläschchen in deinem Nachttisch, und gib einen Tropfen auf ein Taschentuch, wenn du nicht schlafen kannst.

Bei Depression oder Angstzuständen helfen 2 Tropfen Geranium, Jasmin, Lavendel oder Rose auf 60 ml Mandelöl.

Wenn du erkältet bist, kannst du 5 Tropfen Eukalyptus auf 60 ml Mandelöl geben und dir damit den Hals und die Brust einreiben (sparsam verwenden). Du kannst dieses Öl auch als Badezusatz nehmen.

Bei Muskelkater, Krämpfen oder Schmerzen im unteren Rücken kannst du folgende Rezepte ausprobieren: 6 Tropfen Kamille, 4 Tropfen Muskatellersalbei und wahlweise 4 Tropfen Majoran oder 5 Tropfen Wacholder; oder 4 Tropfen Lavendel und 4 Tropfen Rosmarin; oder 5 Tropfen Muskatellersalbei und 3 Tropfen Rosmarin auf 60 ml Mandelöl. Massiere sanft die betreffenden Körperstellen.

Eine erotisierende Wirkung haben 3 Tropfen Jasmin, 3 Tropfen Rose, 5 Tropfen Sandelholz und 3 Tropfen Bergamotte auf 60 ml Mandelöl.

Bei Schwangerschaftsstreifen helfen 8 Tropfen Lavendel und 3 Tropfen Neroli auf 60 ml Weizenkeimöl.

## Badeöle

Als Basisöl kannst du Avokado-, Sonnenblumen-, Weizenkeim- oder Mandelöl verwenden. Nimm 5 bis 10 Tropfen ätherisches Öl pro 60 ml Basisöl. Auch hier solltest du mit einer geringeren Dosierung beginnen, die du mit der Zeit steigern kannst. Du kannst jedes der angeführten Rezepte verwenden oder selbst neue Mischungen ausprobieren. Gieß das Basisöl in eine gereinigte Flasche, füg das ätherische Öl hinzu, und schüttle das Ganze. Wenn du Schaum haben möchtest, kannst du 15 ml eines geruchsneutralen Tensides (gibt es in Läden für Kosmetik zum Selbermachen) hinzufügen. Sehr viel Schaum bekommst du, wenn du statt Basisöl nur Tenside verwendest. Schaum verleiht deinem Bad eine sinnliche Note.

*Gute Düfte für dein Zuhause*

Gib einen Tropfen deines Lieblingsöls in den Beutel deines Staubsaugers.

Füll ein niedriges Gefäß mit warmem Wasser, und füg zwei Tropfen Duftöl hinzu.

Gib zwei oder drei Tropfen Ylang-Ylang, Patchouli, Geranium, Lindenblüte oder Rose auf ein Taschentuch, wickle es in ein Stückchen Stoff, und steck es zwischen deine Kleider. (Ätherische Öle sollten nicht unmittelbar mit deiner Kleidung in Berührung kommen, da einige Öle Flecken hinterlassen.)

Gib zwei Tropfen Öl auf einen Metallring, und leg ihn auf eine Glühbirne. Wenn du das Licht einschaltest, wird ein feiner Duft verströmen. Du kannst auch einen Terrakottaring nehmen.

Du kannst kleine Duftsäckchen anfertigen und sie in dein Auto, in deine Tasche, in deinen Schreibtisch oder in dein Bett legen.

Ein kleines Baumwollsäckchen mit Lavendel an der Heckscheibe deines Autos sorgt für Gelassenheit beim Fahren.

Wenn du einen offenen Kamin hast, kannst du duftende Gräser oder verschiedene Holzarten darin verbrennen.

Verwende keine Raumsprays. Sie enthalten chemische Substanzen, die deinen Geruchssinn abstumpfen. Verwende nach Möglichkeit auch keine stark riechenden Reinigungsmittel. Sie sind schlecht für die Umwelt und für deine Nase.

# LITERATUR UND TIPS:

Black, Penny: *Düfte im Haus. Duftende und dekorative Ideen für jeden Raum des Hauses.* AT Verlag, 1991. Mit vielen Rezepten.

Lavabre, Marcel: *Mit Düften heilen.* Verlag Hermann Bauer, 1992. Ein Buch, das über den neuesten Stand der Aromatherapie informiert.

Price, Shirley: *Praktische Aromatherapie. Vitalität und Lebensfreude durch ätherische Öle.* Urania, 1992. Ein gutes Nachschlagewerk.

Ätherische Öle bekommst du in verschiedenen Geschäften: Du kannst in einem Bioladen fragen oder dort, wo es Kräuter und Naturkosmetik gibt. Sieh auch im Branchenbuch unter »Aromatherapie« nach. (Man kann nie wissen!) Außerdem findest du in den meisten Büchern über Aromatherapie eine Adresse, bei der du Öle bestellen kannst (meist am Ende des Buches).

Im Kapitel »Die Heilkraft der Kräuter« findest du weitere Rezepte und Literaturhinweise.

# Die Heilkraft der Kräuter

## Worum geht's?

Eine weise alte Frau beugt sich über einen dampfenden Kessel. In ihrem langen silbernen Haar spielt der Schein des Feuers. Sie braut einen Trank gegen deine Regelschmerzen. Der durchdringende Geruch siedender Kräuter erfüllt den Raum. – Du stehst in deiner hellerleuchteten Küche und bereitest einen heilsamen Kräutertrank. Es sind einige Jahrhunderte vergangen, aber die Heilkraft der Kräuter ist dieselbe geblieben. Das Wissen um natürliche Heilmittel ist uralt, und du kannst eine Menge für dich tun, wenn du es dir zunutze machst: Du setzt eine jahrtausendealte Tradition fort, und du sorgst sehr wirkungsvoll und mit natürlichen Substanzen für deine Gesundheit.

## Was du dazu brauchst:

Verschiedene Kräuter.

Ein Sieb und eine Teekanne.

Kleine Musselinsäckchen oder saubere Baumwollsocken.

## Tu das:

- Wenn es dir Spaß macht, mal Kräuterhexe zu spielen.

- Wenn du versuchen möchtest, diverse Beschwerden mit natürlichen Heilmitteln zu behandeln: Schlaflosigkeit, Krämpfe, Kopfschmerzen etc.

## Was du für dich tun kannst:

Bei allen Rezepten, die ich hier vorstelle, kannst du getrocknete Kräuter verwenden. Man bekommt sie in Bioläden, auf Märkten, in der Apotheke oder Drogerie. Du kannst auch in Natur-Zeitschriften Bezugsquellen ausfindig machen.

### Kräuterbäder

Für ein Kräuterbad brauchst du einen Absud oder ein Säckchen, das du direkt ins Wasser geben kannst. Einen Absud stellst du folgendermaßen her: Gib die angegebene Menge

*Kräuterbäder  •  Schlafkissen*
*Kräutertees  •*

Kräuter in einen Liter Wasser, bring das Ganze zum Kochen, und laß es eine Viertelstunde zugedeckt auf kleiner Flamme sieden. Seihe die Flüssigkeit mit Hilfe eines Siebes durch, und gieß sie in dein Badewasser. Was an Kräuterrückständen übrigbleibt, kannst du in einen Waschlappen geben und dir damit den Körper abreiben.

Du kannst die getrockneten Kräuter auch in eine Baumwollsocke oder ein Musselinsäckchen stecken und unter den Wasserhahn deiner Badewanne hängen oder direkt ins Badewasser geben.

Wenn du verspannt bist, kannst du folgendes Rezept probieren: Bereite einen Absud aus 60g Zitronenmelisse oder Kamille zu, und gib ihn in dein Badewasser, oder gib je 30g Thymian, Salbei und Lavendel in eine Socke.

Wenn du dich nach anstrengender Kopfarbeit ausgelaugt fühlst, helfen dir je 30g Kiefernnadeln und Pfefferminz oder 60g Rosmarin, die du in eine Socke direkt ins Badewasser hängen kannst.

Bei Muskelkater oder wenn du am Anfang einer Grippe unter Gliederschmerzen leidest, kannst du folgendes Rezept probieren: Bereite einen Absud mit je einem gehäuften Teelöffel Rosmarin, Kamille, Pfefferminz, Thymian und Schafgarbe zu, und gib ihn in ein warmes Bad. Diese Mischung eignet sich auch für ein angenehmes Fußbad.

Für ein erfrischendes, energetisierendes Bad kannst du dir folgende Mischung zusammenstellen: je einen Teelöffel Patchouli, Geranienblatt, Minze, Orangenblatt, Salbei, Erdbeerblatt, Waldmeister und Rosmarin in eine Baumwollsocke.

Eine Mischung aus je einem gehäuften Teelöffel Lavendel, Rosmarin, Schwarzwurz und Thymian in einem kleinen Säckchen ergibt ein angenehmes Bad, das du nach Lust und Laune nehmen kannst.

*Kräutertees*

Gib die Kräuter in den unten angeführten Mengen in deine Teekanne, und gieß mit heißem Wasser auf. Laß den Tee zehn Minuten zugedeckt ziehen, und verwende beim Einschenken ein Sieb. Du kannst auch ein Tee-Ei nehmen.

Wenn du möchtest, kannst du diese Tees mit Honig oder Zitrone trinken.

Vor dem Schlafengehen oder um zu entspannen:

¼ Teelöffel Lavendelblüte
½ Teelöffel Zitronenmelisse
½ Teelöffel Lindenblüte
½ Teelöffel Kamille

*oder:*

½ Teelöffel Baldrian
½ Teelöffel Passionsblume
½ Teelöffel Kamille
½ Teelöffel Verbena

*oder:*

1 Teelöffel Orangenblüten
1 Teelöffel Grüne Minze

Bei Regelschmerzen oder emotionalen Tiefs in den Tagen vor der Regel hat sich folgende Mischung bewährt — auch wenn sie nicht besonders gut schmeckt:

½ Teelöffel Kamille
½ Teelöffel Schneeballwurzel
½ Teelöffel Yamswurzel
½ Teelöffel geriebene Ingwerwurzel

Anregend wirkt:

½ Teelöffel Rosenblüten
½ Teelöffel Pfefferminz
½ Teelöffel Hibiskus

Bei Erkältung hilft:

1 Teelöffel Lindenblüte
1 Teelöffel Holunderblatt

*oder:*

1 Teelöffel Schafgarbe
1 Teelöffel Baldrian
1 Teelöffel Birkenblatt

Curcuma (Gelbwurz) ist gut gegen Erkältung, aber eine Herausforderung für deine Geschmacksnerven.

## *Schlafkissen*

Gib 60g Rosenblätter, 30g Minze, 30g Rosmarin und ein Taschentuch mit ein paar Tropfen Nelkenöl in ein Musselinsäckchen, und steck oder näh es in ein Kissen. Benutz dieses Kissen, wenn du nicht gut schlafen kannst.

Eine andere beruhigende Mischung ist: 60g Odermennig, 30g Waldmeister, 30g zerstampfte Nelken, 30g zerkleinerte und getrocknete Orangenschale, 30g Veilchenwurzelpuder und 2 Tropfen Orangenöl.

Wenn du dich gerne besser an deine Träume erinnern würdest, dann gib 250g Beifuß in dein Kopfkissen.

LITERATUR UND TIPS:

McIntyre, Anne: *Hausmittel-Heilkräfte der Natur*. Mosaik, 1995.

Dadd, Debra Lynn: *Nontoxic, Natural, and Earthwise*. J. P. Tarcher, 1990. Natürliche Schönheitspflege, Kräuter, Naturheilmittel: Hier findest du wertvolle Tips für zu Hause und im Büro.

Rose, Jeanne: *Modern Herbal*. Putnam, 1987. Mit vielen Rezepten.

dein Baby stillst etc. Kunstbücher sind ziemlich teuer, aber du kannst dir auch welche in der Bibliothek ausleihen oder zu Weihnachten oder zum Geburtstag schenken lassen. Es gibt auch hier und da recht preiswerte Angebote.

Wenn du mit deiner Arbeit nicht vorankommst oder wenn dir dein Leben trist und grau vorkommt, dann bummle einmal durch einen Stadtteil, der für seine schönen Auslagen bekannt ist. Betrachte die ausgestellten Sachen so, als ob sie unverkäufliche Museumsstücke wären – und nicht als luxuriöse Konsumgüter, die eine Stange Geld kosten.

## Kulturelle Genüsse

Wie wär's mit Gedichten auf Kassette? Das ist ein Genuß, wenn sie von einem Profi gelesen werden. Hast du eine Freundin, der das auch gefällt? Dann kannst du dich mit ihr zusammentun und Kassetten austauschen.

Entdecke Neues. Besuche kulturelle Veranstaltungen, die du noch nicht kennst: ein modernes Ballett, eine italienische Oper, Kabuki-Theater, ein Kellertheater, ein Streichkonzert, zeitgenössische Musik, Jazz, eine Beethoven-Symphonie.

Werde selbst aktiv: Nimm an einem Theater- oder Malworkshop teil, oder lerne, wie man Schmuck herstellt.

Kultur muß nicht teuer sein, und auch in kleinen Städten gibt es kulturelle Veranstaltungen: Vorträge, Ausstellungen, Theateraufführungen, Konzerte. Auch das Radio hat einiges zu bieten. Mach dich auf die Suche, und laß neue Eindrücke auf dich wirken.

*Kreativ sein*

Bemal alte Schwarzweißfotos. Sie sind Malbücher für Erwachsene. Wenn du keine hast, kannst du selbst welche aufnehmen oder dir in einem Trödelladen welche kaufen. In gutsortierten Geschäften für Zeichenbedarf bekommst du Ölfarben, die dafür besonders gut geeignet sind.

Mal Holzmöbel an, oder bezieh alte Polstermöbel. Bei dieser Arbeit wirst du manchmal ins Schwitzen kommen, aber es lohnt sich: Es macht viel Spaß, und du bist stolz, wenn dein Werk vollendet ist.

Mal dein Gesicht an, und bring dein Wesen oder deine gegenwärtige Stimmung zum Ausdruck. Am besten nimmst du dazu Schminke oder Gesichtsfarben, die Clowns verwenden.

Besorg dir eine flache, stabile Kiste in der Größe eines mittelgroßen Bilderrahmens, füll sie mit sauberem weißem Sand, und mal Muster, Formen oder Linien mit einem Gegenstand oder mit den bloßen Händen hinein. Du kannst dieses kleine Kunstwerk in die Mitte deines Tisches stellen, und jeden Tag – und je nach Stimmung – ein neues Bild kreieren.

Nimm dir nicht zuviel vor. Wenn du glaubst, du müßtest etwas besonders Großes oder Perfektes schaffen, verdirbst du dir damit womöglich die Freude. Arbeite nicht auf ein bestimmtes Ziel zu, sondern tu das, was du tust, mit Hingabe. Laß deiner Kreativität freien Lauf, und spür das schöpferische Moment. Es geht hier nicht um Schönheit oder Perfektion, sondern darum, daß du Freude an der Arbeit hast.

# LITERATUR UND TIPS:

Bawden, Juliet: *Kreatives Gestalten mit Papiermaché*. Mosaik, 1991. Ähnliche Dinge hast du wahrscheinlich schon in der Schule gebastelt, aber jetzt kannst du sie viel schöner und zweckmäßiger gestalten.

Bosshart, Renate: *Modischer Schmuck zum Selbermachen*. Callwey, 1994. Phantasievoll, raffiniert, elegant – Mit Arbeitsanleitungen.

Rex, Dieter: *Das große farbige Bastel- und Werkbuch*. Falken, 1993.

Cober, Janet/Budwig, Robert: *The Book of Beads*. Simon and Schuster, 1990. Hier erfährst du, was man alles mit Perlen machen kann.

Fritz, Robert: *Creating*. Ballantine, 1991. Mit vielen Anregungen, wie du deine Kreativität fördern kannst.

Margetts, Martina: *Classic Crafts*. Simon and Schuster, 1989. Ein Bastellbuch, das sich mit Pfeifenputzern und Tannenzapfen nicht zufriedengibt.

# LEISE BITTE!

## WORUM GEHT'S?

Stille wirkt beruhigend, wohltuend und entspannend auf uns. Im Alltagsleben sind wir von einer Unmenge Geräusche umgeben, und viele davon gehen uns ziemlich auf die Nerven. Wir fühlen uns plötzlich unwohl, gereizt oder ärgerlich und wissen nicht, wieso. Das muß aber nicht so sein. Dagegen kannst du etwas unternehmen!

## WAS DU DAZU BRAUCHST:

Deine Ohren.

Verschiedene Lärmschlucker wie Teppiche, Schaumgummi oder Ohrenschützer.

## TU DAS:

- Wenn du auf die Geräuschkulisse, die dich umgibt, mit Kopfweh oder Gereiztheit reagierst.

- Wenn du oft sagst oder denkst: »Wenn ich nur etwas mehr Ruhe hätte!«

## WAS DU FÜR DICH TUN KANNST:

### Bewußt hinhören

Achte in der nächsten Woche ganz bewußt auf die Geräusche, die dich umgeben. Bleib mehrmals während des Tages stehen, schließ deine Augen, und nimm bewußt wahr, was du hörst. Welche Geräusche nimmst du in der Nähe wahr, welche hörst du in der Ferne? Achte darauf, welche Geräusche du beim Aufwachen hörst, während der Arbeit, am Abend oder am Samstagvormittag. Wie reagierst du darauf? − Wirst du wütend auf deinen Partner, wenn der Geschirrspüler läuft? Genügt der Lärm der Müllabfuhr am frühen Morgen, um dir den ganzen Tag zu verderben? Werde dir bewußt, welche Geräusche dich stören, und unternimm etwas, um sie abzustellen oder erträglicher zu machen.

### Lärm eindämmen

Teppichböden, dicke Vorhangstoffe und Polstermöbel sind altbewährte Lärmschlucker, und nicht nur das: Sie machen dein Heim

*Bewußt hören*  •  *Lärm unwandeln*
*Lärm eindämmen*  •

oder deinen Arbeitsplatz auch gemütlicher. Jalousien wirken lärm-
dämmend und gleichzeitig isolierend. Wenn du keine Teppichböden
magst, kannst du Brücken oder kleine Läufer hinlegen. Es gibt
spezielle Teppichunterlagen, die zusätzlich Lärm schlucken. Auch
Bücherregale haben sich bewährt.

Laß nicht zu, daß Lärm, dem du an deinem Arbeitsplatz ausgesetzt bist,
deine Arbeitsleistung mindert. Lärmschutzwände, geräuscharme Ma-
schinen, geschlossene Türen oder Ohrenschützer helfen dir, dich von
lästigen Geräuschen abzuschirmen. Du kannst auch einen Walkman
ausprobieren.

Wenn du deinen Chef erst überzeugen mußt, daß das sinnvolle Maß-
nahmen sind, dann mach ihm klar, daß sie deiner Konzentrationsfä-
higkeit, deiner Kreativität und deiner Leistung zugute kommen.

Leg Schaumgummimatten unter alle lärmerzeugenden Geräte: unter
den Mixer, unter die Küchenmaschine, unter die Schreibmaschine
und unter den Drucker deines Computers.

Wenn du dich nach einer neuen Wohnung oder einem Haus umsiehst,
dann achte darauf, von welchen Geräuschen du dort umgeben bist.
Bleib eine Zeitlang mit geschlossenen Augen stehen und lausch. Wenn
irgend möglich solltest du nur dort einziehen, wo du wenig unangenehmem Lärm ausgesetzt bist.

Gegen störenden Lärm von draußen ist auch ein Zimmerbrunnen
nützlich.

Auch beruhigende Hintergrundmusik oder Aufnahmen von Naturge-
räuschen helfen, Lärm zu neutralisieren. Vielleicht ist das auch eine
Möglichkeit, deinen Arbeitsplatz angenehmer zu gestalten.

Siehe: *Musik für Körper und Seele*

## Lärm umwandeln

Wenn es dir nicht möglich ist, ein störendes Geräusch zu unterbinden
oder durch ein angenehmes zu kaschieren, kannst du versuchen, es
»umzutaufen«. Stell dir vor, das Summen deines Kühlschranks ist das
Rauschen eines entfernten Wasserfalls. Schließ deine Augen, und mal

dir eine wunderschöne Gegend aus, auf Hawaii, in Brasilien, wo immer du magst. Irgendwo in weiter Ferne ist dieser Wasserfall, und du kannst die Dunstschleier, die ihn umgeben, erahnen. Das Summen deines Kühlschranks wird zum Rauschen dieses fernen Wasserfalls und wird dich nicht länger stören. Auf diese Weise kannst du auch andere lästige Geräusche umwandeln.

Eine andere Möglichkeit ist, mit einem störenden Geräusch einfach mitzusummen. Das geht zum Beispiel bei Bau-, Maschinen- oder Flugzeuglärm, aber auch bei Babygeschrei und lautem Straßenverkehr. – Geht unter deinem Fenster den ganzen Tag ein Preßlufthammer? Versuch einfach mitzusum-mm-men. Ahme das Geräusch nach, so gut du kannst.

## LITERATUR UND TIPS:

Paine, Melanie: *Wohnkultur mit Stoffen. Textile Raumgestaltung.* DuMont, 1991. Mit praktischen Anleitungen, wie du selbst Rollos und Vorhänge herstellen kannst.

# BERUHIGENDE KLÄNGE

## WORUM GEHT'S?

Singen, mit den Füßen einen Rhythmus klopfen, Pfeifen, Summen – daneben gibt es aber noch eine Reihe anderer Möglichkeiten, deine Stimme oder einfache Musikinstrumente einzusetzen, um wohltuende Klänge zu erzeugen, die dir helfen, Spannungen in deinem Körper abzubauen, deine Stimmung zu heben und seelisch ins Gleichgewicht zu kommen.

## WAS DU DAZU BRAUCHST:

Deine Stimme.

Eine Trommel.

Ein Klangspiel.

## TU DAS:

- Wenn du so angespannt bist, daß du jeden Moment in die Luft gehen könntest.

- Wenn du immer schon Musik machen wolltest.

- Wenn du dein inneres Gleichgewicht verloren hast oder mit dir selbst oder einem anderen unzufrieden bist.

- Wenn du gerne vor dich hin singst oder summst und manchmal kleine Lieder erfindest.

## WAS DU FÜR DICH TUN KANNST:

*Toning*

Unter Toning verstehen wir das Summen oder Singen bestimmter Töne. Wir lassen damit unseren Körper sprechen. Die folgende Übung wurde von Elizabeth Keyes entwickelt, um Spannungen abzubauen. Versuch, dich einfach gehenzulassen. Je weniger du versuchst, das, was geschieht, zu steuern oder zu kontrollieren, desto besser. Vielleicht kommt dir diese Übung zunächst komisch vor, aber probiere sie trotzdem: Sie ist wohltuend und reinigend.

Steh aufrecht, die Füße schulterbreit, die Knie gebeugt. Die Wirbelsäule ist gerade. Stell dir vor, daß eine Schnur am höchsten Punkt

*Toning* • *Trommeln*
*Chanten* • *Klangspiele*

---

deines Kopfes festgemacht ist und von dort herabhängt. Laß deine Wirbelsäule genauso locker hängen wie diese Schnur, und spüre, wie sie von der Schwerkraft angenehm gedehnt wird. Laß deinen Unterkiefer los. Schließ deine Augen, und achte auf deinen Atem. Wenn du Lust hast, kannst du auch langsam hin- und herschwingen. Fühle, wie das Leben in deinem Körper pulsiert.

Stell dir dann einen stöhnenden oder ächzenden Laut vor, der von deinen Fußsohlen aufsteigt und deinen ganzen Körper durchdringt. Das ist die Stimme deines Körpers, die alles Unangenehme loslassen möchte: Schmerz, Enttäuschung, Traurigkeit, alles, was dich belastet. Laß dieses Stöhnen nach oben wandern. Öffne deinen Mund, und atme mit einem kräftigen »Ohh« oder »Ahh« aus. Spüre, wie du dabei immer leerer wirst. Laß deinen Körper sprechen.

Atme tief in deinen Bauch hinein, und laß mit jeder Ausatmung mehr von diesem Stöhnen aus dir heraus: Seufze, stöhne, jammere, heule, tu, was immer sich gut anfühlt – so lange, bis du dich ganz leer fühlst.

Beende diese Übung mit einem tiefen Seufzen. Setz dich anschließend ein paar Minuten hin, lausch der Stille, und spür nach, wie es dir geht. Vielleicht hast du auch Lust, jetzt zu meditieren oder dir auszumalen, daß du einen wunderbaren Tag oder Abend vor dir hast.

Während des Tonings kannst du dir selbst oder einem anderen Menschen Heilenergie senden. Konzentriere dich auf diese Energie, und laß den Betreffenden vor deinem inneren Auge erscheinen. Toning kann dir auch helfen, wenn du wütend, nervös oder verspannt bist oder wenn du unter Rückenschmerzen oder einer Magenverstimmung leidest. Vielleicht dauert es eine Weile, bis du Erleichterung spürst. Versuch es ein paarmal, und laß dich überraschen.

## Chanten

Chanten ist eine sehr alte Technik, die seit Jahrhunderten in vielen Kulturen angewendet wird, um Erleuchtung zu erlangen oder einfach nur, um das persönliche Wohlbefinden zu steigern. Du kannst chanten, ohne es jemals gelernt oder gehört zu haben. Wie du es auch machst: Du machst es richtig. Wenn du noch nie gechantet oder jemandem beim Chanten zugehört hast, kommt es dir vielleicht komisch vor. Beim ersten Mal fühlte ich mich so unsicher, daß meine Stimme zu versagen drohte. Ich brauchte mehrere Anläufe, und schließlich gelang es mir, loszulassen und mich diesem wunderbaren, einfachen Sprechgesang hinzugeben. Chanten ist so ähnlich, wie dir selbst ein Wiegenlied zu singen. Versuch es einfach, spiel mit deiner Stimme. Chanten tut gut. Das haben im Laufe der Jahrhunderte schon unzählige Menschen erfahren.

Denk dir deinen persönlichen Chant aus, einen Chant, der dich besonders anspricht. Wähl einfache, positive Worte, ähnlich wie du sie in Affirmationen verwendest, und achte auf den Rhythmus, zum Beispiel: »Ich erkenne, erkenne, erkenne mich an«, »Mir geht's gut, mir geht's gut, meine Welt ist okay«, »Ich bin, wie ich bin, ich bin, wie ich bin« oder »Friede, Friede, Friede, Friede, mein Herz soll voller Frieden sein.« Du kannst auch während eines Rituals chanten. Probiere Verschiedenes, und sei erfinderisch.

*Siehe: Musik für Körper und Seele: Eine Kassette zum Wohlfühlen*

## Trommeln

Trommeln ist eine andere altbewährte Methode, wohltuende Klänge zu erzeugen. Trommeln und Chanten sind zwar nicht Teil unserer Kultur, aber sie wirken.

Stell dir vor, du sitzt auf einem Bootssteg und die Wellen schlagen gegen den Unterbau. Schlag deine Trommel gleichmäßig, im Takt mit den Wellen: eins, zwei, drei, vier; eins, zwei, drei, vier. Jetzt kommt eine größere Welle, die härter anschlägt: *eins*, zwei, drei, vier; *eins*, zwei, drei, vier. Jetzt ist jede zweite Welle stärker: *eins*, zwei, *drei*, vier; *eins*, zwei, *drei*, vier.

Ich habe eine kleine Trommel aus New Mexico. Ich benutze sie, wenn ich mit Affirmationen arbeite. Wenn es mir schlechtgeht oder wenn ich mir über irgend etwas den Kopf zerbreche, dann singe ich eine oder zwei Affirmationen, und schlage die Trommel dazu. Ich habe auch schon getrommelt, um mir Klarheit über meine Ziele zu verschaffen. Das hat sich wie ein Rap angehört.

Jede Trommel hat ihren eigenen Klang. Probier deine Trommel aus, spiel mit ihr, und finde ihren besonderen Klang. Wenn du eine Trommel mit einer Fell- oder einer echten Hautbespannung hast, kannst du sie über einer Kerze oder einem Ofen erwärmen. Dann hörst du ihre ganze Klangfülle. Experimentiere mit deiner Trommel an verschiedenen Orten: wenn du allein zu Hause bist, im Badezimmer, in der freien Natur. Du mußt nicht perfekt spielen, du mußt kein Konzert geben. Du machst das für dich! Du wendest eine einfache und uralte Methode, zu sich zu finden und sich mit neuer Energie aufzuladen, zu deinem Wohl an. Du kannst auch trommeln und gleichzeitig chanten.

*Klangspiele*

Ein Klangspiel hat eine ähnlich einfache und intensive Wirkung, aber es ruft andere Gefühle hervor. Trommeln sprechen tiefere, ursprünglichere Schichten in uns an, Klangstäbe oder Glocken unseren luftigen oder ätherischen Anteil.

Trag ein kleines Klangspiel bei dir, dann kannst du immer darauf spielen, wenn dir danach ist: wenn du im Stau steckst, in deiner Mittagspause oder in der Badewanne. Probier verschiedene Klangfolgen, verschiedene Tonlagen und Lautstärken aus. Achte auch auf die Stille zwischen den Tönen. Das ist sehr einfach und überraschend wirkungsvoll. Diese zarten Klänge versetzen dich sehr rasch in einen ruhigen, ausgeglichenen Zustand, und du fühlst dich wie verzaubert.

## LITERATUR UND TIPS:

Keyes, Elizabeth: *Toning*. DeVorss and Co., 1973. Du kannst dieses Buch direkt beim Verleger bestellen: P.O. Box 550, Marina Del Rey, CA 90294, USA. Ein besonderes Buch, eine bedeutende Autorin!

Informiere dich in Musikalienhandlungen. Dort findest du auch Fachzeitschriften. Klangspiele gibt es in vielen esoterischen Buchläden.

In den Literaturhinweisen zum Kapitel »Musik für Körper und Seele« findest du weitere Hinweise.

# Musik für Körper und Seele

## Worum geht's?

Wenn wir Musik hören, dann tun wir das meist zur Unterhaltung. Musik hat aber auch eine heilende Wirkung, und wir können lernen, sie für uns zu nutzen. (Das wird uns in unserem Kulturkreis leider nur selten beigebracht. Aber es wird uns ja auch nicht beigebracht, uns Gutes zu tun und uns zu verwöhnen.) Musik kann dein Leben verändern und dich ungemein bereichern. Öffne deine Ohren und lausche – und entdecke, wie gut dir das tut.

## Was du dazu brauchst:

Eine Stereoanlage, einen Kassettenrecorder oder einen CD-Spieler.

Musik.

## Tu das:

- Wenn du dich von unangenehmen Gedanken ablenken möchtest.

- Wenn du ein paar Streicheleinheiten brauchst.

- Wenn es dir schlechtgeht, wenn du müde oder erschöpft bist oder wenn du dir Sorgen machst.

- Wenn du etwas Schwung brauchst.

## Was du für dich tun kannst:

*Ein Klangbad*

Jeder Teil deines Körpers ist empfänglich für Klang: deine Leber, die hauchdünnen Membranen in deinen Lungen, dein Gehirn und deine große Zehe. Such dir eine fließende, heilende Musik aus, zum Beispiel: *Seapeace* von Georgia Kelly, *Echo Canyon* von James Newton, *Water Colors* von Pat Metheny, *Air* von Bach oder *A Rainbow Path* von Kay Gardner.

Leg dich auf den Fußboden, mit den Füßen in Richtung Lautsprecher, schieb dir ein Kissen in den Nacken, und **entspann dich**. Stell dir vor, die Musik sei Wasser, das dich umspült, dich langsam hebt und von aller Anspannung reinwäscht. Spüre, wie die Musik dich wiegt, umhüllt und zärtlich umarmt, bis du ganz entspannt bist.

---

*Ein Klangbad* • *Eine Kassette zum Wohlfühlen*
*Geh auf deine Stimmung ein* • *Musik, die dir gefällt*

---

Musik für Körper und
Seele

Laß sie durch die Fußsohlen in deinen Körper hineinfließen. Spüre, wie sie deine Füße füllt und durch die Knöchel fließt, in die Unterschenkel hinein und hinauf zu den Oberschenkeln. Fühle, wie sie sanft in dir vibriert. Laß sie jetzt in deinen Unterleib fließen, in den Magenbereich, in die Lungen, die Arme hinunter und in jeden einzelnen Finger. Spüre, wie die Musik dein Herz erfüllt. Schließlich gelangt sie in deinen Nacken und in dein Gesicht, massiert jeden Muskel und füllt jede Faser mit Schönheit und Entspannung. Bleib noch ein paar Minuten liegen, wenn die Musik zu Ende ist, und genieß das wunderbare Gefühl in dir.

Siehe: *Badefreuden: Salzbad; Beruhigende Klänge: Chanten; Ein Tag für dich*

Probier verschiedene Arten von Musik aus, je nach Stimmung. Du wirst bald herausfinden, was dir wann guttut.

Du kannst diese Übung auch mit einem der Rituale kombinieren, die du in diesem Buch findest.

### Geh auf deine Stimmung ein

Wähl Musik aus, die zu deiner gegenwärtigen Stimmung paßt. Wenn du angespannt bist, kannst du das Stück *Vessel* aus dem *Koyannisqatsi*-Soundtrack von Philip Glass probieren, wenn du glücklich bist, das *Halleluja* aus Händels *Messias* oder den *Frühling* aus Vivaldis *Vier Jahreszeiten*. An einem Tag, an dem du eher nach innen gekehrt bist, paßt zum Beispiel *Tender Ritual* von Jim Chappell oder *Creator* von Robin Crow. Wenn du dich voll Schaffenskraft fühlst, kannst du den *Fantasia*-Soundtrack auflegen oder *Deep Breakfast* von Ray Lynch. Laß dich ganz von der Musik durchdringen, bis in dein Innerstes. Laß zu, daß sie deine Gefühle wachruft und aufsteigen läßt. Musik hilft dir, mit deinen Gefühlen in Kontakt zu kommen. Nach dieser Übung fühlst du dich gereinigt und sehr, sehr wohl.

Siehe: *Dampf ablassen; Die kleinen Enttäuschungen; Genieß deine Lust; Badefreuden*

Stell dir vor, daß die letzten Klänge der Musik dein Herz mit einem Gefühl des Friedens und der Freude erfüllen. Leg dann ein meditatives oder ekstatisches Stück auf, je nachdem, wie du dich fühlst: Du kannst *The Pearl* von Harold Budd und Brian Eno probieren oder *Clair de Lune* von Debussy, *Ecstasy* von Deuter oder *Totem* von Gabrielle Roth und den Mirrors. Fühl, wie die Musik deine Lebensgeister weckt und dich mit neuer Energie versorgt. Du kannst diese Übung auch mit einem der beschriebenen Rituale verbinden.

## Eine Kassette zum Wohlfühlen

Eine Kassette zum Wohlfühlen ist eine Kassette mit deiner Lieblingsmusik, mit Affirmationen und Texten, die dir Mut machen. Stell diese Kassette zusammen, wenn es dir gutgeht, wenn du erfüllt bist von Energie und Lebensfreude. Sag dir, wie toll du dich findest, oder bitte eine Freundin, dir ein paar nette Sachen auf dieses Band zu sprechen. Du kannst auch ein Gedicht oder Zitate, die dir gut gefallen, aufnehmen, Ausschnitte aus einem lustigen Film oder eine Nachricht von deinem Anrufbeantworter, über die du dich besonders gefreut hast.

## Musik, die dir gefällt

Welche Musik dir gefällt, weißt du selbst am besten. Das ist etwas ganz Persönliches. Wenn du möchtest, kannst du dir in deinem Notizbuch Aufzeichnungen darüber machen, welche Musik dich anspricht und zu welcher Gelegenheit sie dir passend erscheint: zum Meditieren, wenn du glücklich bist, wenn du traurig bist etc. Schreib alles auf, was dir gefällt: Lieder, die du im Radio hörst, in einem Film oder bei Freunden. Größere Bibliotheken haben in der Regel eine Musiksammlung, und viele Musikgeschäfte bieten dir die Möglichkeit, in Platten und CDs reinzuhören. So kannst du dich vergewissern, ob ein Musikstück dir immer noch gefällt, bevor du es kaufst.

# LITERATUR UND TIPS:

Berendt, Joachim E.: *Ich höre – also bin ich. Hör-Übungen, Hör-Ge-
danken.* Verlag Hermann Bauer, 1989.

Lingerman, Hal A.: *Die Geheimnisse großer Musik. Eine Anleitung zum
bewußten Hören. Musik als Mittel zum Meditieren, Heilen, Entspannen,
Träumen, Aktivieren und Stimulieren.* Windpferd, 1990. Hier findest du
eine Fülle von Musiktips und wie du sie zu Heilzwecken einsetzen
kannst.

Birosik, Patti Jean: *The New Age Music Guide.* Macmillan, 1989. Informiert über New Age Musik, auch über Meditationsmusik, Chants etc.

*Ladyslipper Catalog*, P.O. Box 3124, Durham, NC 27715, USA. Telefon: (919) 683-1570. Musik von Frauen für Frauen. In diesem umfang-
reichen Versandkatalog findest du: Chants, Trommelmusik, geführte
Meditationen, feministische Musik und vieles mehr. Zu jeder MC
oder CD gibt es eine Kurzbeschreibung. Ladyslipper ist ein gemein-
nütziger Verein und liefert weltweit. (Der Katalog ist kostenlos.)

# SPIRITUELLE BEDÜRFNISSE

## WORUM GEHT'S?

Wir haben nicht nur materielle, wir haben auch spirituelle Bedürfnisse. Tief in uns ist eine Quelle inneren Wissens, die um die Geheimnisse des Daseins weiß. Es ist wichtig für uns, mit diesem Teil unserer selbst regelmäßig Verbindung aufzunehmen. Wir sehnen uns immer wieder danach, auch wenn wir uns dessen oft gar nicht bewußt sind. Du brauchst kein religiöser Mensch zu sein. Egal, ob und an was du glaubst − wenn du dich lebendig und ganz fühlen und inneren Frieden finden möchtest, mußt du dich diesem geheimnisvollen und oft verschütteten Aspekt deiner selbst zuwenden. Wenn wir uns spirituell vernachlässigen, verlieren wir den Boden unter unseren Füßen. Es ist nicht immer einfach, unsere spirituellen Bedürfnisse zu befriedigen, aber wenn wir sie vernachlässigen, dann fehlt uns etwas.

## WAS DU DAZU BRAUCHST:

Deine Vorstellungskraft.

Einen ruhigen Ort, an dem du dich entspannen kannst.

Musik, die dir hilft, dich zu entspannen und in dich zu gehen.

## TU DAS:

- Wenn du spürst, daß in deinem Leben etwas fehlt, und nicht weißt, was.

- Wenn dich das, was du bisher für deine spirituellen Bedürfnissen getan hast, nicht wirklich befriedigt.

- Wenn du dich danach sehnst, mit dem Göttlichen in Berührung zu kommen.

## WAS DU FÜR DICH TUN KANNST:

*In mir ist Frieden*

Schließ deine Augen, und **entspann dich**. Achte auf deinen Atem: ein − aus, ein − aus. Richte nun deine Aufmerksamkeit auf die Mitte deiner Stirn, ohne dich dabei anzustrengen. Atme weiter, und wiederhole folgenden Satz: »In mir ist Ruhe und Frieden. Alles ist gut in meiner Welt.« Wiederhole das mehrere Male, und atme tief ein und aus. Bleib mit deiner Aufmerksamkeit bei deiner Stirn.

## Spirituelle Bedürfnisse befriedigen

Sorge dafür, daß du einmal pro Woche – und möglichst immer zur selben Zeit – etwas tust, um deine spirituellen Bedürfnisse zu befriedigen. Es muß kein Sonntag sein, und in der Regel reicht schon eine halbe Stunde. Hier ein paar Tips, was du tun kannst:

*Siehe: Die Heilkraft der Natur.* Dort findest du Anregungen, wie die Natur dir helfen kann, Zugang zu deiner Spiritualität zu finden.

Du kannst jeden Sonntag in eine andere Kirche gehen und die Musik, das Innere der Kirche und die unterschiedlichen Predigten auf dich wirken lassen. Du kannst auch probieren, wie es ist, in einer leeren Kirche oder an einem anderen spirituellen Ort einfach nur in der Stille zu sitzen und zu meditieren. Das ist besonders wohltuend, wenn du es immer am selben Ort und zur selben Zeit tust.

Du kannst Bücher zum Thema »Spiritualität« lesen oder einschlägige Kurse besuchen. Was Bücher anbelangt, kann ich besonders *Zen-Geist Anfänger-Geist* oder die Bücher von Louise Hay oder Joseph Campbell empfehlen. Vielleicht hast du auch Lust, dich mit den Göttinnen alter Kulturen zu beschäftigen.

Du kannst ein Gedicht oder eine Geschichte an oder über deine Spiritualität schreiben oder ein Gebet, das die Freude zum Ausdruck bringt, die du empfindest, wenn du mit deiner Spiritualität oder deinem Höheren Selbst in Berührung kommst.

*Siehe: Freude am Schönen*

Du kannst dich auch mit Kunst beschäftigen.

*Siehe: Berührungen: Mit der Natur in Berührung kommen; Tu was für deinen Körper: Spür, was du gerade tust; Musik für Körper und Seele: Ein Klangbad.* Dort findest du ähnliche Übungen.

Eine klassische Symphonie, ein Spaziergang in der Abendstille, Laufen am frühen Morgen – all diesen Dingen wohnt auch eine spirituelle Komponente inne. Wenn du lernst, das zu spüren und bewußt zu erleben, wird dein Leben sehr viel reicher. Was immer du gerne tust – spüre, wie es dir auch auf spiritueller Ebene guttut. Bereite dich bewußt darauf vor, indem du ein paar Minuten meditierst. Versuche, mit deiner Aufmerksamkeit ganz bei dem zu bleiben, was du tust. Wie fühlt sich das an? Laß dich ganz von der Musik durchdringen; nimm den Tau im Gras und auf den Bäumen wahr; konzentriere dich auf deinen Atem, während du läufst. Nimm dir nachher noch etwas Zeit, dem Erlebten nachzuspüren oder etwas in dein Tagebuch zu schreiben.

Du kannst auch mit Affirmationen arbeiten, die deine Spiritualität ansprechen:

*Tief in meinem Inneren ist eine Quelle der wahren Liebe.*

*Ich bin jetzt mit meiner Spiritualität in Kontakt.*

*Ich lebe ganz im Hier und Jetzt.*

*Ich bin ein Wesen göttlichen Ursprungs und bin hier auf Erden, um meiner göttlichen Bestimmung zu dienen.*

Siehe: *Wenn dir der Anfang schwerfällt.* Dort findest du mehr zum Thema »Affirmationen«.

## Gemeinsam auf der Suche

Du kannst ein Retreat organisieren oder an einer Veranstaltung teilnehmen, die dich in engen Kontakt mit der Natur bringt. Du kannst ein einschlägiges Seminar besuchen oder mit Gleichgesinnten nach Griechenland fahren und alte Tempel und andere Kultstätten aufsuchen.

Siehe: *Die Heilkraft der Natur: Organisiere ein Naturretreat; Frauen, die dich unterstützen: Das Traumrad*

Du kannst dich einer Meditationsgruppe anschließen, einen Zen- oder Yogakurs besuchen, du kannst dir das Angebot eines buddhistischen Zentrums in deiner Nähe anschauen oder einen Geistlichen um Rat fragen.

Es gibt auch die verschiedensten Seminarzentren und Vereine, die Veranstaltungen zu spirituellen Themen anbieten. Vielleicht existiert in deiner Nähe auch eine Frauengruppe, die sich mit spirituellen Themen beschäftigt. In den letzten Jahren hat es einen Boom auf diesem Gebiet gegeben. Achte auf Anschläge in Frauen- oder esoterischen Buchhandlungen, auf Anzeigen in einschlägigen Zeitschriften, oder frag deine Freundinnen. Du kannst auch selbst eine Gruppe gründen. Hab keine Angst, du mußt kein Guru sein: Es genügt schon, wenn du dich regelmäßig mit ein paar Freundinnen triffst, um gemeinsam zu meditieren, Tagebuch zu schreiben oder über spirituelle Dinge zu sprechen.

Siehe: *Sorge für Unterstützung von außen: Die richtigen Leute finden; Frauen, die dich unterstützen*

*Die Reise in dein Zentrum*

Schließ deine Augen und **entspann dich**. Atme tief ein und aus, und laß deinen Atem durch den ganzen Körper fließen.

Stell dir vor, du bist in einem wunderschönen Wald. Furchtlos, entspannt und voller Erwartung, was dir Schönes begegnen wird, gehst du deines Weges. Nimm deine Umgebung wahr, und atme die frische Waldluft tief ein.

Du spazierst so eine Zeitlang weiter, bis du schließlich an ein großes Loch gelangst, das sich vor deinen Füßen auftut. Du schaust hinein und siehst eine Treppe, die in das Erdinnere hinabführt. Du weißt, daß diese Treppe dich in dein inneres Zentrum führt.

Nimm einen besonders tiefen Atemzug, und beginne, die Treppe hinabzusteigen, bis du an einen Treppenabsatz gelangst und innehältst. Nimm wieder einen tiefen Atemzug, und geh weiter, bis du den nächsten Absatz erreichst. Auch hier hältst du inne und atmest tief. Du fühlst dich angenehm entspannt. Je näher du deinem Innersten kommst, desto langsamer und tiefer werden deine Atemzüge.

Schließlich gelangst du zu einem Gang, in dem sich eine Tür befindet, auf der in großen Buchstaben zu lesen steht: MEIN INNERES ZENTRUM. Du weißt, daß es auch dort nichts gibt, vor dem du dich zu fürchten brauchst. Öffne die Tür und tritt ein.

Geh umher, und sieh dir diesen Ort genau an. Vielleicht begegnest du einer Person oder einem Tier. Wen immer du triffst – stell ihr/ihm folgende Frage: »Was soll ich in diesem Augenblick lernen oder begreifen?« Vielleicht siehst du auch ein Symbol oder ein Bild. Achte auf diese Dinge. Vielleicht gibt man dir etwas in die Hand. Du mußt nicht alles verstehen, was dir hier widerfährt. Was dir auch begegnen mag: Es ist ein Teil von dir. Nimm dir genügend Zeit, dich umzusehen.

Wenn du dir alles in Ruhe angesehen hast, kannst du dich auf den Rückweg machen. Du weißt, daß du jederzeit hierher zurückkehren kannst. Nach einer Weile siehst du das Licht am oberen Ende der Treppe. Es zieht dich an. Je näher du diesem Licht kommst, desto lebendiger fühlst du dich, desto stärker spürst du die wunderbare Energie, die dich durchströmt. Öffne die Augen erst, wenn du oben angekommen bist. Du bist wieder in deinem Zimmer. Es geht dir gut, du bist voller Energie, und du hast etwas Wunderbares erlebt: Du bist deinem Innersten begegnet.

Nimm dir noch etwas Zeit, den Erfahrungen, die du soeben gemacht hast, Ausdruck zu verleihen: Mal ein Bild, schreib eine Geschichte oder tu, was immer du tun möchtest, um diese Erfahrung zu beschreiben und zu würdigen. Tu, wonach es dich verlangt, ohne lange darüber nachzudenken. Betrachte dein Werk: Vermittelt es dir neue Einsichten oder Erkenntnisse, die du in den Alltag integrieren möchtest?

Siehe: *Dein kreatives Tagebuch*

Du kannst diese Meditation wiederholen, so oft du möchtest. Unser Inneres hält viele Botschaften für uns bereit. Wir können uns an diesen Ort begeben, wenn wir einen Rat brauchen, um uns zu zentrieren oder wenn wir uns in einer sehr tiefen und befriedigenden Weise Zuwendung schenken wollen.

## Deine persönliche Mythologie

Rollo May und viele andere Schriftsteller und Psychotherapeuten sagen: Das, was unsere Gesellschaft braucht, damit unser Leben wieder mehr Sinn bekommt, ist eine neue, uns angemessene Mythologie. Die alten Mythen passen nicht mehr, aber wir haben keine neuen, um die Lücke zu schließen. Was uns vor allem fehlt, ist eine weibliche Mythologie.

Dagegen kannst du etwas tun:

Du kannst deine eigene Mythologie schaffen. Du kannst deinen persönlichen Mythos aufschreiben, malen, fotografieren, tanzen oder in Form einer Geschichte zum Ausdruck bringen. Hier ein paar Anregungen:

Denk zurück an eine schwere Zeit in deinem Leben, und mythologisiere sie, das heißt, verwandle sie in eine Geschichte, die einen tieferen Sinn als unsere alltägliche Erfahrung beinhaltet. Eine Abtreibung, eine

Scheidung oder die Suche nach einem Partner können dir als Ausgangspunkte dienen.

Nimm einen Traum, der dich beeindruckt hat, und verwandle ihn in einen Mythos.

Nimm eine soziale Problematik, zum Beispiel Streß, der im Zusammenhang mit der Doppelbelastung berufstätiger Mütter auftritt, oder die Misere obdachloser Frauen, und such dafür eine positive, mythische Lösung.

Schreib ein Märchen für deine Tochter – egal, ob du wirklich eine hast oder nicht. Beschreib darin eine Frau, die intelligent, stark und voller Liebe ist und diese Anlagen nutzt, um die Welt zum Positiven zu verwandeln.

Beschäftige dich mit griechischen oder indianischen Mythen, mit den Mythen der australischen Aborigines oder mit Göttinnenmythen. Dort kannst du dir viele Anregungen holen. Du kannst alte Mythen auch umschreiben oder personalisieren.

Erfinde eine Geschichte zu einem Gegenstand, der auf dich eine besondere Faszination ausübt: eine Trommel, einen Schal, ein Bild oder ein Armband.

Du kannst dir Mythen ausdenken, wann immer du möchtest. Sie helfen dir, wenn du die Verbindung zu deiner Familie oder zu deinen Vorfahren verloren hast oder wenn du nach Problemlösungen suchst. Wenn du alltägliche Situationen oder Lösungen mythisch einkleidest, läßt du deiner Vorstellungskraft freien Lauf – ähnlich wie bei einem Brainstorming.

## Ein kleiner Altar

Für Kay Leigh Hagan ist ein Altar ein Ort, an dem wir die Dinge verehren können, die uns heilig oder kostbar sind. Für mich ist es ein Ort, an dem ich meine persönliche Spiritualität zum Ausdruck bringe, wo ich den Dingen, die mir etwas bedeuten, einen besonderen Platz gebe. Hier kann unser spielerisches Selbst mit unserer Spiritualität in Verbindung treten, und dabei können wir eine Menge lernen.

Du kannst dir jederzeit einen oder mehrere kleine Altäre einrichten: an deinem persönlichen Rückzugsort, auf dem Bücherregal neben deinem Schreibtisch, auf deinem Nachttisch oder wo immer du möchtest. Das kann auch eine Ansichtskarte von einem Ort sein, den du gerne aufsuchen würdest, mit einer brennenden Kerze daneben, oder eine Zusammenstellung von ein paar Dingen, die dir etwas bedeuten – auch wenn du gar nicht weißt, wieso. Ein Meditationsbuch, ein Klangspiel oder dein Meditationskissen, alles kann zum Altar werden. Mach das einfach ganz spontan und spielerisch.

Siehe: *Dein persönlicher Rückzugsort*. Dort findest du weitere Anregungen.

# LITERATUR UND TIPS:

Baldwin, Christina: *Das kreative Tagebuch. Tagebuchschreiben als Zwiesprache mit sich selbst*. Scherz, 1992. Wie du deine Spiritualität durch Schreiben wecken kannst.

Campbell, Joseph: *Lebendiger Mythos. Wissenschaft, Musik, Poesie*. Goldmann, 1991.

Murdock, Maureen: *Der Weg der Heldin. Die Suche der Frau nach Ganzheitlichkeit*. Hugendubel, 1994. Maureen Murdock zeigt, wie Mythen und Archetypen Frauen auf ihrem Weg zur Ganzwerdung helfen können.

Suzuki, Shunryu: *Zen-Geist Anfänger-Geist. Unterweisungen in Zen-Meditation*. Theseus, 1993. Eine Einführung in den Zen-Buddhismus.

Thich Nhat Hanh: *Das Wunder der Achtsamkeit. Einführung in die Meditation*. Theseus, 1992. Ders.: *Ich pflanze ein Lächeln. Der Weg der Achtsamkeit*. Goldmann, 1992. Ders.: *Innerer Friede − Äußerer Friede*. Theseus, 1993. Die Bücher von Thich Nhat Hanh helfen dir, das spirituelle Moment im Alltag und in den alltäglichen Verrichtungen wiederzuentdecken.

Walker, Barbara G.: *Das geheime Wissen der Frauen. Ein Lexikon*. Zweitausendeins, 1993.

Gadon, Elinor W.: *The Once and Future Goddess*. Harper & Row, 1989. Ein interessantes Buch für alle, die die Kraft, die alten Mythen innewohnt, neu entdecken wollen.

Gimbutas, Marija: *The Language of the Goddess*. Harper & Row, 1989. Ein bedeutendes Buch.

May, Rollo: *The Cry for Myth*. W. W. Norton, 1991. Warum wir Mythen brauchen, und wie wir sie bekommen.

## Nicht gern allein?

Was bedeuten die folgenden Begriffe für dich: »sich zurückziehen«, »allein sein«, »Zeit ist kostbar« und »Einsamkeit«? Nimm dein Tagebuch, und schreib auf, was kommt.

Nimm einen Karton und deine Bastel- und Malutensilien, und entwirf eine Skulptur zum Thema: »Allein sein.« Was würdest du gerne tun, wenn du genügend Zeit für dich hättest? Auf der Innenseite deines Kartons kannst du malen, zeichnen, modellieren oder Bilder aufkleben, die darstellen, was du während dieser Zeit tun könntest. Hast du bestimmte Pläne, Vorstellungen oder das eine oder andere schon ausprobiert? Und was hindert dich daran, dir genügend Zeit für dich zu nehmen? Was ist dir scheinbar wichtiger? Welche Ängste halten dich davon ab? Sind Schuldgefühle im Spiel? Male, zeichne oder schreibe diese Dinge auf die Außenseite des Kartons.

Erfinde einen Tanz, der zeigt, wie du die Zeit mit dir allein verbringst.

*Siehe: Tu was für deinen Körper: Tanzen wie ein Derwisch. Das ist eine Möglichkeit.*

Bist du gern allein? Was gefällt dir daran, was fällt dir schwer? Schreib 50 Dinge auf, die dir dazu einfallen. Du kannst dich wiederholen, so oft du willst. Schreib alles auf, was kommt, auch das, was scheinbar keinen Sinn macht. Hör nicht auf zu schreiben, bis du 50 Dinge beisammen hast.

## Stille

**Entspann dich.** Atme tief und langsam, und richte deine Aufmerksamkeit auf die kurze Pause, die zwischen dem Ein- und dem Ausatmen liegt. Falls dich irgendwelche Geräusche ablenken, versuch dich auf die Stille zwischen den Geräuschen zu konzentrieren. Stell dir die Stille am Meeresgrund vor. Tauch ein in dieses Gefühl der Weite und der Ruhe. Bleib in diesem Zustand, solange du möchtest. Wende deine Aufmerksamkeit dann wieder den Geräuschen in deiner Umgebung zu, und öffne langsam deine Augen.

Diese Übung ist besonders schön im Freien: auf einem Berg, wo der Wind mit deinen Haaren spielt, an einem stillen Plätzchen im Garten oder an einem kleinen See.

*Siehe: Die Heilkraft der Natur: Vorbereitungen treffen*

*Das schönste Geschenk*

Gestatte dir, nichts zu tun – absolut gar nichts. Du brauchst vielleicht ein bißchen Übung, bis du das kannst, aber du wirst sehen, wie gut das tut!

## LITERATUR UND TIPS:

Storr, Anthony: *Die schöpferische Einsamkeit. Das Geheimnis der Genies.* Zsolnay, 1990. Ein Buch zum Thema »Kreativität und Einsamkeit«.

Kottler, Joffrey: *Private Moments, Secret Selves.* J. P. Tarcher, 1990. Dieses Buch zeigt, wie wir die Zeit, die wir allein sind, für uns nutzen können.

# Die kleinen Enttäuschungen

## Worum geht's?

Leben heißt auch, unangenehme Erfahrungen zu machen. Das ist unausweichlich. Dieses Kapitel befaßt sich mit den vielen kleinen Enttäuschungen und schmerzlichen Momenten, denen wir in unserem täglichen Leben immer wieder begegnen: wenn wir zugenommen, statt abgenommen haben; wenn wir unsere Steuern zahlen müssen; wenn wir uns mit einer guten Freundin gestritten haben.

Wenn du versuchst, dich in solchen Momenten einfach mit etwas anderem zu beschäftigen und so zu tun, als ob nichts gewesen sei, dann blockierst du deine Gefühle, und das erzeugt Streß und Frustration. Lerne, dich mit deinem Schmerz und deiner Enttäuschung auseinanderzusetzen. Das ist gut für die Gesundheit, das gibt dir Kraft, und es hilft dir, im Hier und Jetzt zu leben.

## Was du dazu brauchst:

Zeit für dich.

Dinge, die dir helfen, Schmerz zu spüren: Videos, Bücher etc.

## Tu das:

- Immer wenn du traurig oder enttäuscht bist, egal, wie nichtig dir der Anlaß erscheint.

- Wenn du dich mal so richtig ausweinen möchtest.

- Wenn du dich emotional blockiert fühlst.

## Was du für dich tun kannst:

*Schmerz bewußt auslösen*

Es ist bei uns nicht üblich, starke Gefühle zum Ausdruck zu bringen, schon gar nicht, wenn es sich um »negative« Gefühle handelt. Wahrscheinlich hat man auch dir irgendwann beigebracht, Weinen sei ein Zeichen der Schwäche. Und so hast du gelernt, deine Tränen zu unterdrücken, und heute fällt es dir vielleicht schwer, zu weinen und deinen Schmerz zuzulassen. Wenn dem so ist, kannst du versuchen, ihn bewußt auszulösen. Finde heraus, was dir hilft, mit deinem Schmerz in Berührung zu kommen. Musik und Filmausschnitte, die auf

*Schmerz bewußt auslösen  •  Ein Schmerzritual*

die Tränendrüsen drücken, helfen mir persönlich am meisten. Vielleicht helfen dir auch Gedichte oder Passagen aus deinen Lieblingsbüchern. Und manchmal kommt die Traurigkeit von ganz allein.

Beschäftige dich bewußt mit der Frage, was dich berührt. Vielleicht solltest du dir auch Notizen machen. Gibt es Filme, die dich sehr berühren? Vielleicht fallen dir welche ein, wenn du dich in einer Videothek umsiehst. Kennst du Filme, in denen es um Dinge geht, die dir selbst zu schaffen machen? Auch Bücher und Kassetten können dir helfen, deinen Schmerz zu spüren. Sieh dich in der Bibliothek um, oder frag eine gute Freundin, welche Bücher, Filme oder Musikstücke sie traurig machen.

## Ein Schmerzritual

Nimm dir genügend Zeit, und öffne dich dafür, deinen Gefühlen freien Lauf zu lassen: zu weinen, traurig zu sein oder Dinge zu bedauern. Wichtig ist, daß du es dir *erlaubst*, all das zu spüren. Laß es zu!

Beginne dieses Ritual, indem du laut sagst, was dich traurig macht: » . . . macht mich traurig. Ich werde mich jetzt einmal so richtig ausweinen.« Oder, falls du nicht genau weißt, warum du traurig bist: »Ich bin traurig, aber ich weiß nicht wieso. Ich werde dem jetzt auf den Grund gehen.« Oder: »Warum bin ich so traurig?«

*Siehe: Dein persönlicher Rückzugsort*

Dieses Ritual führst du am besten allein durch. Stell alles bereit, was du brauchst, um dich in »Stimmung« zu versetzen: deine Stereoanlage, einen Walkman, den Videorecorder oder ein Buch. Wähl einen Ort, an dem dich niemand stört und an dem du dich sicher und geborgen fühlst, und zieh dir etwas Bequemes an.

*Siehe: Badefreuden*

Vielleicht möchtest du vorher ein heißes Bad nehmen, um dich besser entspannen zu können. Du kannst dieses Ritual auch in der Badewanne durchführen, wenn du magst.

**Entspann dich**, und ruf dir eine schmerzliche Erfahrung in Erinnerung. Stell dir vor, daß sich in deiner linken Hand der ganze Schmerz ansammelt, den diese Begebenheit ausgelöst hat. Laß alle Gefühle und Eindrücke, die du damals erlebt hast, wieder in dir aufsteigen. Spann deine linke Hand an, als ob du etwas ganz langsam zusammendrücken wolltest, und stell dir vor, daß sich dein ganzer Schmerz und alle Enttäuschung in dieser Hand sammeln. Führ die Finger langsam in Richtung Handfläche. Drück deinen Schmerz fester und fester zusammen.

Geh mit deiner Aufmerksamkeit jetzt zu deiner rechten Hand, und entspann sie. Stell dir vor, in deiner rechten Hand hältst du Erlösung, Frieden und Verständnis. Spür, wie gut sich das anfühlt. Spür, wie diese wunderbaren Gefühle langsam in deine entspannte rechte Hand hineinfließen.

Schalte jetzt − ohne dich viel zu bewegen oder zu sprechen − den Kassetten- oder den Videorecorder ein, oder nimm das Buch zur Hand, das du dir zurechtgelegt hast. (Wenn du ohne diese Hilfsmittel mit deinem Schmerz in Berührung kommst, kannst du diesen Absatz überspringen.) Lies oder spiel das Gedicht, das Lied oder die Szene, die dich traurig macht, immer und immer wieder. Vielleicht kannst du deine Stereoanlage so einstellen, daß sie das Lied oder die Lieder, die du ausgewählt hast, von allein wiederholt. Wenn du mit verschiedenen Videos oder Musikkassetten arbeitest, solltest du die einzelnen Bänder vorbereiten, indem du bis zu den Stellen vorspulst, die du dir ansehen beziehungsweise anhören möchtest. Dann kannst du sie nacheinander einlegen, ohne lange hin- und herspulen zu müssen. Wiederholung wirkt Wunder.

Wenn deine Gefühle in Fluß gekommen sind, kannst du die Stereoanlage oder den Videorecorder ausschalten oder dein Buch zur Seite legen.

Balle jetzt deine linke Hand nochmals zur Faust, und spür deinen Schmerz ganz bewußt − egal, wie nichtig dir der Anlaß erscheinen mag. Schließ deine Augen, balle deine linke Faust, so fest du kannst, und spür, wie der Schmerz dich überflutet. Laß deine Gefühle zu, koste sie aus! Tu das, wonach dir jetzt zumute ist: jammern, schreien, weinen, vor Wut mit den Zähnen knirschen, chanten, Toning.

Siehe: *Beruhigende Klänge: Toning* und *Chanten*

Wenn du deinem Schmerz genügend Ausdruck verliehen hast, dann heb beide Hände vor die Brust − deine entspannte rechte Hand und deine geballte linke −, und stell dir vor, daß sich zwischen deinen

Händen ein großer Luftballon befindet. Drück mit beiden Händen vorsichtig gegen diesen Ballon. Langsam! Fühl den Widerstand, den dieser Ballon deinen Händen entgegensetzt. Dieser Ballon ist das einzige, was jetzt noch zwischen dir und der Erlösung steht, was dich jetzt noch daran hindert, dich frei und gut zu fühlen. Deine rechte Hand ist voller Liebe und Verständnis. Sie hält die Erlösung bereit. Deine linke Hand trägt die ganze Last deines Schmerzes. Du mußt nur deine Hände zusammenbringen, und du bist erlöst, aber der Ballon ist im Weg. Du kriegst sie noch nicht ganz zusammen... Versuch es immer wieder... Spüre, wie die Spannung steigt... Drück deine Hände zusammen. Fest! Plötzlich macht es »paff«, und der Ballon ist zerplatzt. Deine Hände klatschen zusammen. Du wirst sofort eine ungeheure Erleichterung spüren. Atme tief ein und aus, und sende dieses warme, wunderbare, erlösende Gefühl durch deinen ganzen Körper.

Beende dieses Ritual, indem du deine Augen öffnest und sagst: »Ich bin jetzt gereinigt und erneuert.« Nimm anschließend ein Bad, mach einen kurzen, schnellen Spaziergang, tanz ausgelassen zu fröhlicher

## Literatur und Tips:

Viorst, Judith: *Mut zur Trennung.* Heyne, 1989. Dieses Buch untersucht die verschiedenen Phasen des menschlichen Lebens und zeigt, mit welchen Problemen wir dabei unweigerlich konfrontiert werden. Ein Bestseller in den USA.

# Dampf ablassen

## Worum geht's?

Würdest du manchmal am liebsten wild um dich schlagen? Bist du manchmal außer dir vor Wut? Wenn mal wieder alles schiefgeht und du vor lauter Ärger kaum noch Luft bekommst, wenn du genug von allem hast und am liebsten nur noch toben würdest, dann mach deinem Ärger mal so richtig Luft.

Es tut gut, wenn wir uns hin und wieder gestatten, Dampf abzulassen — genauso gut, wie uns gelegentlich auszuweinen oder von Herzen zu lachen. Nachher fühlst du dich viel leichter und freier — zumindest eine Zeitlang.

## Was du dazu brauchst:

Gegenstände, die dir helfen, deinen Ärger rauslassen: einen Stock oder einen Tennisschläger, der zur Polsterung mit einem großen, weichen Handtuch umwickelt ist.

Ein Bett, auf das du einschlagen kannst.

Papier und einen Stift.

Eine Eieruhr.

## Tu das:

• Wenn jemand dich beim Spurwechseln nicht reinläßt und du ihm vor lauter Wut am liebsten seitlich in den Wagen fahren würdest.

• Wenn du deine Schlüssel verlegt hast und plötzlich wild zu schreien anfängst.

• Wenn du schlechter Laune bist und keine Ahnung hast, weshalb.

## Was du für dich tun kannst?

*Sich ärgern ist gesund und ganz normal*

Sich zu ärgern ist weder richtig noch falsch, es ist eine von vielen möglichen Reaktionen. Jeder wird mal wütend.

Zerbrich dir nicht den Kopf darüber, wer recht hat. Ärger hat nichts mit Recht und Unrecht zu tun. Du kannst dich erst sachlich mit einem Problem auseinandersetzen, wenn du deinem Ärger Luft gemacht hast.

*Sich ärgern ist gesund und ganz normal* • *Bring deinen Ärger zu Papier*
*Laß deine Wut raus* •

Auch nette Leute können wütend werden. Wer seinen Ärger ständig unterdrückt, wird früher oder später depressiv oder krank oder fängt an, andere zu manipulieren.

Es gibt genügend Dinge, über die man sich ärgern kann. Erlaub dir, deine Gefühle bewußt zu erleben. Wir leben nicht mehr im 19. Jahrhundert: Man wird dich nicht gleich in eine geschlossene Anstalt stecken, wenn du einmal vor Wut schäumst.

## Laß deine Wut raus

Sorge dafür, daß du eine Zeitlang ungestört bist, und zieh dich an einen Ort zurück, an dem ein Sofa oder ein Bett steht, auf das du einschlagen und wo du so viel Lärm machen kannst, wie du willst. Nimm einen Gegenstand mit, der dir hilft, deinem Ärger Ausdruck zu verleihen.

Schließ deine Augen, und spür deinen Ärger. Laß ihn von dir Besitz ergreifen, spür seine Kraft. Wenn es dir schwerfällt, in Fahrt zu kommen, kannst du dir eine Situation in Erinnerung rufen, in der du sehr wütend warst. Laß dieses wilde Gefühl zu – auch wenn es dir vielleicht zunächst unangenehm ist. Laß es deine Arme hinunter- und in deine Hände hineinfließen. Stell dir verschiedene Szenen vor, so lange, bis du vor Wut schäumst.

Nimm jetzt deinen Stock oder deinen Schläger mit beiden Händen, knie dich hin, und schließ deine Augen. Heb die Arme hoch, lehn dich weit zurück, nimm einen tiefen Atemzug, und beginne auf das Bett einzuschlagen. Schlag, so fest du kannst. Atme bei jedem Schlag laut aus. Übertreib deine Bewegungen, verausgabe dich – auch wenn du dir dabei ziemlich blöd vorkommst.

Schrei bei jedem Schlag laut heraus, worüber du dich ärgerst: »Ich hasse meinen Chef!«, »Wie konnte ich nur so viel Geld für mein Auto ausgeben?!«, »Ich ärgere mich, daß meine Mutter unser Weihnachtsfest ruiniert hat!«, »Es macht mich krank, daß Frauen immer noch benachteiligt werden!«

Wenn du wütend bist, ohne zu wissen, wieso, dann wiederhole einfach nur: »Ich bin wütend! Ich bin wütend!!!« Tob dich mal so richtig aus. Heb deine Stimme. Wenn dir nichts mehr einfällt, worüber du noch wütend bist, dann wiederhole: »Ich bin wütend! Ich bin wütend!« Atme aus. Laß alles raus. Geh mit deinem ganzen Körper in diese Schläge hinein.

Vielleicht fängst du plötzlich an, wild zu schreien und mit den Fäusten aufs Bett einzuschlagen. Das ist in Ordnung! Dein Ärger wird irgendwann von selbst verebben. Wenn es soweit ist, dann hol noch einmal aus, und schlag ein letztes Mal auf das Bett ein. Stöhn oder schrei zum Abschluß noch einmal ganz laut.

Im Anschluß an diese Übung solltest du etwas tun, das dir die Rückkehr ins »normale« Leben erleichtert. Vielleicht bist du innerlich ganz wund, besonders verletzlich oder ziemlich erschöpft. Es kann aber auch sein, daß du dich kraftvoll und energiegeladen fühlst. Tu, wonach dir jetzt zumute ist: Geh spazieren, oder schreib Tagebuch. Vielleicht hast du auch Lust, einen Brief an einen Politiker zu verfassen. Gib dir genügend Zeit, innerlich zur Ruhe zu kommen.

Wenn dir diese Übung zu »aufgesetzt« erscheint, kannst du sie im Zuge einer körperlich anstrengenden Tätigkeit ausprobieren: wenn du einen Brotteig knetest oder wenn du den Fußboden schrubbst. Du kannst auch einen Tennisball gegen eine Wand schlagen. Behalte den Aufbau dieser Übung bei, und schrei laut, wenn die Wut in dir hochkommt. Wichtig ist, deinem Ärger gleichzeitig mit Körper und Stimme Ausdruck zu verleihen.

## Bring deinen Ärger zu Papier

Schreib einen Brief, in dem du alles sagst, was du immer schon loswerden wolltest. Richte diesen Brief an die Person oder die Sache, über die du dich ärgerst: »Liebe Sonja«, »Liebe Bundesregierung«, »Lieber Geburtstag«. Du kannst diesen Brief aber auch an jemanden richten, von dem du dich verstanden fühlst: einen Therapeuten, einen Lehrer, einen spirituellen Meister oder deinen Schutzgeist. Du kannst

Dampf ablassen

ihn natürlich auch einfach nur so schreiben, ohne ihn an eine bestimmte Person oder Sache zu adressieren.

Probier es das nächste Mal, wenn du wütend oder angespannt bist: Nimm ein Blatt Papier und einen Stift zur Hand, und such dir einen Ort, an dem du eine Zeitlang ungestört sein kannst. Stell eine Eieruhr auf 20 Minuten, fang an zu schreiben, und hör während der kommenden 20 Minuten nicht auf, auch wenn du dich noch so oft wiederholst. Laß alles heraus, was dich stört. Halte nichts zurück! Niemand wird diesen Brief je lesen.

Siehe: *Musik für Körper und Seele: Geh auf deine Stimmung ein.* Dort findest du eine weitere Übung zum Dampfablassen.

Wenn die Zeit um ist, dann nimm deinen Brief, und verbrenn ihn. Stell dir vor, wie sich dein Ärger in Luft auflöst. Streue die Asche an einem Ort aus, der dir angemessen erscheint. Stell dir vor, daß sich mit der Asche auch deine Wut, deine Enttäuschung und dein Schmerz zerstreuen.

## LITERATUR UND TIPS:

Burns, David: *Fühl dich gut. Angstfrei mit Depressionen umgehen.* Editions Trèves, 1992. Eines der besten Bücher zum Thema »Depression« mit einem interessanten Kapitel über die Wut.

George, Demetra/Bloch, Douglas: *Das Buch der Asteroiden. Mythologie, Psychologie, Astrologie und neue Weiblichkeit.* Chiron, 1991. Ders.: *Mysteries of the Dark Moon.* HarperSanFrancisco, 1992. Hier wird der Archetypus der »dunklen« Göttin verwendet, um negative Gefühle aufzuarbeiten.

Lerner, Harriet Goldhor: *Wohin mit meiner Wut? Neue Beziehungsmuster für Frauen.* Fischer, 1994. Dieses Buch zeigt, wie wir unseren Ärger nutzen können, um unser Leben zu verändern.

# LERNE ZU VERGEBEN

## WORUM GEHT'S?

Wenn wir uns selbst oder anderen vergeben, setzen wir eine Menge positiver Energie frei. Wir sind schon oft verletzt worden – aber wir haben auch andere schon oft verletzt. Wir machen uns immer wieder Vorwürfe, weil wir dieses oder jenes nicht getan haben oder anders hätten tun sollen. Dieser emotionale Ballast blockiert uns. Es geht uns schlecht, und wir werden von Angst- und Schuldgefühlen geplagt.

Es gibt ein sehr einfaches Ritual, das dir hilft, solche Energieblockaden aufzulösen. Du wirst staunen, wieviel neue Energie du plötzlich spürst. Je mehr wir üben zu vergeben, desto liebevoller und verständnisvoller werden wir. Das hat auch eine spirituelle Dimension.

## WAS DU DAZU BRAUCHST:

Deine Vorstellungskraft.

Ein Gewässer: ein ruhiges Meer, einen See oder einen kleinen Weiher inmitten der Natur. (Ein Swimmingpool oder deine Badewanne tun es auch.)

## TU DAS:

- Wenn es dir schwerfällt, jemandem zu verzeihen, obwohl ihr euch ausgesprochen habt.

- Wenn du oft Dinge sagst wie: »Ich wünschte, ich hätte . . . !« oder: »Wenn ich doch nur . . . !«

- Wenn du dir einen Fehler, der dir unterlaufen ist, ein Mißgeschick oder eine »Dummheit«, die du gemacht hast, nicht verzeihen kannst.

## WAS DU FÜR DICH TUN KANNST:

*Ein Vergebungsritual*

Dieses Ritual solltest du bei Vollmond durchführen. Such dir einen Platz an einem See, an einem Fluß oder an einem Swimmingpool, wo du allein sein kannst. Du kannst dieses Ritual auch visualisieren.

*Ein Vergebungsritual* •

Konzentriere dich auf deinen Atem. Fühle, wie er mühelos ein- und ausfließt. Stell dir vor, daß dein Atem durch deinen ganzen Körper fließt und alle Anspannung löst. Achte weiterhin auf deinen Atem, und beweg dich langsam auf das Wasser zu. Bleib immer wieder stehen, und betrachte den Mond. Fühl die sanfte Energie, die von ihm ausgeht, und spür, wie diese Energie dich tief in deinem Inneren berührt. Das Mondlicht und deine langsamen, tiefen Atemzüge vermischen sich, und dein Körper kann sich völlig entspannen.

Du stehst jetzt am Ufer. Das Mondlicht verleiht dem Wasser heute Nacht magische Kräfte. Zieh dich aus, und gleite hinein. Schöpf Wasser, und laß es über dich fließen, und sag bei jeder Berührung mit diesem heilenden, reinigenden Element: »Ich vergebe mir . . . (Ergänze, wofür du dir vergibst: dafür, daß du jemanden, den du liebst, verletzt hast; für einen Fehler, den du gemacht hast; weil du etwas getan hast, was du bereust oder bedauerst.) Ich lasse jetzt alle Traurigkeit los und alle Vorwürfe, die ich mir deswegen gemacht habe. Ich vergebe mir.«

Vergib dir für alles, was du bereust, für alles, was dich traurig gemacht hat. Wenn du soweit bist, dann denk an jemanden, der dich verletzt hat, und vergib ihr/ihm. Ruf dir ihr/sein Bild vor Augen, übergieß es mit Wasser, und sag: »Ich vergebe dir.« Denk jetzt auch an andere, die dir weh getan haben, und vergib ihnen. Wasch sie mit dem magischen Wasser rein, und laß deinen Schmerz los.

Beende dieses Ritual, indem du ganz untertauchst. Spür, wie sich das Wasser über deinem Kopf schließt, und sag: »Ich bin jetzt gereinigt. Ich bin frei.«

Geh wieder an Land, und zieh dich an. Sieh dir noch einmal den Mond an, und dank ihm für den Frieden, den du jetzt in deinem Inneren spürst. Werde dir deines Atems wieder bewußt. Atme tief und langsam, und tritt den Rückweg an.

# LITERATUR UND TIPS:

Freeman, Arthur/DeWolf, Rose: *Du mußt nur wollen!* Lübbe, 1991.
Die Autoren zeigen, wie wir mit Hilfe verschiedener Techniken aus
der Kognitiven Therapie lernen können, uns für die Fehler, die wir in
der Vergangenheit gemacht haben, zu verzeihen.

Mariechild, Diane: *MutterWitz. Handbuch zur Heilung von Körper, Geist
und Seele.* Rowohlt, 1994. Dies.: *The Inner Dance.* Crossing Press, 1987.
Dieses Buch kannst du direkt beim Verleger bestellen: P.O. Box 1048,
Freedom, CA 95019, USA. Ein anregendes Buch mit vielen geführten
Meditationen. Eine dieser Meditationen hat mir sehr geholfen und
dieses Ritual angeregt.

Simon, Sidney B./Simon, Suzanne: *Verstehen − Verzeihen − Versöhnen.
Wie man sich selbst und anderen vergeben lernt.* Knaur, 1993. Hilft dir,
deine Gefühle wieder in Fluß zu bringen.

Im Kapitel »Steh zu dir und deinen Bedürfnissen« findest du mehr zum
Thema »Schuldgefühle«.

# Mach es dir nicht zu bequem

## Worum geht's?

Hast du Angst, daß du versumpfst, wenn du anfängst, dich um deine Bedürfnisse zu kümmern? Liegst du lieber auf der Couch und ißt Bonbons, statt etwas zu tun, was dir wirklich Freude macht? (Was ist eigentlich an Bonbons so gut?) Wenn ich sage, wir sollten es uns nicht *zu* bequem machen, behaupte ich da nicht auch, daß es schlecht ist, wenn wir uns zu sehr verwöhnen – und daß es besser wäre, noch eine Ladung Wäsche in die Maschine zu stopfen?

Das will ich natürlich nicht behaupten! Sich Gutes zu tun ist etwas Wunderbares, aber es gibt auch hier – wie bei den meisten Dingen im Leben – eine Schattenseite, und wir müssen lernen, damit umzugehen. Manche Dinge, die wir als angenehm empfinden, sind nicht wirklich gut für uns: weil sie uns einschränken, weil sie uns in unserer Entwicklung hemmen oder weil sie uns von unseren wahren Bedürfnissen ablenken. Es kann sein, daß wir an einer Beziehung festhalten, die uns nicht befriedigt, nur weil uns das momentan angenehmer ist, als etwas zu verändern. Es kann sein, daß wir einen Fortbildungskurs nicht besuchen, weil das gewisse Unannehmlichkeiten mit sich bringen würde. Es kann sein, daß wir unsere Wochenenden ziemlich langweilig gestalten, einfach weil das halt »bequem« ist. Das muß aber nicht sein! Du kannst lernen, diese falsche Bequemlichkeit zu erkennen und dein Verhalten zu ändern. – Benutz das aber bitte nicht als Vorwand, dir die Zuwendung vorzuenthalten, die du brauchst!

Warum sind wir oft zu bequem, unser Potential voll zu entfalten? Warum machen wir oft Dinge, die uns nicht wirklich guttun? Wir tun das, weil wir uns davor drücken wollen, Verantwortung für unser Leben zu übernehmen. Wir tun das, weil wir uns nicht mit uns selbst konfrontieren wollen, sondern uns lieber etwas vormachen. Wir tun das, weil wir Angst haben, Fehler zu machen, oder um unsere Ängste oder unsere Unsicherheit zu umgehen. (Was ich hier aufzähle, sind nur Möglichkeiten. Bitte fang jetzt nicht an, dir Vorwürfe zu machen!)

Gut zu sich zu sein hat also eine Schattenseite, so wie wir auch in uns einen Schattenaspekt haben. Aber wir können lernen, sie zu nutzen, sie kann uns als Ansporn dienen, besser mit uns umzugehen. Eines wird uns jedoch nicht erspart bleiben: Wenn wir lernen wollen, uns von gewissen Bequemlichkeiten zu trennen, werden wir anfangs ein paar Unannehmlichkeiten auf uns nehmen müssen. Wir können diese Wandlung bewußt herbeiführen, wenn wir darauf achten, *was* wir tun, wenn wir uns etwas Gutes tun, und wie es uns dann geht.

## WAS DU DAZU BRAUCHST:

Dein Tagebuch und einen Stift.

## TU DAS:

- Wenn das, was du tust, um dir eine Freude zu machen, in dir kein Gefühl der Befriedigung, sondern nur Enttäuschung und Frustration hervorruft.

- Wenn es Dinge gibt, die du schon seit langem tun möchtest, aber immer wieder aufschiebst.

- Wenn du es dir besonders dann gutgehen läßt, wenn du Gefühle wie Ärger, Enttäuschung, Traurigkeit oder andere starke Emotionen ersticken oder beschwichtigen willst.

- Wenn du lieber mit dir allein bist, als dich um zwischenmenschliche Beziehungen zu kümmern.

## WAS DU FÜR DICH TUN KANNST:

*Was ist wirklich gut für dich?*

Achte darauf, wie es dir geht, wenn du etwas für dich tust, dann wird dir eine Menge klar. Als ich anfing, bewußt darauf zu achten, fiel mir folgendes auf: Ich verbrachte die Abende am Wochenende am liebsten zu Hause. Ich ließ thailändisches Essen kommen und sah mir Videos an. Ich empfand das als angenehm, und ich fühlte mich sicher dabei, aber mir wurde klar, daß es auf Dauer ziemlich langweilig und sehr einschränkend sein würde, ständig daheim zu sitzen. Zunächst fühlte ich mich gar nicht wohl mit dieser Erkenntnis, aber ich begann, meine

Wochenenden anders zu gestalten als bisher, und war ziemlich über-
rascht, daß ich das fast immer als stimulierend und bereichernd empfand. Wenn dir klar wird, was dir guttut, wirst du plötzlich Dinge tun,
die du dir bisher nicht zugetraut hast: den Job wechseln, der dich schon
seit langem nicht mehr interessiert, den Roman beenden, der schon
seit fünf Jahren in der Schublade liegt, oder die Weltreise machen, von
der du immer geträumt hast.

*Siehe: Gut zu mir sein
heißt essen: Was du wirk-
lich brauchst; Das liebe
Geld: Laß dich von deiner
Intuition leiten; Vereinfache
dein Leben: Drei gute Fragen.* Dort findest du
weitere Anregungen,
wie du deine innere
Stimme aktivieren
kannst.

Stell dir das nächste Mal, wenn du etwas für dich tun möchtest,
folgende Frage: »*Ist es wirklich das, was ich jetzt brauche?*« Wenn die
Antwort *ja* lautet, fein! Es kann aber auch sein, daß du dir nicht sicher
bist, ob das, was du tun möchtest, wirklich das ist, was jetzt gut für dich
wäre. Tu es trotzdem, aber achte immer wieder darauf, wie es dir geht
und ob du es als befriedigend empfindest.

*Siehe: Rituale, die dir
Mut verleihen*

## Einfach nur genießen

Manchmal ist es natürlich das Beste für uns, einfach das zu tun, wonach
uns zumute ist − ohne lange darüber nachzudenken. Es gibt Freitag-
abende, da muß ich einfach thailändisch essen und *Arielle, die Meerjung-
frau* anschauen. Da *muß* ich mich einfach zurückziehen und abschalten.
Bewußt zu handeln heißt, sich zu beobachten, aber es ist nicht gut,
wenn du *ständig* neben dir stehst und beobachtest, was du tust. Alles hat
sein Maß. Wenn du herausgefunden hast, was dir wirklich guttut
(durch Ausprobieren und indem du dich regelmäßig fragst, ob das, was
du tust, wirklich das ist, was du tun möchtest), dann spürst du, wann es
Zeit ist, ganz bewußt zu handeln, und wann du es dir einfach gutgehen
lassen kannst. Du wirst dabei unweigerlich Fehler machen, und ein
bißchen Mut gehört auch dazu, aber es lohnt sich.

## Belohnungen, die keine sind

Wie belohnst du dich, wenn du etwas geleistet hast, auf das du stolz
sein kannst? Kommt es vor, daß du dann Dinge tust, die dich gar nicht
wirklich befriedigen? Genehmigst du dir nach einem erfolgreichen
Arbeitstag gerne eine Flasche Wein, auch wenn du weißt, daß du dich
am nächsten Morgen wahrscheinlich wieder mit einem Kater herum-
schlagen mußt? Gibst du beim Einkaufen so viel Geld aus, daß du dich

nachher nicht mehr an dem freuen kannst, was du erstanden hast? Oder gibst du eine Party, obwohl du eigentlich lieber allein wärst?

Es gibt viele Gründe, warum wir uns oft mit etwas »belohnen«, was uns nicht wirklich Freude macht: starre Verhaltensmuster, der Erwartungsdruck, dem wir uns ausgesetzt fühlen, oder ein tiefverwurzelter Glaube, daß das, was uns gelingt, eigentlich nur Zufall war. Und meist kommt noch hinzu, daß wir uns der Dinge, die wir leisten, zu wenig bewußt sind.

Wenn es dir so geht, dann solltest du dir Klarheit über deine wirklichen Bedürfnisse verschaffen. Wenn es das nächste Mal etwas zu feiern gibt, solltest du dir folgende Fragen stellen: »*Ich möchte mich jetzt gerne belohnen. Wie möchte ich mich nachher fühlen? Was wünsche ich mir? Wonach ist mir jetzt zumute?*« Nehmen wir an, du erfährst, daß du demnächst mit einer Beförderung rechnen kannst. Dein erster Gedanke ist, einkaufen zu gehen, zum Beispiel das Paar Schuhe, das du schon seit einiger Zeit im Auge hast. Bevor du losgehst, solltest du dich an einen ruhigen Ort zurückziehen, deine Augen schließen und dir die magische Frage stellen: »*Ist es wirklich das, was ich jetzt brauche?*« Wenn dir nichts einfällt, was du lieber tun würdest, kannst du natürlich einkaufen gehen. Aber vielleicht kommt dir auch ein Bild von einem schönen Strand, den du bei Sonnenuntergang entlangspazierst. Später siehst du dich zu Hause: Du schreibst Tagebuch, dann rufst du eine Freundin an. Du fühlst dich wohl bei dieser Vorstellung und spürst, daß es das ist, was du jetzt tun möchtest.

Wenn wir uns prüfen und bewußt überlegen, was wir gerne tun würden, senden wir eine wichtige Botschaft an unser Unterbewußtsein: Wir nehmen unsere Bedürfnisse ernst, das heißt, wir sind es wert, Aufmerksamkeit und Zuwendung zu bekommen. Menschen, die sich wertvoll fühlen, sind die nettesten, erfolgreichsten und glücklichsten Menschen, die es gibt.

## Aufgeschoben ist nicht aufgehoben

Manchmal kannst du nichts Besseres für dich tun, als das zu erledigen, was du schon seit langem aufschiebst. Es ist nicht unbedingt angenehm, solche Dinge in Angriff zu nehmen, aber du fühlst dich nachher garantiert erleichtert und zufrieden, daß du es geschafft hast.

Das heißt natürlich nicht, daß du immer etwas Unangenehmem ausweichst, wenn du Dinge tust, die dir Spaß machen. Es heißt auch nicht, daß es immer falsch ist, Dinge aufzuschieben. Im Gegenteil: Manchmal ist es wichtig und richtig, dann nämlich, wenn du dich dem, was es zu tun gilt, noch nicht gewachsen fühlst. Bitte mach dir jetzt keine Vorwürfe, wenn du nicht zu den Leuten gehörst, die sofort zupacken. Es gibt einen feinen Unterschied zwischen Denrichtigen-Zeitpunkt-Abwarten und Sichdrücken. Du allein kannst beurteilen, wann für dich die richtige Zeit zum Handeln gekommen ist und wann du einfach noch ein bißchen brauchst.

Wenn du Probleme hast, in die Gänge zu kommen: Wähl die Taktik der kleinen, überschaubaren Schritte. Nehmen wir an, dein Schlafzimmer braucht einen neuen Anstrich: Schreib auf, was du alles brauchst und wie du vorgehen möchtest, und erledige eines dieser Dinge sofort.

Siehe: *Das liebe Geld:
Warum nicht tauschen;
Sorge für Unterstützung
von außen*

Bitte um Hilfe: Du kannst deine Nachbarn bitten, dir beim Entwurf deiner Visitenkarten zu helfen, und ihnen bei einer anderen Gelegenheit deine Hilfe anbieten. Du kannst Freunde einladen, und mit ihnen ein Brainstorming machen, wenn du nicht weißt, wie du ein bestimmtes Problem lösen sollst. Du kannst eine Freundin bitten, dir zu helfen, all die Dinge aufzuarbeiten, die du immer wieder liegenläßt, und am Samstag darauf bei ihr zu Hause helfen.

Putz dich raus: Wenn dir die Gartenarbeit auf die Nerven geht, dann besorg dir einen großen Strohhut und geblümte Handschuhe. Wenn du Gymnastikübungen langweilig findest, dann kauf dir einen tollen Gymnastikanzug.

Siehe: *Schmökern wie ein
Kind* und *Die Heilkraft
der Natur*

Sorge für Spaß: Leg beim Putzen fetzige Musik auf, zum Beispiel *Housework* von der Rockgruppe B-52 (zu finden auf dem Album *Bouncing Off the Satellites*). Plane vor und nach einem Arztbesuch etwas ein, was dir Freude macht: zum Beispiel in einem Kinderbuchladen schmökern und einen Spaziergang machen.

Mach's dir leicht: Schaff dir ein nettes Plätzchen, an dem du Rechnungen aufbewahrst und Überweisungen ausfüllst, deponiere deine Zahnseide auf dem Fernsehapparat, halte in der Nähe deiner Pflanzen eine gefüllte Gießkanne parat. Überleg dir, was du tun kannst, um lästige Pflichten so angenehm wie möglich zu gestalten.

## Vermeidungsstrategien

Manchmal ziehen wir es vor, uns mit uns selbst zu beschäftigen, statt uns mit dem auseinanderzusetzen, was uns bedrückt: Wenn wir uns verletzt fühlen, machen wir lieber einen Mittagsschlaf, anstatt uns an Freunde zu wenden; oder wir hocken stundenlang vor dem Fernseher, statt uns mit unserem Partner auszusprechen, über dessen Verhalten wir uns furchtbar geärgert haben; oder wir gehen einkaufen, anstatt uns mit unseren Ängsten zum Thema »Geldausgeben« auseinanderzusetzen.

Versuch herauszufinden, wann du Konflikten ausweichst. Achte darauf, wie du dich fühlst, wenn du es dir gutgehen läßt. Fühlst du dich dabei schuldig oder unwohl, dann ist etwas faul. Achte auch darauf, ob sich gewisse Gewohnheiten eingeschlichen haben und ob es Dinge gibt, die dich jetzt nicht mehr befriedigen, obwohl sie dir früher einmal viel gegeben haben. Frag dich, wie oft du dich zurückziehst, weil du in Ruhe gelassen werden oder von niemandem etwas wissen willst. Schau dir auch die Kapitel »Die kleinen Enttäuschungen« und »Dampf ablassen« an. Wie reagierst du auf die dort beschriebenen Übungen? Lösen sie Angst oder Ablehnung in dir aus?

Hast du das Gefühl, daß du dich lieber zurückziehst, statt dich mit einem Problem auseinanderzusetzen? Dann solltest du dir folgende Frage stellen: »Wovor weiche ich aus?« Nimm dein Tagebuch zur Hand, schließ deine Augen, und warte ab, welche Antwort kommt. Schreib sie sofort auf, ohne darüber nachzudenken, was sie bedeuten soll. Wenn dir nichts einfällt, dann **entspann dich**, und versuch es noch einmal. Wenn immer noch nichts kommt, dann warte ein paar Tage ab, und beschäftige dich dann nochmals mit der Frage. Vielleicht bist du einfach noch nicht bereit, dich mit der Antwort auseinanderzusetzen. Du solltest sie auf keinen Fall erzwingen.

Mach es dir nicht zu bequem

Wenn du eine Antwort bekommen hast, dann stell dir als nächstes folgende Frage: »Was bringt es mir, . . . auszuweichen?« (Ergänze die Lücke entsprechend.) Schließ deine Augen, laß diese Frage auf dich wirken, und schreib alles auf, was kommt, egal wie bruchstückhaft oder ungereimt es dir erscheinen mag.

Siehe: *Sorge für Unterstützung von außen* und *Um Zuwendung bitten*

Warte ein paar Tage ab, lies dir die Dinge, die du aufgeschrieben hast, noch einmal durch, und versuch jetzt, eine Lösung für dein Problem zu finden. Gib dir eine Viertelstunde Zeit, und schreib alles auf, was dir einfällt. (Wenn du deine Zeit begrenzt, kannst du dich besser konzentrieren.) Und bitte mach dir keine Vorwürfe. Laß alles so sein, wie es ist.

Denk über deine Antworten nach. Was wäre der erste Schritt, dein Problem zu lösen? Vielleicht, dich an einen Therapeuten zu wenden oder eine neue Freundschaft zu schließen? Oder dir Zeit zu nehmen, um mit deinem Partner oder deinem Freund einmal in aller Ruhe zu sprechen?

Siehe: *Die Stimme, die dich unterstützt*

Du kannst dein Leben verändern. Laß dir das immer wieder von deiner positiven inneren Stimme sagen. Mach dann einen ersten Schritt, um der Lösung deines Problems ein Stück näherzurücken. Tu das jetzt gleich. Geh nachher besonders liebevoll mit dir um, und belohne dich mit etwas, das dir besonders guttut.

## LITERATUR UND TIPS:

Jeffers, Susan: *Selbstvertrauen gewinnen. Die Angst vor der Angst verlieren.* Kösel, 1994. Wie du lernen kannst, deine Ängste loszulassen.

Miller, William A.: *Der Goldene Schatten. Vom Umgang mit den dunklen Seiten unserer Seele.* Hugendubel, 1994.

Ammer, Christine/Sidley, Nathan T.: *Getting Help: A Consumers Guide to Therapy.* Paragon House, 1991. Ein Buch, das dir hilft, die Therapieform zu finden, die *dir* entspricht.

Johnson, Robert A.: *Owning Your Own Shadow: Understanding the Dark Side of the Psyche.* HarperSanFrancisco, 1991. Dieses Buch zeigt dir, wie du mit deinem Schatten arbeiten kannst.

# NEUES AUSPROBIEREN

## WORUM GEHT'S?

Sich Neuem zu öffnen heißt, sich dem Leben zu öffnen. Das weckt unsere Lebensgeister, und es läßt uns die Welt mit anderen Augen sehen. Wenn wir Dinge tun, die wir bisher nicht getan haben — wenn wir allein auf Reisen gehen, wenn wir unseren Horizont erweitern und uns mit weltanschaulichen Themen beschäftigen, wenn wir uns an Neues heranwagen und dabei auch Fehler in Kauf nehmen, dann tun wir etwas, was uns sehr, sehr guttut, etwas, was uns neue Lebenslust verleiht.

## WAS DU DAZU BRAUCHST:

Mut.

Aktivitäten, die dich stimulieren.

Bücher, die dich inspirieren.

Gespräche mit Menschen, die dich faszinieren.

## TU DAS:

- Wenn dir dein Leben öde und grau erscheint.

- Wenn du dich nicht daran erinnern kannst, wann du zum letzten Mal etwas Aufregendes erlebt hast.

- Wenn du dich schon lange an nichts Neues mehr herangewagt hast.

## WAS DU FÜR DICH TUN KANNST:

*Erweitere deine Grenzen*

Vielleicht macht es dir Spaß, unter der Woche allein ins Kino zu gehen, nicht aber am Wochenende. Vielleicht würdest du ohne Bedenken um eine zehnprozentige Gehaltserhöhung bitten, aber niemals um eine fünfzehnprozentige. Was dir angenehm ist oder machbar erscheint und was nicht, bewegt sich in relativ festen Bahnen.

---

*Erweitere deine Grenzen* • *Lerne, mit Fehlern umzugehen*
*Neues lernen* • *Wie wär's mit . . .?*

Nimm dir ein paar Tage oder eine ganze Woche Zeit, und beobachte, wo deine Grenzen liegen. Auf folgendes solltest du dabei achten: Schreckst du oft davor zurück, Neues zu probieren, und tut es dir hinterher leid? Sagst du oft Dinge wie: »Das würde ich nie tun«, »Das kann ich unmöglich tun« oder: »Vielleicht mach ich das irgendwann einmal«? Fühlst du dich schuldig, wenn du es dir gutgehen läßt?

Versuch deine Grenzen langsam zu erweitern. Beginne nach und nach Dinge auszuprobieren, die du dich bisher nicht getraut hast: Fällt es dir schwer, allein essen zu gehen? Versuch es mit einem Restaurant, das du kennst. Fällt es dir schwer, einem Anrufer, der kein Ende findet, zu sagen, daß du Schluß machen möchtest? Versuch, dem anderen freundlich, aber bestimmt klarzumachen, daß du das Gespräch beenden möchtest. Du kannst zum Beispiel sagen: »Ich muß jetzt Schluß machen. Ich habe zu tun. Ich lege jetzt auf.« Versuche jeden zweiten oder dritten Tag oder zumindest einmal in der Woche etwas Neues auszuprobieren.

Achte auf deine Gefühle. Wenn du dich ängstlich oder unsicher fühlst, dann ist das ganz normal. Es wird dir fast immer so gehen, wenn du dir etwas »Außergewöhnliches« vornimmst. Aber nachher bist du erleichtert und stolz, daß du es geschafft hast.

Bevor du größere Dinge in Angriff nimmst, solltest du dir überlegen, was schlimmstenfalls passieren könnte. Mal dir alles ganz genau aus, auch das Allerschlimmste. Als ich mein erstes Seminar leitete, stellte ich mir vor, daß die Teilnehmer mittendrin einfach gehen würden. Konfrontiere dich mit deinen Ängsten, spür deine Verzweiflung. Finde dich damit ab, daß so etwas tatsächlich passieren kann – aber nur im allerschlimmsten Fall. Du brauchst dir dann eigentlich keine Sorgen mehr zu machen: Du bist gegen böse Überraschungen gefeit.

Sei gut zu dir, wenn du Neues ausprobierst: *Mach dir keine Vorwürfe, wenn etwas nicht so klappt, wie du es gerne hättest, und laß dir genügend Zeit.* Vergleich dich nicht mit anderen – mit Extrembergsteigerinnen oder mit Müttern, die zehn Kinder haben. Vergleich dich mit niemandem. Ich weiß, wie schwer das ist. Versuch es trotzdem!

Die eigenen Grenzen zu überschreiten und neue Bereiche für sich zu erschließen ist eine sehr eindrucksvolle Erfahrung: Du entdeckst plötzlich, wieviel Kraft in dir steckt. Das verleiht dir mehr Selbstvertrauen und größere Flexibilität. Es hilft dir, mit den Höhen und Tiefen des Lebens besser zurechtzukommen, und es hilft dir auch, dein Leben bewußter zu gestalten.

## Neues lernen

Als Erwachsene haben wir oft ziemlich starre Vorstellungen und Gewohnheiten, die uns daran hindern, Neues zu lernen. Unser Ego blockiert uns. Wir wollen alles gleich beim ersten Mal richtig machen, und wir wollen nichts mit Dingen zu tun haben, die wir nicht gut beherrschen. Wir können jedoch lernen, unser Ego zu beruhigen und uns für den Lernprozeß öffnen. Wir können lernen, uns auf Neues einzulassen, trotz unserer Versagensängste und trotz unserer Vorurteile, und wir geben uns damit eine Chance und neuen Raum für unser persönliches Wachstum.

Es fällt dir leichter, Neues zu lernen, wenn du dir eine Umgebung aussuchst, in der du dich sicher fühlst:

Wenn du Malen lernen möchtest, fühlst du dich wahrscheinlich in einem Volkshochschulkurs wohler als in einem Kurs, an dem Kunststudenten teilnehmen. Wenn du anfangen möchtest, Tennis zu spielen, fällt dir das wahrscheinlich leichter mit Freunden, die Spaß am Spiel haben, als mit solchen, denen es in erster Linie ums Gewinnen geht. Vielleicht hast du auch einen Tischler oder einen Fotografen in der Familie, von dem du etwas lernen kannst. Du kannst ihr/ihm dann später einmal helfen.

Es fällt dir leichter, Neues zu lernen, wenn du dir gute Lehrer aussuchst. Lehrer sollten uns vor allem eines beibringen: wie man lernt. Sie sollten uns nicht belehren, sie sollten uns mit Rat und Tat zur Seite stehen. Besteh darauf, gut behandelt zu werden. Du verdienst es!

Es fällt dir leichter, Neues zu lernen, wenn du dich − nach alter Sufi-Tradition − auf den Weg konzentrierst, statt auf das Ziel. Laß dich auf den Prozeß des Lernens ein, betrachte es als Spiel. Denk nicht daran, was du erreichen willst, sondern genieß das, was du im Augenblick tust. Lerne aus Freude am Lernen − und kümmere dich nicht darum, ob du gut bist, ob du dich geschickt anstellst oder ob das, was du lernst, einem bestimmten Ziel entspricht.

Wenn du Angst davor hast, deine Grenzen zu überschreiten, dann laß deinen inneren Kritiker zu Wort kommen. Nimm ein Blatt Papier, und gib ihm eine Viertelstunde. Sag ihm, daß du ihm wirklich zuhörst. Sei darauf gefaßt, daß du dich immer wieder unsicher, ungeschickt oder untalentiert fühlen wirst. Sei darauf gefaßt, daß du Fehler machen wirst. Wenn du dich so weit vorwagst, bis du Fehler machst, dann gibst du dir die Chance, neue, aufregende Dinge kennenzulernen, nicht nur in der Außenwelt, sondern auch in deiner Innenwelt.

## Lerne, mit Fehlern umzugehen

Wenn du Neues ausprobierst, machst du unweigerlich Fehler. Wenn wir ganz genau wissen, wie etwas funktioniert, ist es ja nichts Neues! Trotzdem macht natürlich niemand gerne Fehler. Was können wir also tun, um besser damit umzugehen? Hier einige Tips:

Siehe: *Die Stimme, die dich unterstützt*

Mach dir keine Vorwürfe!

Siehe: *Rituale: Schreib dir einen Brief*

Schreib dir einen Liebesbrief. Versuch, so liebevoll wie möglich zu dir zu sein und dir deine volle Anerkennung auszusprechen. Gib ihn auf, und lies ihn, wenn du ihn ein paar Tage später in der Post findest.

Schreib 50 Dinge auf, die du aus Fehlern gelernt hast. (Hör nicht auf zu schreiben, bevor du 50 beisammen hast, auch wenn du zwei Dinge 25mal aufschreiben mußt.)

Erinnere dich an zehn andere Situationen, in denen du Fehler gemacht hast, ohne dabei dein Gesicht zu verlieren.

Zieh dich zurück, und leck deine Wunden.

Siehe: *Ein Tag im Bett*

Siehe: *Tröstliche Karten* und *Um Zuwendung bitten: Sei direkt*

Triff Vorbereitungen, dich zu trösten, falls etwas schiefgehen sollte: Schreib ein paar liebe, unterstützende Worte auf kleine Kärtchen, und versteck sie an verschiedenen Plätzen. Bereite eine gute Freundin darauf vor, daß sie dir womöglich ein- oder zweimal Händchen halten muß, bevor du das, was du lernen möchtest, gelernt hast.

Es kann sein, daß dir mehrere Teilziele einfallen, die du innerhalb eines bestimmten Zeitraums verwirklichen möchtest. Dagegen ist nichts einzuwenden, aber du solltest dir nicht zuviel auf einmal vornehmen, sonst wird es dir leicht »zuviel« - und es könnte durchaus sein, daß du deinen Plan deswegen aufgibst.

Wenn du möchtest, kannst du dich nun auch den anderen Lebensbereichen zuwenden: deinen Beziehungen, deiner Freizeitgestaltung, deinem Lebensstil, deinem Innenleben und der Frage, wie gut du für dich sorgst. Du kannst es aber auch bei einem Thema bewenden lassen. Mach dir keinen Streß! Pläne zu schmieden sollte dir in erster Linie Freude machen.

### Ziele hinterfragen

Vielleicht bist du dir irgendwann nicht mehr sicher, ob du das, was du dir vorgenommen hast, überhaupt noch willst. Dann solltest du dich näher mit dieser Frage beschäftigen: Setz dich hin, schließ deine Augen, und sieh dich in deinem Landhaus. Wie fühlst du dich? Ist es immer noch dein Wunsch, in diesem Haus zu leben? Wenn du dich nicht mehr wohl bei dieser Vorstellung fühlst, ist es wahrscheinlich Zeit, deinen Plan zu ändern und dir ein neues Ziel zu setzen.

### Was du schon erreicht hast

Sieh dir noch einmal die Beschreibung deines idealen Tages an, und überleg dir, welche dieser Dinge es jetzt schon in deinem Leben gibt in bezug auf Beruf, Partner oder Wohnen. Sprich dir ein dickes Lob dafür aus, und freu dich über alles, was du bereits verwirklicht hast.

### Neun Leben

Barbara Sher gibt in ihrem Buch wunderbare Anregungen für die, die mehrere große Lebensziele haben. Vielleicht willst du Managerin *und* Malerin sein. Vielleicht möchtest du viel reisen *und* Kinder haben. Es gibt verschiedene Möglichkeiten, diese Dinge unter einen Hut zu bringen: Du kannst dich zunächst auf das eine, dann auf das andere Ziel konzentrieren, die ersten fünf Jahre auf deine Karriere, die nächsten fünf auf das Malen. Du kannst beides gleichzeitig tun: den Beruf unter der Woche, das Malen am Wochenende und im Urlaub. Du kannst auch in kleineren Zeitabständen von einem zum anderen wechseln: ein Jahr Beruf, drei Monate Malen. Richte dich nach deinen Bedürfnissen: Du weißt, was du brauchst, und du kannst dein Leben entsprechend gestalten.

### *Es gibt mehr als eine Möglichkeit, einen Traum zu verwirklichen*

Du würdest gerne an den Olympischen Spielen teilnehmen, aber du bist über 40 und spürst schon deine Gelenke. Du glaubst, daß du körperlich nicht in der Lage bist, deinen Wunsch zu verwirklichen. Du hast wahrscheinlich recht. Aber das heißt nicht, daß du deinen Traum begraben mußt. Was du erleben kannst, ist das Gefühl, das dahintersteckt. Welche Sehnsucht verbirgt sich hinter deinem Wunsch, an einer Olympiade teilzunehmen? Das erhebende Gefühl, durchs Ziel zu gehen, während die Zuschauer dir zujubeln? Die Befriedigung, daß du nun die Früchte für all die Stunden, Tage und Jahre, die du ins Training investiert hast, ernten kannst? Das Gemeinschaftsgefühl, das die verbindet, die dasselbe Ziel verfolgen? – Werde dir klar darüber, was deinem Wunsch zugrunde liegt, und du wirst Mittel und Wege finden, es zu verwirklichen. Überleg dir, welche Möglichkeiten es gibt, das zu erleben: Du kannst an einer Sportveranstaltung zu Wohltätigkeitszwecken teilnehmen, du kannst dich zu einem Fünfkilometerlauf anmelden oder eine Dorf- oder Stadtteil-Olympiade an deinem Wohnort veranstalten. Es gibt mehr als eine Möglichkeit, einen Traum zu verwirklichen!

### *Ziele lassen sich verändern*

Du kannst Ziele verändern, du kannst sie neuen Bedürfnissen anpassen oder überhaupt aufgeben. Ziele sind nicht aus Beton – zumindest sollten sie das nicht sein! Sie sollten flexibel sein und sich an deinen Wünschen und Interessen orientieren – nicht umgekehrt. Wenn du es gut mit dir meinst, solltest du deine Ziele regelmäßig überprüfen (am besten einmal im Monat) und dich fragen, ob du das, was du dir vorgenommen hast, noch willst. Denk auch darüber nach, wie du deinem Ziel entgegenarbeitest. Macht es dir Spaß oder quälst du dich dabei? Nichts ist frustrierender, als wenn du erkennen mußt, daß du dich jahrelang für eine Sache abgerackert hast, die dir dann gar nichts mehr bedeutet.

## LITERATUR UND TIPS:

Bolles, Richard N.: *Tausend geniale Bewerbungstips. Stellensuche richtig vorbereiten.* Goldmann, 1993. Wie du dich beruflich verwirklichen kannst.

Gawain, Shakti: *Stell dir vor. Kreativ Visualisieren.* Sphinx, 1993. Enthält ein Kapitel zum Thema »Wünsche verwirklichen«.

Sher, Barbara: *Wishcraft: How to Get What You Really Want.* Ballantine Books, 1979. Wie du deine Träume verwirklichen kannst.

# FÜR ANDERE DASEIN

## WORUM GEHT'S?

Es tut gut, etwas für andere zu tun. Es ist ein gutes Gefühl, gebraucht zu werden. Wenn wir uns um andere kümmern, bekommen wir das Gefühl, daß auch wir Hilfe erhalten, wenn wir sie brauchen – und es ist gut zu wissen, daß jemand für dich da ist, wenn es dir schlechtgeht. Wenn wir uns um andere kümmern, lernen wir auch, unser eigenes Leben mit anderen Augen zu sehen, und in der Regel macht uns das dankbarer und zufriedener. Wenn wir Menschen beistehen, die Hilfe brauchen, egal, ob es Freunde oder Fremde sind, spüren wir, daß es auf dieser Welt auch Güte und Barmherzigkeit gibt – denn wir kommen mit der Güte und Barmherzigkeit in uns in Berührung.

Es tut gut, für andere dazusein, aber du solltest das nicht als Ausrede verwenden, dir ständig zuviel vorzunehmen oder deine Bedürfnisse zu vernachlässigen. Es tut gut, für andere dazusein, aber du solltest nicht den Fehler machen, die Bedürfnisse anderer deinen eigenen voranzustellen, deine ganze Freizeit für wohltätige Zwecke zu opfern oder dich ganz von den Problemen eines anderen in Beschlag nehmen zu lassen. Bleib auf dich zentriert, auch wenn du dich um andere kümmerst.

## WAS DU DAZU BRAUCHST:

Informationen darüber, wo freiwillige Helfer gesucht werden.

Kleine Geschenke für Freunde.

Ein bißchen Zeit, Energie und Liebe.

## TU DAS:

- Wenn du genug von deinen eigenen Problemen hast.

- Wenn du es magst, gebraucht zu werden, und wenn du dich als Teil des großen Ganzen fühlen möchtest.

- Wenn es dich krank oder depressiv macht mitanzusehen, wieviel Not und Elend es auf der Welt gibt.

*Die Augen öffnen* • *Sei bereit dazuzulernen*
*Sei nett zu deinen Nächsten* • *Engagiere dich*
*Ein Korb voller Geschenke* •

# WAS DU FÜR ANDERE TUN KANNST:

## Die Augen öffnen

Du kannst einer Hilfsorganisation deine Dienste anbieten, du kannst aber auch auf eigene Faust etwas unternehmen. Du mußt nur die Augen öffnen. Es gibt Hunderte von Möglichkeiten, etwas für deine Mitmenschen zu tun:

Du kannst einmal pro Woche einen alten Menschen besuchen, der in deiner Nähe wohnt; du kannst einer Hilfsorganisation, der du noch nie etwas gespendet hast, Geld überweisen; du kannst einem Obdachlosen dein ganzes Kleingeld schenken und ihm dabei in die Augen sehen; du kannst einem Fremden die Tür öffnen, Abfälle von der Straße aufheben oder nett zu deinen Nachbarn sein.

## Sei nett zu deinen Nächsten

Schreib deinem Partner einen Liebesbrief; steck einen Zettel mit ein paar lieben Worten zum Pausenbrot deines Kindes; schenk deinen Nachbarn die Hälfte eures Sonntagsbratens; schreib einen Brief an einen alleinstehenden Verwandten; nimm die Kinder einer Freundin mit in den Park, damit sie mal ein bißchen Zeit für sich hat.

Du kannst auch Zeitungsartikel ausschneiden, die für eine Kollegin oder einen Kollegen von Interesse sind (Informationen können sehr wertvoll sein); du kannst anderen erzählen, wenn du ein gutes, preiswertes Restaurant entdeckt oder ein Buch gelesen hast, das dir gefällt.

Siehe: *Tröstliche Karten*

Überrasch deinen Partner, dein Kind oder eine Freundin mit einem Video, mit einem kleinen Geschenk oder einem Gutschein. Du kannst auch ihren Lieblingskuchen backen.

## Ein Korb voller Geschenke

Wenn du einem lieben Menschen eine Freude machen möchtest, kannst du ihr/ihm auch einen Korb (eine Tasche oder eine Kiste) mit lauter netten Dingen schenken. Es tut gut, ein unerwartetes Geschenk zu bekommen, vor allem wenn man in einer Krise steckt. Wähl Dinge aus, die sie/er jetzt besonders braucht: etwas zum Naschen; ein anregendes Buch; ein duftendes Stück Seife oder eine Körperlotion; etwas, das sie/ihn zum Lachen bringt (ein kleines Stofftier oder eine Aufziehpuppe); Zeitschriften (sind vor allem gut, wenn jemand krank ist); ein, zwei Fläschchen ätherisches Öl (zum Beispiel Rose oder Lavendel); eine langstielige Rose; frischgemahlener Bohnenkaffee; eine Flasche Sekt; ein Foto von einem schönen Tag, den ihr gemeinsam verbracht habt; einen Brief, in dem du alles aufzählst, was du an ihr/ihm magst. Es gibt unzählige Möglichkeiten.

## Sei bereit dazuzulernen

Du kannst gleichzeitig für dich und andere etwas tun, wenn du bereit bist dazuzulernen: Du kannst dich auf künstlerischem Gebiet fortbilden und Führungen in einem Museum abhalten; du kannst in einer kleinen Galerie Telefongespräche entgegennehmen oder in einem Konzertsaal als Platzanweiserin arbeiten.

Du kannst am Abend oder am Wochenende bei einem Künstler oder Kunsthandwerker, den du bewunderst, »in die Lehre gehen«, bei einem lokalen Fernseh- oder Radiosender aushelfen oder als Telefonseelsorgerin oder in einer Beratungsstelle für Frauen arbeiten, nachdem du einen entsprechenden Kurs besucht hast.

Du kannst auch Vorträge zum Thema »Frau und Karriere« an öffentlichen Schulen halten oder Kurse an einer Volkshochschule anbieten.

## Engagiere dich

Machst du dir Sorgen wegen der ständig zunehmenden Umweltverschmutzung? Ärgerst du dich über die Politiker? Bist du sauer, weil Frauen immer noch benachteiligt werden?

Siehe: *Dampf ablassen*

---

Die schnellste Art, deinen Ärger loszuwerden, ist, auf dein Bett einzuschlagen und laut zu schreien. Aber das ändert nichts an den Tatsachen. Wenn du etwas tun möchtest, damit die Welt ein bißchen besser wird, mußt du Geduld aufbringen und selbst aktiv werden. Überleg dir, wofür du dich einsetzen möchtest oder welches Problem dich persönlich am meisten betrifft: Frauenfragen, Minderheitenrechte, lokale Umweltangelegenheiten etc. Kalkuliere, wieviel Zeit du erübrigen kannst beziehungsweise willst und wie du vorgehen möchtest. Du kannst dich auch mit Freunden zu einem gemeinsamen Brainstorming treffen. Nimm dir nicht zuviel auf einmal vor. Das wäre der sicherste Weg, dich noch mehr zu frustrieren und schließlich ganz aufzugeben.

Folge deiner inneren Stimme, und spiel nicht den Märtyrer!

## LITERATUR UND TIPS:

Es gibt verschiedene Organisationen oder staatliche Einrichtungen, bei denen du dich erkundigen kannst, wo freiwillige Helfer gesucht werden. Ein Anruf genügt!

Es ist möglich, daß du im Lokalteil deiner Tageszeitung Informationen darüber findest, wo freiwillige Helfer gesucht werden. Du kannst dich auch bei der Redaktion erkundigen. Sammle im voraus, was du an Information erhältst, dann weißt du, wohin du dich wenden kannst, wenn du dich engagieren möchtest.

Siehe: *Frauen, die dich unterstützen: Andere Frauen unterstützen; Freude durch Tiere: Setz dich für Tiere ein.* Dort findest du weitere Anregungen.

Hollender, Jeffery: *How to Make the World a Better Place: A Guide to Doing Good.* Morrow, 1990. Jeffery Hollender gibt viele Anregungen, die leicht in die Tat umgesetzt werden können.

Small, Jacquelyn: *Becoming Naturally Therapeutic.* Bantam, 1990. Wenn du anderen gerne helfen möchtest, aber oft nicht weißt, was du sagen sollst.

# Vereinfache dein Leben

## Worum geht's?

Vereinfache dein Leben: Befrei dich von unnötigem Ballast. Es ist ein gutes Gefühl, sich von Dingen zu trennen, die du nicht mehr brauchst. Das gilt für alte Kleider oder Möbel genauso wie für Verpflichtungen und Sehnsüchte, die dich eigentlich nur behindert haben. Das fällt uns oft nicht leicht, aber es kann auch sehr aufregend sein — so ähnlich, wie ohne Schutzanzug in den kalten, rauhen Pazifik zu springen: Es bleibt dir fast die Luft weg, doch nachher fühlst du dich unglaublich gut.

Wir können uns das Leben leichter, schöner und angenehmer machen, wenn wir es vereinfachen und nach unseren eigentlichen Bedürfnissen ausrichten.

## Was du dazu brauchst:

Mut, dich von dem zu trennen, was du nicht mehr brauchst.

## Tu das:

- Wenn dein Leben aus der Balance geraten ist.

- Wenn du das Gefühl hast, nicht wirklich zu leben.

- Wenn du vor lauter Verpflichtungen nicht mehr weißt, wo dir der Kopf steht.

## Was du für dich tun kannst:

*Drei gute Fragen*

Unser Leben einfacher zu gestalten ist eigentlich nicht schwer, aber es fällt uns schwer. Werde dir bewußt, was du wirklich brauchst, und laß den Rest beiseite. Die folgenden drei Fragen helfen dir dabei. Sie helfen dir, wenn du wichtige Entscheidungen treffen

*Drei gute Fragen* • *Was ist wirklich wichtig?*
*Prioritäten setzen* •

mußt, wenn du dir Ziele setzt oder wenn du deinen Tagesablauf planst:

Ist das, was ich tun oder haben möchte, morgen noch von Bedeutung?

Ist es in zehn Jahren noch von Bedeutung?

Ist es am Ende meines Lebens noch von Bedeutung?

Mach es dir zur Gewohnheit, dich das immer wieder zu fragen. Wenn du dich das nächste Mal über deinen Job ärgerst, dann frag dich, ob das in zehn Jahren noch von Bedeutung ist. Manchmal ist die Antwort vielleicht ein *Ja*, aber für gewöhnlich ist sie ein *Nein*.

## Prioritäten setzen

Nimm dir jeden Morgen ein paar Minuten Zeit, und überleg dir, was dir heute wichtig ist. Was möchtest du auf jeden Fall erledigen? Konzentriere dich auf eine einzige Sache. Laß alles andere notfalls unter den Tisch fallen. Aber tu bitte nicht so, als ob es immer nur die Arbeit oder die Familie ist, die an erster Stelle kommt. Denk auch an dich!

## Was ist wirklich wichtig?

Wenn du dir nicht sicher bist, was wirklich wichtig ist, dann hilft es dir wahrscheinlich, das Leben einmal aus verschiedenen Perspektiven zu betrachten:

Besteig einen Turm, und schau eine Zeitlang hinunter.

Leg dich in einer klaren Mondnacht ins Gras, sieh in die Sterne, und laß die Weite des Alls auf dich wirken.

Hilf in einem Frauenhaus oder in einem Obdachlosenasyl aus. Sprich mit den Betroffenen über ihr früheres Leben und über das Leben, das sie jetzt führen.

Siehe: *Für andere dasein*

Setz dich an einen Strand, an das Ufer eines Sees oder eines Flusses, und blick in die Ferne.

Versetz dich in eine Zeit zurück, in der deine Vorstellungen vom Leben massiv in Frage gestellt wurden. Das kann während einer längeren Krankheit der Fall gewesen sein oder als jemand gestorben ist, den du geliebt hast. Wie hast du damals das Leben gesehen? Was hast du dir damals vorgenommen?

## LITERATUR UND TIPS:

Millman, Dan: *Der Pfad des friedvollen Kriegers. Das faszinierende Abenteuer der Befreiung von Lebensangst und Illusionen.* Ansata, 1992. Dan Millman zeigt, wie wir uns auf die einfachen Dinge des Lebens rückbesinnen können.

Schumacher, E. F.: *Small is Beautiful. Die Rückkehr zum menschlichen Maß.* Müller, 1993. Ein Buch über neue Wirtschaftskonzepte.

Siehe auch die Kapitel: »Das liebe Geld: Laß dich von deiner Intuition leiten« und »Fühl dich wohl in deiner Wohnung: So einfach wie möglich«.

# VERGISS NICHT

## WORUM GEHT'S?

Du hast schon einiges getan: Du hast einige der Vorschläge, die ich in diesem Buch vorstelle, ausprobiert. Aber laß es nicht dabei bewenden. Das Leben ist ein Prozeß, und es stellt dich immer wieder auf die Probe. Es genügt nicht, wenn du einmal in fünf Jahren etwas für dich tust – du solltest das zu einem fixen Bestandteil deines Lebens machen. Sonst verfällst du bald wieder in den alten Trott. Mach dir immer wieder bewußt, daß du Liebe und Aufmerksamkeit verdienst.

## WAS DU DAZU BRAUCHST:

Etwas, was dir hilft, daran zu denken.

## TU DAS:

- Täglich.

## WAS DU FÜR DICH TUN KANNST:

*Eine Erinnerungsstütze*

Such dir einen Gegenstand, der dich daran erinnern soll, wie wichtig es ist, dich um deine Bedürfnisse zu kümmern – besonders dann, wenn du schwere Zeiten durchzustehen hast. Vielleicht besitzt du einen schönen Stein, den du von einem Spaziergang mitgebracht hast, die Haarsträhne eines geliebten Menschen oder ein Spielzeug, mit dem du als Kind gerne gespielt hast. Am besten trägst du diesen Gegenstand immer bei dir. Du kannst ihn in deine Manteltasche stecken, du kannst ihn um den Hals hängen oder am Rückspiegel deines Autos befestigen. Es ist gut, von Zeit zu Zeit einen neuen Gegenstand zu nehmen, sonst läßt die Wirkung nach.

*Nimm dir Zeit*

Nimm das Leben nicht zu ernst. Nimm dir Zeit, es zu genießen. Versuch einmal, ohne Uhr zu leben oder eine Kinderuhr zu tragen, die immer dieselbe Stunde zeigt. Das hilft dir, ein neues Verhältnis zur Zeit zu bekommen.

*Eine Erinnerungsstütze*  •  *Zuspruch für unterwegs*
*Nimm dir Zeit*  •

*Zuspruch für unterwegs*

Die große Rückbesinnung auf spirituelle Dinge, die wir heute erleben, hat eine Menge an kleinen Meditationsbüchern hervorgebracht, die für jeden Tag des Jahres ein paar Zitate oder Affirmationen angeben. Wenn du eines dieser Büchlein bei dir trägst, dann hast du Trost und Zuspruch immer griffbereit.

# LITERATUR UND TIPS:

Gawain, Shakti: *Reflektionen im Licht. Ein Buch für jeden Tag.* Sphinx, 1994. Hilft dir, deine Intuition zu wecken und ihr zu vertrauen.

Hay, Louise: *Herzensweisheiten.* Lüchow, 1991. Ein kleines Buch, in dem viel Weisheit steckt.

Campbell, Eileen: *A Dancing Star: Inspirations to Guide and Heal.* HarperSanFrancisco, 1992. Eine Sammlung besonderer Zitate.

Cordes, Liane: *The Reflecting Pond: Meditations for Self-Discovery.* Harper & Row, 1988. Sichwohlfühlen und Wieder-zu-sich-Kommen sind Themen dieses Büchleins.

Kipfer, Barbara: *14 000 Things to be Happy About.* Workman Publishing, 1990. Hier findest du viel Trost.

Ray, Veronica: *A Moment to Reflect: Meditations on Self-Esteem.* Harper/Hazelden, 1991. Aus dieser Serie gefällt mir persönlich *I Know Myself* am besten.

Schaef, Anne Wilson: *Laugh – I Thought I'd Die (If I Didn't).* Ballantine, 1990. Dieses Buch hilft dir, auch in schwierigen Zeiten das Lachen nicht zu verlernen.

In den Literaturangaben zu den Kapiteln »Steh zu dir und deinen Bedürfnissen« und »Tröstliche Karten« findest du weitere Angaben.

# DENK DARAN

Sich gut zu tun ist keine einmalige Angelegenheit, es ist eine Lebenseinstellung. Du solltest auch dann nicht aufhören, dich um deine Bedürfnisse zu kümmern, wenn du den Mann deiner Träume kennenlernst oder den Job bekommst, den du dir immer gewünscht hast. Laß es zu einem fixen Bestandteil deines täglichen Lebens werden — auch wenn es dir gutgeht. Wir Frauen tun so viel für andere, wir verdienen es, auch uns selbst Zuwendung und Anerkennung zu schenken.

Du stehst an einem ruhigen Weiher. Die untergehende Sonne taucht die umliegende Landschaft in ein zartrosa Licht. Du wirfst einen Kieselstein in die Mitte des Weihers und beobachtest, wie sich kleine Wellen ausbreiten und schließlich dort, wo du stehst, sanft ans Ufer schlagen. Du siehst wie die letzten Sonnenstrahlen am Horizont verschwinden und wirst von einem wunderbaren Gefühl erfüllt: Wenn du dich um dich kümmerst, dann tut das auch den Menschen gut, mit denen du zusammenlebst.

Ich würde mich freuen, wenn du mir schreibst, was du über dieses Buch denkst, wenn du weitere Anregungen und Vorschläge hast oder wenn du Näheres über meine Seminare wissen möchtest.

Meine Adresse:

Jennifer Louden
P.O. Box 3584
Santa Barbara, California 93130
U.S.A.
E-Mail: loudenbks@aol.com

Von Jennifer Louden ist im Verlag Hermann Bauer erschienen

# Tut euch gut!
# Das Wohlfühlbuch für Paare

339 Seiten, kartoniert, ISBN 3-7626-0525-4

Nach ihrem sensationellen Bucherfolg *Tu dir gut! Das Wohlfühlbuch für Frauen* stellt Jennifer Louden nun ein einfühlsames, witziges und höchst anregendes Partnerbuch vor. In *Tut euch gut!* dreht sich alles um Zärtlichkeit, Erotik, Zuwendung, Verständnis füreinander und Lebensgenuß zu zweit. Und darum, wie im alltäglichen Zusammenleben grundlegende Bedürfnisse nach Zuwendung, Geborgenheit und Wohlgefühl erfüllt werden können – durch ein wenig Bewußtsein, ein paar Veränderungen im Tagesablauf, einige neue Gewohnheiten und kleine Rituale. Viele Einzel- und Partnerübungen helfen, sich selbst und den anderen besser kennenzulernen und eigene Wünsche klar zu formulieren, so daß trotz Alltagshektik und Streß die zärtliche Liebe nicht zu kurz kommt.
Jennifer Louden entwirft in ihrem Partnerbuch ein höchst inspirierendes Modell für das Leben zu zweit, das auf aufrichtigem Austausch, Spiel, Lachen und Lebensfreude beruht. Sie zeigt auch, wie eine festgefahrene Beziehung wieder flottzukriegen ist.
Auch für Paare, die am Anfang ihres Zusammenlebens stehen, finden sich in diesem Partnerbuch eine Fülle von brauchbaren Tips und anregenden Hinweisen, wie das Leben zu zweit »funktionieren« kann.

Verlag Hermann Bauer · Freiburg im Breisgau

Von Jennifer Louden ist im Verlag Hermann Bauer erschienen

# Wir tun uns gut!
## Das Wohlfühlbuch für Schwangere

372 Seiten, kartoniert, ISBN 3-7626-0562-9

Dieses einfallsreiche und praktische Nachschlagewerk übermittelt eine so einfache, aber lebenswichtige Botschaft: »Tu dir selbst gut, während du schwanger bist, und du legst damit den Grundstein für eine glückliche und gesunde Mutter-Kind-Beziehung.«
Mit dem Witz und Sinn für praktischen Humor, die ihre ersten beiden Wohlfühlbücher so beliebt gemacht haben, führt die frischgebackene Mutter Jennifer Louden in die Welt der Schwangerschaft ein.
Sich selbst zu spüren steht ganz im Mittelpunkt dieses für Mutter und Kind gleichermaßen hilfreichen Buches, denn was die Mutter für ihre Gesundheit, ihr Wohlbefinden und ihre seelische Ausgeglichenheit tut, ist auch für das kleine Wesen in ihrem Bauch eine Wohltat. Mit zahlreichen Tips und praktischen Übungen steht sie werdenden Müttern und auch deren Partnern in 29 Kapiteln mit Rat und Tat zur Seite. Themen rund um die Schwangerschaft und die ersten Monate nach der Geburt, wie die körperlichen und psychischen Veränderungen, Träume, das Schreiben eines Schwangerschaftstagebuchs, die Ängste in der Beziehung zum Partner, das Thema Essen, eine Gruppe von Helfern zu organisieren, sich selbst zu »bemuttern«, Kleidung, Arbeit, Sexualität, die spirituelle Seite der Schwangerschaft, Geburtsvorbereitung, und und und, werden unter die Lupe genommen.

Verlag Hermann Bauer · Freiburg im Breisgau

Von Jennifer Louden ist im Verlag Hermann Bauer erschienen

# Zeit für dich

*Neue Kräfte schöpfen aus der Stille*
*Das große Retreat-Buch für Frauen*

432 Seiten, kartoniert, ISBN 3-7626-0588-2

In *Zeit für dich* erfährt die Leserin alles über das Thema »Retreat«. Angefangen von den mythologischen Hintergründen des weiblichen Rückzugs in die Stille enthält dieses Buch zahlreiche handfeste Details zur Planung und Durchführung eines Retreats. Sachkundig und einfühlsam bereitet die Autorin die Leserinnen auf alle Eventualitäten vom Einstieg in ein selbstgestaltetes Retreat bis hin zum Abschlußritual vor. Verschiedene Vorschläge für Retreats für einen Tag, eine Stunde oder zwei Minuten sowie zu verschiedenen Anlässen runden dieses Handbuch des Retreats ab, ergänzt durch eine umfangreiche Quellensammlung. Die Autorin hat das »Grundmuster« für ein selbstgestaltetes Retreat entwickelt und fordert die Leserin immer wieder dazu auf, dieses Buch auch als Nachschlagewerk für den eigenen Rückzug zu Rate zu ziehen.
Jennifer Loudens scheinbar unerschöpflicher Reichtum an Ideen und Inspirationen macht diesen nützlichen Ratgeber zu einer Fundgrube in Sachen »innere Einkehr«. Einfache und leicht nachzuvollziehende Übungen im Stile der bekannten Louden-Bücher sind ein idealer Begleiter beim Rückzug in die Stille, helfen die geeignete Retreat-Form zu finden und rundum erfrischt wieder in das gewohnte Leben zurückzukehren.

Verlag Hermann Bauer · Freiburg im Breisgau

Von Jennifer Louden ist im Verlag Hermann Bauer erschienen

# Tu dir gut!
## Wohlfühlmusik für Frauen

Mit Musik von
Bettine Clemen und Kim Robertson, Deuter, Shantiprem, Hans-André Stamm und Rupesh
CD: Best.-Nr. 8743-9, MC: Best.-Nr. 8742-0, Spieldauer: ca. 65 Minuten

*Nahrung für die Seele*

## Das »kleine« Wohlfühlbuch für Frauen

112 Seiten, gebunden, ISBN 3-7626-0553-X

»Das kleine Wohlfühlbuch für Frauen« richtet sich an alle Frauen, die ihr Leben angenehmer gestalten möchten. Dieses Geschenkbuch faßt einige der einfachen, aber sehr wirkungsvollen Tips und praktischen Übungen zusammen, wie man sich selbst Gutes tun kann.

## Das »kleine« Wohlfühlbuch für Paare

112 Seiten, gebunden, ISBN 3-7626-0590-4

Oftmals sind es die kleinen Dinge des Alltags, die eine Partnerschaft prickelnd und lebendig erhalten. »Das kleine Wohlfühlbuch für Paare« spricht Frauen und Männer gleichermaßen an. Dieses unkomplizierte, warmherzige und humorvolle Geschenkbuch umfaßt einige der einfachen, aber sehr wirkungsvollen Tips für eine harmonische Beziehung, in der gegenseitiges Zuhören und Verständnis füreinander genauso wichtig sind wie Zärtlichkeit und Erotik.

Verlag Hermann Bauer · Freiburg im Breisgau